国家出版基金项目
NATIONAL PUBLICATION FOUNDATION

大家谈

共同体：人类命运 中国经验

中华优秀传统文化大家谈 ｜第一辑｜

温海明 赵薇 主编

牟钟鉴 著

儒学的仁爱、忠恕、通和之道，
曾经深刻影响了中华文明，
形成了多元通和模式的文明生态。
面对新时代的挑战，儒学通过正本清源、开拓创新，
与中华民族一起走向复兴之路，
并为世界文明对话提供了重要精神力量。

山东城市出版传媒集团·济南出版社

图书在版编目(CIP)数据

共同体:人类命运 中国经验/牟钟鉴著. —济南:
济南出版社,2020.1

(中华优秀传统文化大家谈/温海明,赵薇主编.第一辑)

ISBN 978 - 7 - 5488 - 3852 - 4

Ⅰ.①共… Ⅱ.①牟… Ⅲ.①中华文化 – 研究
Ⅳ.①K203

中国版本图书馆 CIP 数据核字(2019)第 276744 号

图书策划 杨　峰
出 版 人 崔　刚
责任编辑 张智慧
装帧设计 侯文英

出版发行 济南出版社
地　　址 山东省济南市二环南路 1 号(250002)
编辑热线 0531 – 82803191
发行热线 0531 – 86131728　86922073　86131701
印　　刷 山东临沂新华印刷物流集团有限责任公司
版　　次 2020 年 1 月第 1 版
印　　次 2020 年 3 月第 1 次印刷
成品尺寸 170mm×240mm　16 开
印　　张 13.25
字　　数 200 千字
印　　数 1—3000 册
定　　价 39.00 元

(济南版图书,如有印装错误,请与出版社联系调换。联系电话:0531 – 86131736)

山东省泰山学者、孔子研究院特聘专家温海明教授项目

中华优秀传统文化

大家谈

第一辑

温海明 赵薇 主编

出 版 前 言

　　"文化是一个国家、一个民族的灵魂。文化兴国运兴，文化强民族强。"党的十九大报告强调，中国特色社会主义文化源自中华民族五千多年文明历史所孕育的中华优秀传统文化，要加强对中华优秀传统文化的研究阐释与普及教育。中共中央办公厅、国务院办公厅印发的《关于实施中华优秀传统文化传承发展工程的意见》，明确要求加强中华文化研究阐释工作，深入研究阐释中华文化的历史渊源、发展脉络、基本走向，着力构建有中国底蕴、中国特色的思想体系、学术体系和话语体系。深入研究和阐发中华优秀传统文化，彰显中华文化魅力，坚定文化自信，成为摆在每一个从事文化研究和出版传播者面前的重要课题。

　　当前，对中华优秀传统文化的研究阐释正形成一股全国热潮，涌现出一大批有影响力的专家学者。他们从不同视角深研中国传统文化，汲取精华，关照现实，展望未来，取得丰硕研究成果。系统地挖掘整理他们的研究成果，集中展示他们的学术观点，有助于推动中华优秀传统文化研究的纵深发展。

　　为此，我们精心策划了《中华优秀传统文化大家谈》项目，搭建中华优秀传统文化研究平台，集中介绍国内名家学者关于中华优秀传统文化研究的核心思想、观点，较为系统、全面地反映当前中国传统文化研究尤其是儒学研究的整体状况和发展趋势，以期推动学术交流，服务学术创新，同时使广大读者能够了解、感受、领略中华优秀传统文化的深邃内涵和精神魅力。名为"大家谈"，意在汇聚名家、大家，选取的作品均为当代中华传统文化研究的名家名作;同时也有"众人谈"之意,意在百家争鸣,繁荣学术研究。

却顾所来径,苍苍横翠微。项目从策划到出版,皆赖专家学者们的学术热情与鼎力支持。对此,我们深为感佩,并衷心感谢!同时也希望更多学界大家加入我们的行列,使更多高水平、高质量的研究成果能够与广大读者见面。

《中华优秀传统文化大家谈》项目组

2019 年 12 月

目录

上篇

中国传统文化研究

试论中国传统文化的特质

这个题目也许会被人讥为"大而无当"，我自己就有这种担心。但是只要这种探索有一定的知识厚度与广度作为基础，并且不期望具有最终结论的性质，它便会活跃思想，推动具体的学术研究工作。宏观的探讨和微观的研究可以同时进行、互为补充。忽视微观，当然会流于空疏，而忽视宏观，也会陷于细琐。就中国传统文化而言，不能说只有在全部系统地研究了中国文化史之后，才能概括它的特点，否则我们这一代人便没有资格处理这个题目。事实上，研究中国文化的学者，每个人心中都有一个中国传统文化的整体形象，有着某种主体认识结构，以此去接受和处理资料信息，形成一家之言。问题在于不能偏执固守，要准备用历史事实随时修正自己的理论框架。本文就是本着这种精神对中国传统文化的特质做一粗略的探讨，以求正于时贤和朋友。

一

为便于说清本文的中心议题，先要对"文化"这一概念做出自己的界说，否则名不正则言不顺。一般的理解，文化是人类在社会实践过程中所获得的能力和创造的成果，狭义的文化则专指精神活动与精神产品。这个定义不能说不对，但没有充分揭示"文化"概念的特定含义。在日常生活中，"文化"的概念时大时小，大到泛指一切物质与精神成果，如"仰韶文化"，小到专指识字读书，如"文化程度"，似乎"文化"一词可以随意使用。其实文化概念的系列有一条轴线贯穿其中，那就是自然界人化的程度。换句话说，文化是指人类通过自身的活动加于自然界的烙印，是指人的智慧、品性、情趣和创造力的历史发展及其各种物质形态的结晶。人类文化发展程度越高，就表明它离开动物界越远，人性就越加完善和发达。不能说一切社会实践都可称为文化，例如战争行为本身是摧残生灵、毁坏文化的，不能径直称为文化，所以人们常将文化与武力相对立。中国古代使用"文化"一词，就是指文治与教化，排斥暴力的破坏性。但战争中的战略思想、指挥艺术、武器装备、勇敢精神，特别是正义战争的进步性质，这些体现人类智慧、品质的事物，却是文化的内容。也不能说一切物质产品都是文化，例如煤、铁、石油，它们本身并不就是文化，只有开采的设备、方式、技术以及其实际利用，才能显示文化的程度。文化的着眼点是方式，而不是对象；是产品的形态，而不是数量；是凝结在物品中的智能、道德和美学价值，而不是它的自然构造和市场价格。因此，文化学绝不是研究人类的全部历史，它是从人类生活方式的角度去研究人类的历史，研究人类精神世界的扩展及其外在表现。基于这种理解，文化学的对象当然应以社会精神生活为重点，即所谓狭义的文化。当然社会精神生活有其物质基础、物质手段和物质外壳，所以文化学不能不关心社会物质生活，但它不是简单地去融摄物质生活，而是从精神生活的角度去融摄物质生活。文化既然是以人性的高级化和丰富化为中心，那么它的主流必然是社会文明的进步。文明是指文化中健康的有积极意义的成果，它是文化的主体，与野蛮、蒙昧相对立。文化史的研究应以文明史为主干，着力于发掘、阐扬历史文化中合乎人性全面发展、合乎社会协调进步的东西，以帮助当代人改良性情、改造社会、充实精神生活。

"文化传统"和"传统文化"并无质的差异，都是指文化中趋于稳定的成分，为社会群体所公认，主要靠习惯的力量流行，不过前者着重于文化的稳定特征，后者着重于文化的具体内容而已。本文所研究的中国传统文化的特质，就是中国文化的传统，是指中华民族在数千年发展中形成的思想文化及其物质结晶中具有共性的相对稳定的比较突出的色调，包括价值取向、风气习俗、思维方式、审美情趣、性格气象等。

二

中国传统文化的特质可概括为以下五点。

特质之一是重视礼乐教化，追求高雅的生活情趣。中国之所以被称为文明古国，就是因为它很早就重视制礼作乐，使社会生活较快地摆脱了初级社会的野蛮、粗陋的习气，具有较浓厚的文明方式。中国素来称"礼义之邦"。一个"礼"字，一个"义"字，最为建国兴邦者所重视。礼起源于古代祭祀活动，周代以后逐步发展出一整套规范和制度。按其性质可分为两类：一类是指宗法等级社会的根本制度和根本原则，如《左传》隐公十一年所说："礼，经国家，定社稷，序民人，利后嗣者也。"另一类是指宗法等级制度下的各种具体的社会行为规范和仪式，简称为"仪"，有所谓"五礼"，即吉、凶、嘉、军、宾五种，分别对宗教祭祀、丧葬事宜、婚姻成丁、军事活动、交往应酬的仪规提出要求。中国人极其讲究礼节，往往显得过于繁细，《礼记》所谓"经礼三百，曲礼三千"（《礼器》），可谓盛矣。礼与乐又不可分，"礼别异，乐合同"，礼乐互相配合，在维护社会等级制度的前提下，调节社会生活，和谐人际关系。传统礼乐兴起于中原而扩展于边陲，在一定程度上代表着中国中世纪的文明。儒家所讲的夷夏之别，并不着眼于种族或地域，而着眼于文化传统，主要看是否实行传统的礼乐。义有适宜、正当、道理等含义，具有社会公理的性质。儒家向来重视义利之辨，以舍生取义为最高尚的行为。墨家亦认为"万事莫贵于义"（《墨子·贵义》）。"义"成为一种根深蒂固的全民族的行为规范，因而有义人、义士、义兵、义勇、义务、义气、义理、义学等称谓出现，崇尚见义勇为，鄙夷见利忘义。礼与义结合在一起，使中国成为注重文明礼貌、讲究道德修养的国度，"人之所以为人者，礼义也"（《礼记·冠义》），这是不能须臾离开的。中国以礼义为标志的文化传统并不受政权更替的影响，也未因少数民族入主中原政权而中断。只要礼乐不堕，何族之君入承大统无关紧要，说明它是一种超越于治统之上的稳定的文化传统，有着巨大的吸引力和同化力。

在这样一种大传统熏陶下，多数中国人形成重人伦轻金钱、重精神轻物质、重君子轻小人的习性，经济生活容易满足，人情礼节比较注重，节俭朴实而又好客有礼。《管子·牧民》把"礼、义、廉、耻"称为国之四维，认为"四维不张，国乃灭亡"。贾谊总结亡秦经验时指出："秦灭四维而不张，故君臣乖乱，六亲殃戮，奸人并起，万民离叛，凡十三岁，而社稷为虚"（《汉书·贾谊传》）。礼义廉耻对于古代中国，不仅是立国的政治原则，同时也是维系中华民族共同体的思想原则和文化根基，只能改造，不能消灭。

礼义之行、礼乐之兴必由教化，所以中国人向来重视教育和知识。孔子以诗书礼乐教学，弟子三千，身通六艺者七十二人，博之以文，约之以礼，是大规模培养知识分子的开始。孔子以大思想家和大教育家的成就而成为中国古代文化的代表，死后虽曾被封为王，但最终还是落实到"先师"的称号上。在中国人的心目中，师所依凭的是学问是人品，而王所依凭的是血统是权势，所以师比王要高贵。战国时期，贵族养士成风，如吕不韦食客三千，西汉淮南王刘安广揽人才达数千人。汉代以后，历朝都重视兴办官方教育，谨庠序之教，建辟雍之学，借以培养治国人才，改善社会风气。自隋唐科举制度建立，先受教育而后从政成为社会常理，就是即位皇帝也要在做太子时接受严格的教育。士人可以做官，可以做学问，可以做幕僚，至少可以做教书匠，出路比其他劳动阶层优越，所以有"万般皆下品，唯有读书高"的说法。这种情况与古代印度和西方不同。古印度实行种姓制度，最高层婆罗门（祭司），其次刹帝利（武士），再次吠舍（平民），最下层首陀罗（奴隶），其中没有知识分子的独立地位。欧洲中世纪除了教皇、国王与封建领主外，最受社会崇敬的是骑士，而不是文人学者。在古代中国，知识分子当然要依附于贵族，但他们形成特殊的群体，保持着相对的独立性。"士、农、工、商"，士不仅是独立的阶层，还是四民之首。与此相适应，知识分子形成了相对独立的学统，它与政统有同有异，有合有分，始终保持着自己谋道求真的学术传统，成为中国思想文化发展的中坚力量，对于社会政治起着强大的制约作用。

中国人在追求物质生活富裕的同时，善于从普通生活中发掘高雅的审美情趣，努力使世俗生活带上文化的意义，获得一种精神上的享受。吃饭、饮酒、喝茶讲究品味、规矩与方式，出现了酒文化、茶文化、四大菜系、风味小吃，人们赋予饮食生活以一定的社会意义和一定的美学价值，这样，饮食就成为一种文化。农民用枝条创造编制艺术，工匠借山水巧成园林艺术，就连根须无用之物，也在艺人手中变成根雕艺术。汉字本是语言表达工具，在长期书写实践中发展出高级的光彩夺目的书法艺术。把文字变成艺术品，这大概是世界上独一无二的。西方拼音文字可以成为美术字，但不是艺术品，无法揉进中国书法那么多的主体意念、风格、想象、气质和心力。

特质之二是追求真善美的高度统一，而以善为核心，所以在一切文化中都强调伦理的价值。真是分辨是非真伪的，善是讲究善恶公私的，美是区别美丑乐苦的。中国文化很早就提出了这三个概念，并力图求得一个圆满的解决。孔子说："朝闻道，夕死可矣"（《论语·里仁》），体现了对真理的执着追求。他在强调求知闻道的同时又提倡感情上美的享受，从学习和行道中体验精神的快乐，故云："学而时习之，不亦说乎？有朋自远方来，不亦乐乎？"（《学而》）"知者乐水，仁者乐山"（《雍也》），"发愤忘食，乐以忘忧""仁者不忧"（《述而》），处处不离"乐"字。把求知求道变成主体的自觉行为，进而变成人生乐趣，这才是孔子理想的内心最佳状态，故云："知之者不如好之者，好之者不如乐之者"（《雍也》）。但是真知与美乐只有与仁德相结合，才能获得完满的价值。仁、智、勇三者被《中庸》称为"三达德"，智是道德的组成部分。孔子在评论古乐《韶》时说："尽美矣，又尽善也"，评论《武》乐时说："尽美矣，未尽善也。"（《八佾》）孔子的理想是"尽善尽美"，即道德内容与艺术形式的高度统一。这种艺术观强调艺术的社会伦理价值，反对唯美主义。孟子将"智"作为天赋道德萌芽之一，他所谓的求知就是"求其放心"；也叫作"思诚"，认识真理的过程同时就是完善道德的过程，真与善是统一的。《中庸》云："君子尊德性而道问学"，而"道问学"又是为了更好地"尊德性"，后儒皆循此不疲。荀子作《乐论》，认为音乐是为了"感动人之善心，使夫邪污之气无由得接焉，是先王立乐之方也"，把音乐看作道德教化的工具。儒家以贤圣作为人生最高目标，而圣人是至真至善至美的和谐统一。《尚书·洪范》说："睿作圣"，《传》曰："于事无不通谓之圣"。朱熹说："古之圣贤，从本根上便有惟精惟一功夫，所以能执其中，彻头彻尾，无不尽善。"（《答陈同甫书》）程颐回答"道之大本如何求"的问题时说："以君臣、父子、夫妇、兄弟、朋友，于此五者上行乐处便是。"（《遗书·卷十八》）可知儒者将认知、修身、审美三者之极致属于圣人，圣人兼统三者于一身，其灵魂在于高度的道德自觉。儒者讲的最高精神境界，不论是孟子的"上下与天地同流"，程颢的"仁者与天地万物为一体"，张载的"民胞物与"，王阳明的"一体之仁"，都是至真至善至美的，而在本质上是人的道德善心扩充后达到的无不包容的状态，在这种状态中，真与美都被善所融化了。

再看道家。《老子》第八十一章云："信言不美，美言不信。善者不辩，辩者不善。知者不博，博者不知。"第一句论美，第二句论善，第三句论知。它认为真实与华美、善良与巧辩、智慧与博识不能并存。世俗的真、善、美与假、恶、丑相对峙，不是纯真纯善纯美，而超越这种相对性、局限性的最高的真善美就是道。求道的方法与世俗的行为正相反：世俗以多知求真，道便以去知求之；世俗以有为求善，道便以无为求之；世俗以情爱求美，道便以无情求之。从根本上取消追求，回到天真纯朴的状态，最高的真善美自然而然就达到了。故云"绝圣弃智""绝仁弃义""绝巧弃利""绝学无忧"，又云"甘其食，美其服，安其居，乐其俗"（八十章）。《老子》所追求的纯真质朴的自然状态，其价值不在智能与审美方面，而在道德方面，即是人性的复归和净化，所以其表面上反对儒家，思想深层仍未跳出伦理型的传统。庄子强调大道的绝对性和超越性，"大道不称，大辩不言，大仁不仁"（《齐物论》），"至言去言"（《知北游》），"至仁无亲"（《天运》），"至乐无乐"（《至乐》）。否定世俗的真善美，正是为了得到绝对意义上的真善美，而这只有得道的真人、神人才能做到。庄子的思想较少伦理的色彩，人与人的关系不必亲亲爱敬，相互自然依存而已，"相濡以沫，不如相忘于江湖"。不过秦汉以后，道家主流不再剽剥儒墨、抨击仁义，逐渐容纳宗法伦理，因而与儒家接近。《淮南子·泰族训》认为礼乐本于人性，魏晋玄学主张名教本于自然（王弼）、名教即自然（郭象）、名教之中自有乐地（乐广）。这样，新道家所追求的真善美，又重新被放置在宗法伦理的基础上。

道教与儒家、道家不同，它追求生理上的不朽，即得道成仙。但神仙依然是真善美的人格化，神仙能测善察，解苦救厄，仙境美妙幸福，人们把能想象出来的诸般美妙事物都送给了神仙。成仙之途，固然需要炼气修命，更要行善积德，如葛洪所云："求仙要以忠孝和顺仁信为本"，寇谦之所云："专以礼度为首。"至全真道，把性功，即心性修养，放在命功之前，即所谓"先性后命"。所以神仙不仅能够长生逍遥，也应该是道德上的楷模。

佛教宣传人生是苦、万有皆幻，破我法二执，当然包括破除世人对所谓真善美的追求，但它的涅槃境界却是至真至善至美的，具有"四德"：常、乐、我、净，即是永恒的、幸福的、真实的、纯洁的，超脱了一切假、恶、丑的羁绊，是一个极乐世界。但中国佛教，尤其是禅宗，又不主张脱离现实生活去寻找极乐世界，主张于相而离相、即俗而证真，行其中道，不落空有两边，也就是说在入世中出世。这样，中国佛教就可以大量包容世俗的内容，包容儒家的道德了。于是遵守纲常伦理就成为佛教戒律的重要组成部分，大慈大悲救苦救难就成为中国菩萨的主要形象。

由于受到伦理至上观念的影响，中国人不太关心彼岸神鬼的具体情况，而特别注重宗教劝善化俗的道德教育功能，因之有"神道设教"的流行说法，它体现了中国宗教的人文主义历史特点。无论是传统的天命祖先崇拜，还是佛教道教，人们首先看到的是它们教人行善积德，助人为乐，不做坏事，其次才注意它们的教义。中国的宗教如果在道德上表现不佳，便会丧失人心，难以流传。

特质之三是文化的多样性和互融共处。早在远古时代，中华民族的文化就是多源形成，又向中原汇聚并从中原向四周辐射，形成多样性的统一。汉族形成后，以汉族为主体，数十个少数民族为辅翼，组成民族大家庭，既有统一的文化，又保持了各族文化的特色，呈现绚丽多姿、气象万千的面貌。而汉族本身也是由多民族融合形成的，因此它的文化丰富多彩。这就形成了中华民族传统文化的极大的包容性、融摄性和调和性。春秋战国时期至少存在着六种地区性文化类型：邹鲁文化、荆楚文化、三晋文化、燕齐文化、吴越文化、秦蜀文化。当时的百家争鸣在一定程度上就是地区性文化之间的相互批评、交流与吸收。汉武帝以后虽在政治上独尊儒术，实际上文化领域是儒道两家争优比胜，同时儒家大量吸收法家、阴阳家、道家的思想，形成综合性学说。汉以后儒学形式上的独尊也不能保持，让位给多种学说合法共存，以儒为主，兼行佛、道二教及道家。佛教的传入和兴盛是中国历史上第一次中外文化大交会，给予中国哲学、道德、文学、艺术、宗教以及民俗以深刻的影响，同时也使佛教带上了强烈的中国色彩。唐末以后，有基督教文化和伊斯兰教文化的传入。近代则有西学的全面传入，形成中西文化第二次大交会。

传统文化在民族性、地域性、宗教性和学派风格上的多样化，并没有导致它在整体上的不和谐，没有引起实际生活中不同文化流派之间的尖锐对立与对抗。除了中国在政治上长期是统一的国家这一原因外，它同中国人深刻的"贵和"观念有关。孔子提出"和为贵"与"和而不同"的原则，承认差别，在异中求同。《周易·系辞》提出"圣人一致而百虑，同归而殊途"，表现了中国人能包容的性格。尔后的《庄子·天下》、司马谈的《论六家要旨》《吕氏春秋·不二》《淮南子·要略》，都主张超越学派的门户之见，兼采百家之学，创造综合性的体系。当然，任何一种文化体系都有排他性，中国人也难免民族和地理上的狭隘观念，但这些观念最后都被"殊途同归"论所打破或制约，中国人能以宽阔的心怀去理解和接受异质的非正统的学说，形成占主流的意识。以儒、释、道三教的发展而言，它们从社会功能上的认同，到政策上的统一，再到理论上的融合，形成三教关系史的大潮流。三教并行不悖的观念深入人心，三教或二教兼修在长期内成为士大夫的时尚。三教合流的思潮经过扩散渗透，影响到民间信仰。明清时期相当活跃的民间宗教，大都脱胎于佛教或道教，在教义上又大都是三教共信。广大农村，多神崇拜蔚成风气。古典小说，如《水浒传》《西游记》《封神演义》《三言两拍》《金瓶梅》《红楼梦》《聊斋志异》《老残游记》等，无一不透露出三教合流的精神，或作为指导思想，或作为艺术构思手段，或作为故事情节，与作品形影不离，这是社会现实中多元信仰的艺术反映。

中国现存的五大传统宗教：佛教、道教、伊斯兰教、天主教、基督教，除了外来势力插手的时期，一般情况下，各教之间能够和谐相处，彼此尊重，争执多发生在理论范围，冲突也是局部的暂短的，没有发生过大规模的长期的流血的宗教战争，表现出中国传统文化强烈的和平性格，它与西方中世纪发生的残酷的宗教战争和宗教迫害形成鲜明的对比。

特质之四是气魄宏大，具有大国的风度与气派。中国是泱泱文明大国，纵横数万里，上下五千年，人口众多，物产丰富，江山秀丽，人杰地灵。在很长的时间里，中国是东方第一流强国大国，凭借雄厚的人力财力智力，创造出发达的规模宏大的农业文明，成为东方文化的巨大中心。由于地域辽阔、交通发达，人们的眼界比较高远开阔，宜于构造大型文化体系。一系列物质文明与精神文明成果，都具有大国古国的磅礴气概。在物质文明方面，长城东起山海关，西至嘉峪关，绵延万里，工程浩大，雄伟壮观，象征着中华民族的威严和稳固；大运河北至通县，南至杭州，全长千余里，沟通海、黄、淮、长、钱塘五大水系，人工开凿，历时久远，表现了中华民族的勤劳和坚毅；隋唐长安古城，南北长八千四百七十米，东西长九千五百五十米，周长三十五公里有余，布列匀整，结构周密，东西大街十四条，南北大街十一条，其气象之宏伟，设计之精严，在当时的世界上是独一无二的；北京紫禁城，雄踞全城中心，宫殿左右对称，鳞次栉比，天安门之壮丽，三大殿之华贵，角楼之奇巧，与众多殿院构成无与伦比的建筑艺术群，其气势足以使人倾倒；乐山大佛，高七十一米，肩宽二十四米，鼻长五至六米，脚背上可以围坐百余人，是世界上最高大的石雕佛像；秦始皇兵马俑六千余个，队列整齐，如浩荡大军，准备出征，被誉为世界七大奇观之一。此外，西安的碑林，隋县的编钟，敦煌的石窟，北京的卧佛，昆明的长联，等等，都是大型或超大型的艺术杰作。

在精神文明方面，大型的成果累累难以胜计。就典籍而言，先秦有《吕氏春秋》，西汉有《淮南子》，皆是千百名学者共同编撰的鸿篇巨制。司马迁写《史记》，究天人之际，通古今之变，尔后历代修史，形成二十五史系列。唐代有《五经正义》，有《通典》，有《艺文类聚》《北堂书钞》，皆网罗历代文献而集其大成。宋代有《资治通鉴》《通志》《太平御览》《太平广记》《文苑英华》《册府元龟》等大型典籍，并开始雕刻佛教《大藏经》与道教《道藏》。明代有《本草纲目》《永乐大典》。清代编成《古今图书集成》一万卷，《四库全书》七万九千余卷，前者为类书之首，后者为丛书之冠。就文学创作而言，诗歌最能表现中华民族的雄浑气质，李白的"攫倚天之剑，弯落月之弓；昆仑叱兮可倒，宇宙噫兮增雄"（《大猎赋》）、"黄河之水天上来，奔流到海不复回"（《将进酒》）、"明月出天山，苍茫云海间，长风几万里，吹度玉门关"（《关山月》），杜甫的"会当凌绝顶，一览众山小"（《望岳》）、"云来气接巫峡长，月出寒通雪山白"（《古柏行》），陆游的"当年万里觅封侯，匹马戍梁州"（《诉衷情》），辛弃疾的"金戈铁马，气吞万里如虎"（《永遇乐》），文天祥的"乾坤能大，算蛟龙无不是池中物"（《酹江月》），皆豪迈奔放、气壮千古，只有中华的山河大地才能孕育出这样雄伟的诗句。在哲学理论方面，佛教和道家的宇宙论可谓恢廓能容，其人生论又超迈豁达，形成博大精深的理论体系。儒家哲学自《易传》始，吸收阴阳五行思想，构造宇宙图式，又吸收佛教道教和道家思想，形成极系统极严整的宋明理学体系，思想深邃，内容丰富，是中国哲学的高峰，在世界中世纪时代，居于前列地位。

特质之五是积层深厚，尘埃隐藏着珍品，糟粕掩埋着精华。中国传统文化主要是在中世纪宗法等级社会里达到了它的成熟期和顶峰期，因此用近现代眼光来考察，它必然是古老的陈旧的滞板的，不能适应社会向现代化的跃进，相反有相当一部分传统，还起着阻碍社会前进的消极作用。中国传统文化给人一个印象是：老（久远）、大（庞大）、旧（陈旧），这是文化的时代性的表现。但是中国传统文化似乎又不同于非洲、美洲一些本土文化如玛雅文化、印第安文化那样容易被外来文化所取代，近百年来，它经历了西方文化暴风骤雨般的洗刷冲击，陈腐的部分崩溃了瓦解了，可是它的优秀传统仍然存在。从总体上说它没有显露出即将灭绝的征兆，其有价值的部分以顽强的生命力保持着自身的连续性，在工业文明时代反而透示出方兴未艾的发展势头，吸引着全世界人们的目光。这大概是由于中国传统文化积层十分深厚，其中有长久和独特价值的成分较多，值得当代人去发掘和研究。有些遗产长期被埋没，人们很晚才能理解它们的真正价值。现以哲学、医学为例，扼要加以说明。

按照西方某些学者的说法，原始思维的特征是主客体互渗、缺乏逻辑性。中国哲学一向是强调社会一体、天人一体，它非但不属于低级的原始思维，也超越了古希腊罗马的朴素辩证法水平，达到相当高深和成熟的程度。天人合一的思想，重同而轻异，容易导致神秘主义。社会一体的思想，抹杀社会矛盾，包含着社会调和论的空想成分，需要加以批判和剔除。但人与天地万物为一体的思想里包含着非常深刻的真理，从中引发出儒家"赞天地之化育"的可贵主张。按照这种思想，人既不是大自然的奴隶，也不是大自然的主人，而是大自然的朋友，人应当协助大自然顺利进行它的造化养育万物的活动，在相互依赖中获得共同的发展，只有这样，这个世界才是美好的。几个世纪的发达工业文明，似乎取得了人对自然实行征服的巨大成功，然而它带来的环境污染、城市膨胀、资源破坏、生物灭绝，意味着人类正在用自己的双手毁坏着生活的家园，小小的地球的生态面临着根本性的威胁。在这种情况下，天人一体的思想或许能够给人们以启示，改变以往一味向自然索取的观念，促进环境的治理。人与人之间亦复如是，一味强调斗争，加剧冲突，必然造成社会不稳；加强协调，使社会生活尽可能和谐，是现代社会健康发展的必要条件。

中医的理论尚未获得现代形态，治疗手段也简陋落后，许多地方不如西医。但数十年的社会实践证明，中医不可能被西医所取代，它自有其比西医高明处，能解决西医不能解决的问题，因而受到群众的欢迎。中医面临着更新、提高、完善和现代化的问题，但绝不是走向西医，而是按自己的方向前进。两者的根本路数不同：西医精于形体与器官，中医重于活体和整体；西医长于去病，短于养元，中医强调扶正祛邪，而长于扶正；西医优在理性推断，中医善于直觉思维。中西医可以取长补短，共同发展。当西医在癌症、艾滋病面前束手的时候，中医也许能助一臂之力，甚至实现重大突破，所以中外人士寄愿望于中医。

中国传统文化，包括物质的和精神的，已被埋没的和流传下来的，形诸文字的和见诸生活的，都是多层次多方位的文化，蕴积量极为丰富，凝结着中国人数千年的智慧。中国古代典籍的丰富程度和地下考古的储量都为世界之冠。这些文化遗产应当得到充分的发掘和提炼，清除其常年的积垢，使之显露内在的价值，焕发新的生命，为新文化的建设服务。只要我们善于总结和利用，便会发现若干古老文明成果往往与现代科学的未来发展趋势相吻合。我们应当充分注意到中国传统文化的这一特点，既要看到它的时代性，又要看到它的民族性和人类性，不要在泼脏水的时候，把孩子一起倒掉。

（原载于《社会科学战线》1990 年第 1 期）

全球化背景下的中国文化反思

——牟钟鉴、安乐哲对话录

对话人：牟钟鉴（中央民族大学哲学与宗教学系教授，中央民族大学"985
工程"当代重大民族宗教问题研究中心主任。下文简称"牟"）

安乐哲（Roger Ames，美国夏威夷大学哲学系教授，美国"富
布赖特"北京大学教授。下文简称"安"）

主持人：单纯（中国政法大学人文学院教授。下文简称"单"）

牟：世界上有很多误解，认为中国人没有信仰，这不符合历史事实。中国自古就是一个多民族多信仰多宗教的国家。

单：牟老师说中国人有一个敬天祭祖的信仰体系，老百姓都信奉这个，尊重自己的祖先嘛。

牟：我似乎听说美国最近有一个概念叫"公民宗教"，中国的敬天祭祖教约略近之，我把它称为中国的基础性信仰，意思是说就个体而言，可以有不同的信仰，但全民则有一个共同的信仰。它又不是国教，有很大的包容性，与社会礼文化交融在一起。

安：我完全同意你的判断。我认为一定要把西方以神为中心的宗教和中国以人为中心的宗教区分开来。以人为中心的宗教是社会性的、是家庭性的，（牟：它没有教会）没有一个超越性的、永远存在的、创世的主宰。

牟：中国的主体信仰不强调唯一的创造主，但中国的宗教也有超越性，所不同的是它是多神的，天和民、神和人是一体的，"民之所欲，天必从

之"，"皇天无亲，惟德是辅"；东西方对"超越"这个词的理解是有差别的。

安：看怎么理解。如果把"超越"看成是一个阴阳性的词，意即如果从汉字语境来理解"超越"这个词的话，它就脱离了其本意。在西方，"超越"一定是一个独立的存在，就是柏拉图谈的那个"绝对理念"。

牟：按照你的理解，中国宗教中的天神就不完全符合"超越"了，只有基督教、犹太教、伊斯兰教中的最高神祇才符合这种绝对的"超越"意义。

单：所以，这三个相关联的宗教被称为"亚伯拉罕信仰系统"。

牟：最近浙江大学的王志成教授翻译了美国宗教学家保罗·尼特的《一个地球，多种宗教》这本书。其中，作者提出了一个对我很有启发的重要观点。他说，西方人，特别是美国、英国这些国家的人民，是在一个宗教模式里成长的。虽然在他们的移民社会里有很多宗教，但对每一个人而言，只能信仰一种宗教或者一个教派。他说，与之不同的是，中国人都是"宗教的混血儿"。因为一个中国人无论是否宣称信仰某种宗教，或者不信教，在其身上，我们都能见到佛教、道教，包括鬼神、天命等传统信仰的影子。我很赞同他的这一说法。（安：在西方，基督教分为许多不同的派别）教徒不可以同时信仰不同的派别。（安：绝对不可以）譬如说，"我"是逊尼派的教徒，就不可以再信仰什叶派。

牟：在中国就没关系，老百姓几种宗教可以同时共信，教派之间界限也不严格。（单：还是很宽容）所以我们可以说中国宗教有其自身的特点，但不能说中国没有宗教。

单：毛泽东时代，我们强调阶级斗争，学习苏联教条化的马克思主义。现在兜了一个圈子又回来了，国家主席胡锦涛就开始大力提倡要建立和谐社会，实际上，"和谐"这个理念就又回到了中国传统文化中大家比较认可的有价值的议题上来了。我想在海外、国内研究中国传统文化的人都会有很多共鸣的。

安：正如你所说，从毛泽东时代到现在，我们转了一个圈子。事实上，如果我们谈论《中庸》，谈论《大学》，或者谈论中国的古典哲学，"和谐"都是非常非常重要的一个词语。按照我的理解，"和谐"是一个审美性的范畴。而处于其对立面的"冲突"，则并不是两种毫不相干的事物之间的对抗，而是彼此关系性的一种缺失。You know aesthetics has sensibility（单翻译：审美带有感觉和体悟的性质），我们人类社会是一个有机性的、生态性的存在，彼此之间并非毫不相干，而是先天存在某种关系，问题的关键是我们如何利用这种关系。人类之所以发生冲突，是因为彼此的关系不够和谐，或者说和谐的程度不够。造成这一现象的原因是缺乏教育和相互了解。

单：你这个逻辑近似西方神学家证明上帝是万能的时候所采用的逻辑。当面对"既然上帝是无所不能的，那为何世间还有恶的存在"的质疑时，新托马斯主义者的解答是，恶的存在并不能否定上帝的存在，因为恶是善的缺失，它本身不能独立存在。

安：这里的"恶"是一种浪费（waste），如果从审美性的角度来看，西方哲学认为我们应该用我们所掌握的材料来创造最完美的、最全面性的一个实在。"恶"（evil）不是一个独立的存在，它是一个善的"缺失"（absence）。

单：回到你的议题上来，我们是否可以这样理解：你认为冲突是和谐的一种缺失。

安：是的。我之前演讲的时候也提到过，如果把西方和中国相比较的话，西方哲学很早就完成了从智慧到知识的转变。毕达哥拉斯是第一个使用 Philosophy（哲学）这个词语的人。Philosophy 的本意是"爱智慧"，虽然毕达哥拉斯对其有一个抽象的、科学性的规定，但由于毕达哥拉斯同时也是一个宗教领袖，他非常欣赏音乐，他还是一个社会政治改革者，因此，从总体上看，他是一个完美的人，所以用"爱智慧"来形容他是再恰当不过的了。但是毕达哥拉斯之后的 Plato（柏拉图）、Aristotle（亚里士多德）却一直将 Philosophy（哲学）引向一个绝对不变的理念，他们成了 Philosopher（追求知识、真理的人）。古希腊哲学和基督教结合在一起之后，基督教的终极实在就成了一个抽象的、完全不变的上帝。一直到达尔文，他为了打破形式主义（Formalism，即哲学中的绝对理念和宗教中绝对存在的上帝）的禁锢，发起了一场对西方哲学内部的激烈的变革。所以，现象学、阐释学、存在主义、实用主义，等等，它们的共同目标是攻击那个抽象的、永远存在的"形式"（Form），或者叫"Idea"，也就是柏拉图所说的"理念"，亚里士多德所说的"存在背后的存在"。正是由于以上这些原因，西方哲学追求的不是本源意义上的"智慧"，而"智慧"才是跟和谐紧密联系的。西方哲学只看到一个抽象性的、客观性的对象，那是"同"，不是"和"，是"同而不和"，西方哲学的终极目的也不是"和而不同"，而是"同而不和"，其"和"也是为了"同"。

中西方哲学是两个不同的传统，西方的系统哲学教育是从大学开始的，而中国则有"修身齐家治国平天下"的古训。现在看来，中国哲学在解决"修身"这个问题上是没有问题的，在解决"齐家"这个问题上也还可以，在解决"治国"这个问题上发挥得越来越好，只是还没有到"平天下"的境界。"平天下"是 21 世纪人类必须要解决的课题。帝国主义（包括美国在内）的时代已成过去，如今一筹莫展的小布什政府就是一个例证。美国发动伊拉克战争是一个极大的错误，这是重蹈越南战争的覆辙。目前，无论是从美国的立场来看，还是从一个"唐人性"的中国的立场来看（单：唐朝是一个体现"天下"精神的中国式的"全球化"概念，所以称唐太宗为容纳各族各姓的"天可汗"），全世界共同谋求和谐的时刻到来了。最近在北京举办的"中非论坛"，就昭示了一种"协和万邦"的新气象。为什么这样说呢？因为无论是 WTO，还是世界银行、IMF（国际货币基金组织）等国际性机构，它们都是按照西方模式建立起来的，用来孤立其他国家，把它们自己发展起来。可是，中国没有遵循西方的模式，而是走自己的路。所以包括非洲在内的许多国家，它们都在观望中国的发展，因为它们不愿意受西方 hegemony（霸权）的控制。所以非洲 4 个国家的领导人来中国的时候，记者很直接地问他们：中国要利用你们，你们不知道吗？他们说：没错，中国需要我们的支援，可是我们也需要中国，中国是个有潜力的市场，是个正在迅速发展的国家，我们之间的关系是彼此帮助的关系；不像美国，美国只会利用我们，却不会帮助我们，甚至还歧视我们。可见，对他们而言，他国的尊重是很重要的。如果从 Geo – Political Order（地缘政治秩序）的角度看，未来的十年一定会发生相当大的改变。第一，在经济上，中国已经发展成为一个经济大国；第二，在政治上，从国际名誉的角度来看，正如刚刚谈到的非洲等国家，谁都喜欢中国，不喜欢美国，因为跟中国做朋友的话，对自己有益处；跟美国做朋友，则要受到"如果你不是我们的朋友，就是我们的敌人"（小布什语）这种"排中律"的威胁，这不是一种追求和谐的态度，这是一个"同而不和"式的态度；第三，中国文化的时代还没有到来。在文化这一方面，到目前为止，中国文化在世界上还未产生大的影响，包括《四书》《五经》在内的儒学还只是一个中国性的文化，不是世界性的。

单：赵启正曾经说过，中国现在是经济增长，"文化赤字"（Culture deficit）。

安：我认为说得不错。按照中国的说法，经济基础决定上层建筑，所以我们要充分重视经济的发展。如果经济发展不上去，就不会有很大的影响力。经济发展了，文化才能随之发展。未来十年内，中国的文化一定会越来越有影响，中国从现在开始就应该承担起"平天下"的责任。谈和谐是很有必要的。我刚开始的时候说"和而不同"不是唯一的一个说法，为什么呢？因为在一方面，我们需要"和"，可是有一些事情也需要"同"；我们需要"礼"，可是有的时候也需要"法"。西方共有三种宗教，每种宗教都认为自己信仰的真理是唯一的，正是因为这样，彼此之间才有了冲突和对抗，面对这样的问题，法律是必需的。就拿美国来说，美国是一个移民国家，每个民族都有自己的文化，如果把美国看作是一个世界的话，这其中的每一个团体都有自己的"礼"，但我们还需要一个 constitution（单翻译：一个共同的法制）。所以，我个人认为，要在世界范围内谋求和谐，非常重要的一个角色是联合国。我们应该多支持联合国，因为在某种程度上说，联合国就代表了"法"，它是一个 international organization（国际组织）。其他的重要角色还有 International Court（国际法庭），Kyoto Accord（《京都议定书》）等。所以我们不要太理想性地而是要具体性地谈和谐问题。

单：你的意思是，对中国来说，谈和谐更具有战略性的重要地位？

牟：我很认同安先生所讲的，特别是您刚开始谈到的从审美的角度来把握"和而不同"。我的理解是，人类要追求一种美好的、一个合理的、幸福的秩序，从这个意义上来说，我不认为世界早就从野蛮走向了文明这样的观点，这里先抛开有文字等文明要素不谈。我认为直到现在，世界还处于野蛮的状态，没有达到文明。即便有的话，也是在某些国家内部，在某些地区，在一定程度上。从世界范围内（"天下"）看，现代人要比原始人还要野蛮（安：说得不错），就是可以拿更好的武器来屠杀人。现在如果要杀人，要比原始时代效率更高。核武器的威胁依然存在，族际冲突、宗教冲突年年都在发生。我也在常常思考如何解决这些问题。您刚才提到了一点我觉得很重要，即中国儒家的目标是实现世界大同。这个目标在中国也还没有实现，我们还在不断追求。从历史上来看，中国在处理"天下"问题，也就是在处理同周边国家的关系时，采取睦邻友好、协和万邦的政策。中国历史上之所以没有太大的侵略战争，就是因为遵循了儒家的这条原则。儒家有"天下一家"的观念，就是说整个世界像一个大家庭，也就是孔子所说的"四海之内皆兄弟也"。只是近一二百年来，工业文明也就是西方文明占了主导性的地位。客观地来说，这种工业化的西方文明有其自身的优点，这些也是值得中国学习的。换句话来说，西方文明有其普世性的一面，按照杜维明先生的理解，至少民主、自由、平等、理性、人权、法治这几条都是具有普遍性的，不管哪一个民族、哪一个国家都应该朝着这方面努力。应该说，西方文明在处理国内事务方面形成了较为成功的模式，但"天下"的问题，西方现有的文明处理不好。应该说，现今世界是由西方主导的，造成当下这种并不十分乐观的局面，西方国家应负主要责任。当然，我们每一个国家都应该反思：是什么原因造成了这种现状？我认为至少有三点：第一，在思想层面上，就是您刚才提到的社会达尔文主义。在自然科学和社会科学的发展上，达尔文主义是划时代的，我们得承认它的贡献；但是社会达尔文主义，也就是把生物学的规则用在人类社会上，就要出问题。弱肉强食的生存竞争，这种观念还在支配着西方一些政治家的头脑，认为"我是一个强大的国家，我就应该享受全世界最多的资源以维持一种最好的生活"，别的民族和国家是从属性的。他们的头脑中没有"天下一家"的思想，这种社会达尔文主义还在起作用，强调竞争；竞争是应该的，但弱肉强食就不应该了。第二，在信仰层面上，您也提到了，就是西方一神教的独尊性和排他性。现在基督教世界里的自由主义神学家也在反省，要打破这种传统。但也有相对保守的一部分人，比如基要派（Fundamentalists），还在坚持"基督以外无拯救"。还有一种情况是，要把自己的价值观、自己的信仰传播到全世界。如果不被接受，就要采取各种措施强迫别人接受，这就不容易尊重他人的信仰。我发现一个很有意思的现象，现在斗争最激烈的几个宗教，它们都是从亚伯拉罕系统这一个根源里出来的，包括犹太教、基督教和伊斯兰教。如果一神教不改革、不调整，它就容易采取强烈的排他性手段。这种斗争在多神教的地区不明显、不突出，包括在印度教内部，包括在中国（我认为中国人是个多神信仰的民族）。虽然小布什没有明确表示，但我感觉他的思想、心理有一个基督教的情结，即

"我"是上帝的"宠儿","我"有责任解放全人类,有这样一个思想在支配着他。第三,在政治层面上,就是马基雅维利的强权政治。简而言之,就是政治没有道德可言:强者为王。我认为正是这三点使得很长一段时间内,在世界上斗争哲学、"贵斗"哲学占了上风。后来出现了两大阵营的对立,这基本上是在西方"贵斗"哲学的大时代背景下产生的,尽管它是为了广大无产阶级、为被压迫阶级的解放而奋斗。我一直在思考,阶级之间有对立,有斗争,有没有可以协调的共同利益?应该有。

单:牟先生刚才讲的"贵斗",意思是指,Specially cherish confrontation more than peaceful cooperation(重对立轻和谐)。

牟:"贵斗"在一定的范围内有它的真理性,但是把它夸大以后就有问题了。因为在新中国成立初期,我们讨论过是资本家养活工人还是工人养活资本家、是地主养活农民还是农民养活地主的问题,最后讨论的结果是工人养活资本家、农民养活地主。改革开放以后,大家觉得应该做些调整,企业家也有管理等劳动投入,以前忽略了这一点。工人也害怕企业倒闭,倒闭以后他就没有工作岗位了。既要看到他们之间的对立,也要看到他们之间的相互依赖。从这个意义上来讲,我和杜维明先生都不赞成亨廷顿的"文明冲突论"。他只看到了冲突这一表面的现象,却没有揭示更为本质的和谐以及如何实现和谐。

安:根据亨廷顿的说法,我们白种人才是美国人,后来的西班牙裔、亚非裔都不算美国人,这无疑是狭隘的。亨廷顿在其近作《我是谁》中提到,他害怕有一天美国人会被占数量优势的外来族裔所取代。由此可见,他的思想深处依然被"WASP"(单翻译:白种的盎格鲁—萨克逊新教徒)情结所操控。

单:我在美国教书的时候,曾就亨廷顿的这个担忧询问过一个黑人同事。他说,单先生你知道 end focus(真正的重心在最后),那么 WASP 中最重要的也就是最后的字母 P,就是 Protestant(抗议罗马天主教的"新教徒"),只要我们都信仰新教,新教精神还在,其他都变不了。事实也是如此,是新教精神把美国人统一在了一起。

牟:值得欣慰的是,现在人类终于认识到要实现今后的发展目标,首先要调整指导思想。比较明显的一个实例是以德国自由主义神学家汉斯·昆(又译"孔汉思")为代表的天主教,他主张不同文明要在"普世价值"

的基础上寻求对话与合作。西方天主教内部从 20 世纪 60 年代召开"梵二大公会议"（单：Vatican Second Conference），就开始提倡宗教对话。20 世纪 90 年代在西方"世界宗教会议"上所达成的《全球伦理宣言》就特别提倡东西方的宗教对话，诸如他们找到了《圣经》"你希望别人怎样对待你，你就应该怎样对待别人"和孔子"己所不欲，勿施于人"之间的共同点。之后，这种宗教对话，扩大一点来说，这种文明的对话就更加频繁了。从中国来看，我认为最早意识到在哲学上应该做出调整的是我的老师冯友兰先生，他是当代中国"贵和"哲学的一面旗帜。冯先生在 20 世纪 80 年代的书里就引用北宋哲学家张载的话，说中国和西方不能再"仇必仇到底"了，所谓"有象斯有对，对必反其为；有反斯有仇，仇必和而解"。更难得的是，他还从"贵和"的角度来重新解释马克思主义辩证法。按照以往的理解，在对立统一规律中，斗争（对立）是绝对的，是最重要的；统一是相对的。冯先生则认为讲建设，讲和平，就必须突出"统一性"。由此可见，冯先生已经在尝试将儒家思想和马克思主义思想相结合，坚持有中国特色的哲学了。目前还很少有人注意到这一点。后来，哲学界开始有越来越多的人讲"和而不同"，譬如中国人民大学张立文教授提出了"和合学"，出版了一本很厚的著作，来宣传这种"贵和"哲学。这种转变的发生，以"文革"结束为分界线，从此以后，中国不再信奉斗争哲学，而是提倡"贵和"哲学，要把儒家的传统继承发扬下去。

安：我个人认为，对"大同"的理解还存在某些问题。有人把"大同"思想与墨子联系在一起，认为"小康"更符合儒家思想，它指向一种多元论性的、彼此包容的、没有排他性的关系。现在的美国是一个精神分裂的国家，一方面以小布什为首的 Neo—Cons（新保守主义者）把政治哲学家 Leo Strauss（利奥·施特劳斯）奉为思想教父，而施特劳斯与您刚才提到的马基雅维里一样，也倡导强权政治。小布什政府抓住"9·11"事件这个契机，通过树立萨达姆这个全民公敌，利用人们的爱国情绪和宗教信仰，积聚起全美的力量。而这一做法的最大问题就在于，它掩盖、转移了剑拔弩张的国内矛盾，把原本非常复杂的关系简单化了。另一方面，美国又是一个非常漂亮的、"爱默生"式的国家。

实用主义（我个人更倾向于用"实验主义"这个称呼来替代"实用主义"）鼻祖杜威、詹姆斯等人都有爱默生情结。在他们看来，tolerance（宽容）是个贬义词，意思是你做你的，我做我的，可以彼此忽略、漠不关心，并非汉语"宽容"的同义词。忽略也是一种暴力。所以我们应该追求 accommodation（包容），而不是 tolerance。

单：你对 tolerance 这个词的解释很像儒家所说的"麻木不仁"。

牟：刚刚去世的张岱年先生在一次开会时讲，如今大家都认可"己所不欲，勿施于人"这条道德黄金律，但仅仅这样是不够的，不能互不关心，还要做到"己欲立而立人，己欲达而达人"，也就是孔子所说的"忠恕之道"。

安：由此可见，杜威等人的思想与儒家有很多共通的地方，他们都把人看成是一种关系性的存在。举个例子来说，表达"请起立"的意思时，英文要说"Everybody（每一个人），Please stand up"，而汉语则是说"请大家站起来"。实际上，人类自我身份的确认都是通过他人来实现的，譬如我是夫人的先生、孩子的父亲、学生的指导老师，等等；总之，我不是一个独立性的存在。而以利奥·施特劳斯为代表的那个马基雅维里学派，则把个人（这里的个人也并非普通大众，而是指那些富有的中产阶级）主义奉为圭臬。用这种思想来治理国家，美国就变成了现在这个样子。

牟：小布什说得也很明白，美国外交的最高利益就是美国国家的利益。按照你刚才的说法，这是把个人主义扩展到国家层面后造成的恶果。

安：但是，美国还有以爱默生、杜威、詹姆斯为代表的另外一派，他们的主张和儒家有很多相似的地方，譬如你刚才提到的"己欲立而立人，己欲达而达人"（If your neighbor does better, you do better）。

"大同"和"小康"的区别还体现在，前者抹杀了一切矛盾及差异，后者则是同中有异、求同存异。我们要避免将和谐绝对化，所谓和谐并不是全球性的整齐划一。

牟：趋同不是我们的理想，讲和谐不是为了趋同，而是为了保持差异性。儒家的"和而不同"是一个总体性原则，我个人认为还可以将其细分为三个子原则。第一，"均和"。这里的"均"不是搞平均主义，而是指一个社会在财富分配方面要公平，"不患寡而患不均，不患贫而患不安"（孔子语）。意思是说社会财富少一点没关系，分配合理就没有大问题。（安：Distribution is economic；分配本身也是经济）由此可见，儒家已经注意到了社会经济生活问题，它并非只着眼于道德层面。第二，"礼和"。有子说：

"礼之用，和为贵，先王之道斯为美，小大由之。有所不行，知和而和，不以礼节之，亦不可行也。"意思是说大家一团和气，什么都一样也不行，还是得有差异，有秩序。

安：把"礼"翻译成"ritual"（仪式）似乎也不恰当，譬如父子之间的"礼"用 ritual 来描述就不适合，因为这里并没有一个 ceremony（仅仅表现为形式的"仪式"），我觉得可以翻译成"中国式的秩序"（单：Chinese-Order），有人把它翻译成"Social Grammar"（单："社会文法"）。

牟：这个译得也还好。但相互之间应各自履行应尽的义务，就是所谓的"父慈子孝，兄有弟恭"。

安：这里有一个需要注意的问题，即我们应该以身示范，用实际的行动去说服别人，而不是拿公用的原则去强制别人。譬如中国非常讲究"孝道"，而教育孩子孝敬父母的最好办法是父母身体力行地孝敬自己的长辈：长辈从晚辈那里得到"敬"，晚辈从长辈那里得到"乐"。所以如果美国想要扩大自己在全世界的影响力的话，就不能光考虑自己的利益，把民族主义强加给别的国家，而是要以身作则。

牟：和谐的第三个方面，也是最重要的方面，即"仁和"。谈和谐，不能脱离开"仁"这个根本性的理念。儒家讲"仁者爱人"，这个"人"是不分民族和国界的，要爱人类，有一种普遍的同情心，这是实现和谐的思想感情基础。"仁和"是"均和"与"礼和"的灵魂和源泉。由于有仁心，便会关心人、尊重人，承认对方的利益和尊严。西方宗教文化也讲"爱人"，但"爱"为民族主义所局限。现在的最大障碍是如何使这个"爱"超越民族和国家的界限。儒家之所以在今天凸显出它的重要性，就是因为它所传承的"天下一家"的观念，是具有普世主义品格的。从这个意义上来说，儒家倡导的是一种超民族主义的学说，一种真正的世界主义的学说。当下的现实是，在民族冲突中一些人为了爱自己的民族，转而要去攻击其他民族。我们可以肯定地说，巴勒斯坦和以色列的人民都非常爱自己的民族，但这种爱却要以仇恨和伤害对方来实现，那么这种爱就不仅是狭隘的，而且是可怕的。所以我们的当务之急是如何冲破这种畸形的民族之爱，把爱施之于其他民族。

安：这还是个人主义膨胀到全民族层面的表现，随之而来的是一种置身事外的相对主义态度，即其他民族的悲苦与我无关。

牟：可是在儒家看来，民族之间亲如兄弟，如果伤害了其他民族，自身也不会真正地得到幸福，因为"爱人者，人恒爱之；害人者，人恒害之"。这样做的最终结果就是双方都在痛苦中煎熬。

安：我们再回到中国的问题上来。"智慧"不是一个褒义词，邪教也可以有自己的智慧。问题是我们怎样才能将儒家智慧在全世界传播开来？我觉得这离不开教育。"四海之内皆兄弟"之类的智慧听起来虽令人鼓舞，但由于缺乏可操作性而流于玄虚。所以我们必须要有一个相对客观的知识标准。智慧和知识不是一个二选一的问题，而是必须兼而有之。

牟：我认为西方文化中也有几种"和"的理念值得我们借鉴。第一，"利和"。为什么有经济全球化、共同市场、WTO？就是因为我们找到了共同利益。而且可以很清楚地看到，现在的共同利益要比几百年前大得多，因为世界已经是个地球村了。任何国家的任何行为，都不可能单赢，而只可能是双赢或共赢。譬如中国跟美国谈判的时候，我们不谈价值观，而谈共同利益。第二，"竞和"（单翻译：harmony realized through competition）。这个词是我从他人那里借用过来的。这里的"和"不是一个静态的存在，不是说把先进的拉下来，大家在一个落后的层面上一团和气，而是你追我赶，共同进步。"竞和"的最好实例就是体育竞赛。在市场竞争中应制定、遵守共同的市场规则，反对不正当竞争，必要的时候不排除使用强制手段。从历史上看，中国最缺少的就是"竞和"。第三，"法和"。就是建设民主法制社会，遵循共同的社会行为规则，这样社会才能安定有序，也就是你刚才提到的"社会文法"。同西方国家比起来，中国在现代法制建设上还相差很远。中国人的规则意识不强，带来的一个弊端就是潜规则盛行。各种明文规定的法则（单翻译：visible rules）在实际生活中无人遵守，却都默认一种说不出、道不明的通行于实际生活中的潜规则（单翻译：invisible rules），后者将对法制建设造成巨大破坏。我个人认为，上面提到的"利和""竞和"及"法和"是我们应该借鉴西方并汲取到儒家思想里来的。

安：我要补充一个"和"，就是"活和"。因为"和"不是一个僵化的、一成不变的终极存在，而是一个过程，一个在实践中不断被追求、甚至永远都实现不了的目标。也就是说，我们谈和谐，追求和谐，不能离开主体生活。

单：儒家说"洒扫应对，可以尽性至命"，禅宗讲"担水砍柴，无非妙道"，表达的都是这个意思。

　　安：西方哲学的最大悖论就在于，康德把道德提升为一个普遍性的、抽象性的原则，以至于使道德丧失了对最基本的人伦亲情的阐释力。谈道德应该从一个人为什么要爱他的孩子这样日常化的议题开始，而不应该把道德教条化（单：成为一种 dogma）。

　　牟：儒家思想追求"修身齐家治国平天下"，由近及远、由小到大。孔子主张"能近取譬"，就是说从身边的事情做起，逐渐向外扩充。孟子说"老吾老以及人之老，幼吾幼以及人之幼"。《孝经》中也表达过相似的观点：由内而外，从孝敬父母的小孝一直推延到治国安邦平天下的中孝、大孝，最后达到《中庸》说的"参天地之化育"，关涉到整个宇宙。孟子在《公孙丑》中以孩童入井、所见者都会前去搭救的例子说明人皆有恻隐之心，将此种善念推而广之，就是"仁"。"恻隐之心，仁之端也"。王阳明也主张在事上磨炼、于静处体悟。

　　单：王阳明的这句话，冯友兰先生也多次引用过。与《圣经》的"创世纪"比，我们更容易理解王阳明的名言"不离日用常行内，直到先天未画前"。这就是说，即便是上帝造宇宙万物这样博大的襟怀也是通过日常生活中的小事被感知的。上帝当初之所以要制造人类，也是出于一种爱，因为这种行为对他本身来讲没有任何意义，是一种浪费，他工作六天，第七天都感觉累了，他无所不能，亦不需要别人的回报。从这个角度就比较好理解基督教中的博爱思想了。至于如果不信仰上帝，就会遭到惩罚之类的言论，是后世祭司所做的发挥罢了，人类设想的博爱的上帝本意并非如此。

　　牟：我们认为基督教中存在着保守和相对自由的两派。保守派坚持在基督教里信仰是第一位的，爱是第二位的。基督教中最大的爱就是对上帝的爱，因此必须百分之百地信仰上帝，对其不能有一丝一毫的怀疑，把信绝对化，放在爱之上。而另外一些自由主义派别，譬如中国的丁光训主教，他认为上帝就是爱，爱人就是上帝精神的体现。这样基督教就可以与其他文明对话了。

　　安：西方谈道德的时候，缺乏一种内在动力（moral motivation）。它不能够有效地解答"为什么要爱别人"这样的疑问。因为在西方，道德被提升至一种抽象的原则，脱离了主体生存；道德既然跟自我无关，那就不必坚守。但是儒学在激发道德的内在动力方面很有说服力，因为从儒家的角度看，爱自己跟爱别人并无二致。

牟：中国从古代开始，就是一个神人一体化的社会。"天视自我民视，天听自我民听"，"功德成神"，"积善成仙"。中国宗教中的神是个有道德的善神，爱民是他思想中的本义。所以只要爱人（民），就是顺从了神的意愿。

单：如果说，中国宗教中的神是个善神的话，西方宗教中的神就是个力神，他可以审判你，让你下地狱或上天堂。

牟：在保守主义者看来，中国的这种宗教信仰是缺乏超越性的，它还停留在人的层面，没有一个完美的、绝对的对象。

安：对，强调"人"这一面才能达到"天人合一"。最后我想说明的是：人为什么要有信仰？如果是为了满足一个独立存在的上帝，那么这跟人类的和谐又有何关系？所以，我们应该从低一点、世俗一点、人的存在这个层次，譬如从家庭出发来谈信仰。我个人认为，人类不需要那种与人无关的、超越的、唯一的、终极的上帝，他不能"活"在人的生命里，人还有什么必要去信仰他呢？

单：很好！今天两位教授都从自己的学术立场表达了对和谐及中西方文明相关诸问题的精辟见解。希望这是我们设想的一系列对话活动的良好开端。谢谢你们使我们有机会在如此短的时间里面分享你们如此丰富的思想！

（原载于《中国图书评论》2007 年第 1 期）

仁恕通和刚毅之道

——中华文明的核心价值

　　中华文明的核心价值只有在跨文化研究中才能准确把握。近代以前中国基本处于封闭状态，不容易认清自身文明的价值，"不识庐山真面目，只缘身在此山中"。鸦片战争以来，中国落后贫困，被动挨打，中华文明也成为负资产，中国人文化自卑；西方先进，其文化处强势地位，文化比较的结果，"全盘西化论"在中国取得优势，"打倒孔家店""汉字拉丁化"是最典型的口号。改革开放三十多年，中国和平崛起，吸取"文革"教训，文化自信增强，国学复兴，习近平主席明确指出中华优秀传统文化是我们民族生存延续的血脉和纽带，要加以传承发展，为民族复兴和建设人类命运共同体提供重要精神支撑①。中国正在积极参与世界和平及发展事业，中国人对西方和对自身的了解达到了新的高度，这样，客观上有了中西文化比较以对等的方式进行的条件。

　　在世界文化多元中，中华与西方（欧美）文化是最有对应性与互补性的两种文化。但长期以来，中西之间文化沟通的桥梁是倾斜的，西学过来的多，中学过去的少，而且彼此都有许多误读。但已有一些西方有识之士，如汤因比、费正清、李约瑟、李瑞智等能以包容谦和心态认识中华文化的价值，一些汉学家也做了不少研究工作，美籍华裔学者杜维明、熊玠、成中英等长期致力于会通中西文化，使中国智慧走向世界。以安乐哲教授为

---

　　① 习近平：《在纪念孔子诞辰 2565 周年国际学术研讨会暨国际儒学联合会第五届会员大会开幕会上的讲话》，新华网 2014 年 9 月 24 日。

首的夏威夷学派又做出了新的特殊贡献。安教授把跨文化研究提升到比较哲学的高度，有阔大的宏观视野和系统思维的剖析，能够脱出欧洲中心论的局限，深层把握中华文化的思想精髓，清醒认识中西两种文化结构性的不同特点和各自的优缺点，并找到孔子儒学与杜威实验主义易于对话的桥梁，又在中西之间孜孜不倦地频繁地讲学、访问、研讨，用实际行动大力推动中西文明交流与互鉴，做出了重要贡献，在中国乃至国际上享有崇高声誉。笔者受安教授比较哲学的启示，又读了陈来教授的《中华文明的核心价值》一书，很认同陈教授所说的中华文明的价值偏好是"责任先于自由，义务先于权利，社群高于个人，和谐高于冲突"[1]，笔者也从哲学的视野对中西文化主要特征进行了比较，形成一些看法，提出来就教于学界朋友。

中西文化由于自然环境、社会生活方式和历史传统不同，形成了不同的文化类型，彼此也曾有过交流，但各走了自己的道路，经历了兴衰起伏，互有短长。对两者特征的认识，要在不断比较中加深；对两者优劣的评价，往往要经过几百年社会实践的反复检验和重估。笔者初步归纳了中西文化主要特征有八点显著不同：（1）中华文化是人本主义，西方文化是神本主义；（2）中华文化是道在万物，西方文化是理念绝对；（3）中华文化是德性为主，西方文化是智性为主；（4）中华文化是社会本位，西方文化是个人本位；（5）中华文化是多元通和，西方文化是二元对立；（6）中华文化是天下一家，西方文化是国家至上；（7）中华文化是天人一体，西方文化是人胜自然；（8）中华文化是中庸改良，西方文化是激进兴替。这个比较是就主要方面而言，也不是价值高低的判断，而是指明两者差异。八项之中，最主要的区别有如下三点：一是德性文化与智性文化的差异，二是社会本位与个人本位的差异，三是多元通和与二元对立的差异。由此而造成中华民族绵延不绝而在近代发展迟缓，西方早期断裂剧变而近代发展神速；中华追求清明安和，西方崇尚争强对抗；中华富有协调的智慧，西方富有发展的智慧；中华在传承创新自身优秀文化并吸收西方优秀文化基础上复兴，西方由盛而衰尚未很好地吸收中华文化，故处于调整过程。如果用

---

① 陈来：《中华文明的核心价值》，北京：三联书店，2015 年版，第 3 页。

《周易》乾卦爻辞表述，西方在经历"飞龙在天"之后已经进入"亢龙有悔"，中国在经历"潜龙勿用"之后进入"见龙在田""或跃在渊"，而整个人类文明的健康发展目前尚处在"群龙无首"的阶段。人类面临和平与发展、免除战争与贫困两大时代主题，中西文化如果能优势互补，既能给双方带来文明的生机，也能给人类命运共同体的建设和新型国际关系的树立提供普世价值。

过去人们看西方文明的优点多，看中华文明的缺点多；而现在西方文明暴露的弊端引起一系列世界性危机，使中华传统潜在的精华得以展现，当此之时，更多地关注中华文明的优点和当代及未来的价值，是十分必要的。如何在文化哲学比较中把握中华核心价值，见仁见智，可有不同表述。笔者倾向于把它归结为"仁恕通和刚毅"六个字。

中华文明首先推崇仁爱，把爱人作为最高信仰。孔子讲"泛爱众而亲仁"（《论语·学而》），孟子讲"仁者爱人"（《孟子·离娄下》），韩愈总括"博爱之谓仁"（《原道》），从爱亲人推而爱他人、爱社会、爱万物，视天下犹一家，视天地万物犹一体，这是有仁德者的博大情怀。尊重生命，关爱他人，是中华民族存在的根本价值依据。中华仁者爱人之道与西方基督教的爱人如己及法国大革命提出的博爱是相通的，但又有所不同。在儒家看来，爱心来自人的本性，不由上帝赋予，不以爱神为前提，它乃是人类共同体正常生活的内在需要，如孟子所说"爱人者，人恒爱之"（《孟子·离娄下》），墨子所说"兼相爱，交相利"（《墨子·兼爱下》）。反之，交相恶必然共相害。

中华的仁爱之道一个最大的特色是落实为忠恕之道，由此而植入了平等互尊的要素，从而具有了超越等级制度和文化征服的局限的生命力，为当今人类多元文化实现和谐共生提供合理的文明途径。忠道就是尽己之心帮助他人，"己欲立而立人，己欲达而达人"（《论语·雍也》），希望他人自立发达，但不把自己特有的方式强加于人，这就引出一个恕道，用"恕"来保证仁爱的实现。

孔子认为，"恕"是一言而可以终身行之者，即"己所不欲，勿施于人"，它的精髓在于推己及人、将心比心，体谅人、尊重人，提倡互尊的爱，不仅反对仇杀报复，也不赞成把爱强加于人，因为那不是真爱，还会引起怨恨。基督教提倡爱人并热心公益慈善事业，值得肯定。但原教旨主义主张"基督以外无拯救"，把不信上帝的人视为异端，而实行"己所欲，施于人"，往往造成文明的冲突，因此开放的基督教人士赞赏孔子的恕道，提倡不同宗教之间的互尊与对话。恕道是中华文明博爱的最大特色，它在历史上大大缓解了等级制度和民族矛盾引起的内部关系紧张，保障了不同族群和信仰之间的大致和谐。

仁爱情怀再进一步落实便是通和之道。中华民族是一个很大的文化共同体，其民族格局是多元一体，其文化模式是多元通和，血脉流长，纽带坚固。其缘由，一方面有以儒为主、佛道为辅的文化内核，向心力强；另一方面内部是多民族多元文化并存、相通、互补，具有极大的包容性，又勇于对外开放学习，不同的文化渐行渐近，彼此感通互摄，以和谐为主旋律，有冲突而没有宗教战争，矛盾易于化解，文化共同体在不断丰富与更新中发展。《易传》讲"感通""会通"，庄子讲"道通为一"（《庄子·齐物论》），谭嗣同讲"仁以通为第一义""通之象为平等""仁不仁之辨，于其通与塞"（《仁学》），提倡中外通、上下通、男女通、人我通。会通者彼此由沟通而融会，相互摄取，其关键在于心灵相通。因此，"通和"是最理想的族际关系与文明关系。

中华文明的主导儒学，不把自己看成绝对真理，因而具有了超越自我的气度。它重点不在向社会提供某种信仰或学说，而是向社会提供不同信仰、学说之间相处的智慧，即协调多元文化的智慧，这就是中和之道，相信"万物并育而不相害，道并行而不相悖"（《礼记·中庸》），"天下同归而殊途，一致而百虑"（《易·系辞》），以中庸为至德，坚持"执两用中"（《礼记·中庸》），反对极化思维与行为。它站在"天下"即全人类的高度，以平等的心态看待多样性文明；它有自尊，同时能尊重他者。孔子的"和而不同"成为中国人协调多元民族与文化关系的伟大智慧，形成兼收并蓄、包容多样的深厚传统，而且养成持中、稳健、妥协的温和的民族性格，极端主义不易滋长。因此，中华文明不会成为任何其他文明的对手，只会成为它们的朋友与伙伴。当然，中华民族有文明底线的坚守，以正义为准则，以真善美为方向，不向邪恶让步，故强调"和而不流"（《礼记·中庸》）。

中华文明铸成的中华精神，可以用《易传》三句话表述：自强不息、厚德载物、刚健中正。它的价值理想和民族性格中，在蕴含仁恕通和的温润包纳利他之道的同时，也不乏刚直毅勇之质，因而中华民族培育了一代又一代的仁人志士，有操守有担当，在民族艰难危急时刻，挺身而出，迎风浪而上，挽狂澜于既倒，开辟出民族复兴之新路。孔子说："刚毅木讷近仁"（《论语·子路》），"质直而好义"（《论语·颜渊》）。曾子说："士不可以不弘毅"（《论语·泰伯》）。《中庸》以"仁、智、勇"为三达德。孟子阐扬大丈夫豪迈气概："富贵不能淫，贫贱不能移，威武不能屈"（《孟子·滕文公下》），通过养浩然之气形成独立不移的品格。这种品格正是《易传》说的"刚健中正"：不屈从亦不欺人，有毅勇而无偏邪。中国人向往在多元国家民族互尊的情况下使中华民族过上有尊严的生活，向往在社会人们互尊的情况下使每个人和家庭过上有尊严的生活，它摈弃"把自己的幸福建立在他人的痛苦之上"的霸权逻辑，而追求国格人格的平等。今日中华民族在迅速和平崛起过程中对外实行睦邻安邻、协和万邦的方针政策，对内实行民族平等、努力使百姓生活得富裕而有尊严的方略，正是中华文明核心价值的当代体现。

西方文明主导着国际生活，它内含的工具理性、个人主义的膨胀和对抗哲学的惯性所造成的生态危机、社会危机、道德危机，已经达到极为严重的地步，必须用中华文明的仁恕之道、通和之理、中正之德加以补救，这不仅关乎西方和东方的地区发展，更关乎整个人类是否有光明前途。地球村的公民应该有这份认知和担当。

（原载于《国际儒学论丛》2016年第1期）

儒学在思考

一

冷战结束以后，人们曾经对世界和平产生更多的期望。可是不久，一连串的跨国战争，使世界形势变得复杂起来。新世纪来临之后，霸权主义横行，恐怖主义肆虐。美国发生"9·11"恐怖袭击事件，接着便是阿富汗战争和伊拉克战争，后者尚未结束，恐怖活动更有升级的趋势，人类前途充满了危险。

人类社会是一个多民族、多地域、多国别、多文明的世界，彼此之间既有矛盾冲突，又有合作交流。进入"地球村"的时代，人类如何共处，是需要重新思考的。是继续奉行以往的"弱肉强食"的社会达尔文主义和"贵斗"的冷战哲学？还是推动文明的对话、实现和平相处？这对于人类的命运是生死攸关的问题。这并不是文明之间的冲突，而是文明与野蛮之间的较量。人类必须反省自己，而这种反省，仅有西方文明的智慧是不够的，还必须研究和总结中华文明的历史经验，深入阐发儒学的精义，使当代人类获得一种东方文明的智慧。

"文明的对话"在中国早就是深厚的传统。一部中华文明史，就是多样文化、多种文明不断沟通、交流与合作的历史。远且不说，两汉时期印度佛教和平进入中国，唐代则有伊斯兰教、景教、摩尼教的传入与合法流行，中国文化逐步形成以儒学、佛教、道家道教为核心的多样性文化共生互动的格局。中国是一个多民族、多信仰、多宗教的大国，这"三多"并没有使它困扰于对抗和分裂；相反，民族在矛盾中走向和谐，信仰在交流中走向丰富，宗教在互动中走向理性。各种宗教包括外来宗教，都能在中国这片土地上找到它和平生存的空间。各教之间的关系基本上是平等的友好的，中原地区从未发生流血的宗教战争，也未出现迫害异端的"宗教裁判所"。这种文化的多样性与和谐性，在很大程度上要归功于在思想领域占主导地位的儒学的"清明安和"（梁漱溟语）的人文理性。儒学具有国教的地位，却不垄断文化，只给国人提供社会人生基本准则，而以"贵和"的思想容纳其他信仰，这在世界史上是罕见的。

儒学之所以能够在中国历史上促进文明对话与交流，是由于它有以下特质。

第一，它为社会提供普世性的基本道德规则，又不把它归结为某种至上神的启示，因而也没有宗教的狭隘性与排他性，容易为整个社会不同信仰的人群所接受。儒学的忠恕之道，即"己欲立而立人，己欲达而达人"和"己所不欲，勿施于人"，体现出人类相互帮助和相互尊重的道德精神，它是人类社会公德的基本原则，是群体和平生存的起码原则。

第二，它为社会提供多样性文化共处之道，即孔子提出的"和而不同"，承认文化的差异性和相互平等，主张彼此和谐与互补，这是一种文明、开放、理性的文化观。尔后有《中庸》的"万物并育而不相害，道并行而不相悖"，《易传》的"天下同归而殊途，一致而百虑"，宋儒的"理一分殊"，谭嗣同的"仁以通为第一义"，它们都是一脉相承的。儒学的"贵和"传统使它成为沟通各种文明的桥梁。

第三，儒学的中庸之道，具有持中、协调、理性的特色，适用于调解冲突和稳定社会。孔子说："过犹不及"，《中庸》说："执其两端，用其中于民"，孟子说："仲尼不为已甚者"，都反对偏激行为，主张做事要照顾各方利益，要合情合理。在中庸之道影响下，中国文化形成刚柔相济、统筹兼顾、稳健中道的传统，对于调适宗教与社会之间、民族文化之间、固有文化与外来文化之间的矛盾和冲突，起了很大的作用。文化偏激主义虽经常发生，但始终没有成为主流的长期的思潮。

第四，儒学具有天下一家、天人一体的情怀，容易克服国家、民族和信仰的障碍，把忠恕之道推广到人类和天地万物。孔子讲"四海之内皆兄弟也"，《礼运》讲"天下为公"，宋儒讲"仁者以天地万物为一体"、"民胞物与"。儒家把人类看作一个大家庭，宇宙是一个更大的家庭，人类内部和人与万物之间，都是共生互爱的关系，因此应当和谐共处、相辅相成。中国古代之所以能够凝聚众多民族并与周边国家睦邻友好，与儒家天下一家的思想是分不开的。

第五，儒学也提出了强势群体与弱势群体和平相处之道，表现出实用理性的智慧。儒学看到了国家、民族之间发展的不平衡性，承认大国的主导作用；但它认为大国不能仅凭军事实力，还要树立道德形象，才能发挥安定天下的作用。孔子称赞："桓公九合诸侯，不以兵车"，主张"远人不服，则修文德以来之"。孟子提出"仁者无敌"的思想，认为大国实行"以德行仁"的"王道"，则"得道多助"；若实行"霸道"，一味以力服人，则"失道寡助"，最后导致众叛亲离。历史经验证明，孟子说的是有道理的。中国历史上凡繁荣昌盛的王朝，对内注重"为政以德""礼主刑辅"，对外注重"讲信修睦""化干戈为玉帛"，而以暴虐不仁、穷兵黩武为失道。"协和万邦""礼尚往来"是中国人追求的国际秩序。

二

儒学作为一种东方文明产生于农耕经济和家族社会，虽有丰厚内涵，也不免带有时代局限性和不及西方工业文明的地方。当近现代西方文明挟其优势席卷全球、主导东亚之后，儒学在中国遭受猛烈批判而退到边缘地带。但中国并没有抛弃儒学，而是对它进行反思，去其糟粕，取其精华，将它与西方文明的优秀成果结合起来，使它获得新的生命。到了世纪之交，儒学作为一种民族文化传统正在回归中国，儒学作为一种具有东方特色和普世价值的文化资源正在走向世界。

儒学在做现代的思考，儒家学者在跨文明比较中也在做世界性的思考。梁漱溟在《东西文化及其哲学》中指出，西方文化长于科学和民主，但"理智活动太强太盛"，对于自然对于别人都取利用征服的态度，造成西方社会焦惶、慌怖、苦恼；中国文化早熟，"以意愿自为、调和、持中为其根本精神"，追求精神的自得和社会关系的和谐，西方文化将有一天要回到中国文化的路上。熊十力高扬儒家的道德理性，主张回归《周易》生生不息的精神，认为中国哲学传统可以避免沦入宗教的迷狂，亦可以避免浅近的功利主义，这两点正可以弥补西方文化的不足。1958年，牟宗三、徐复观、唐君毅、张君劢等联合发表《为中国文化敬告世界人士宣言》，提出中国文化的人文道德精神是好的，但缺乏民主与科学，故应在高扬自身道统的同时，借鉴西方文化，开出学统，建设政统。西方文化中的民主、自由、博爱、科学等，皆有其普遍永恒之价值，应为一切民族所接受。但西方文化存在着价值独断论或西方中心论，对其他民族文化缺乏敬意和同情，一味扩张其文化势力，遂与其他文化或人群发生冲突，造成战争、对抗、核威胁等危机。因此，《宣言》认为西方人应学习东方文化中诸如人生境界的提升、圆而神的智慧、仁者的悲悯之情、天下一家的情怀等长处。《宣言》发表之初，自由派胡适曾指斥它是"骗人的"；但从四十多年后的今天再来看它，我们不能不承认它包含着远见卓识和人文睿智，我们也不能不为《宣言》作者的博大心怀和文化担当精神所感动。冯友兰是融合中西的哲学家，他在《中国哲学史新编》中批评"贵斗"哲学的错误，阐扬孔子的"贵和"哲学，指出"仇必仇到底"如普遍推广会发生极大的破坏；而宋儒张载提出的"仇必和而解"应当成为社会发展的主流，并说："人是最聪明的、最有理性的动物，不会永远走'仇必仇到底'那样的道路。这就是中国哲学的传统和世界哲学的未来。"此外，世纪之交，一些海内外儒家学者，积极参与和推动文明对话，日益显示了儒学的当代价值和世界意义。

儒学是中华文明的主体思想，要复兴中华文化和弘扬民族精神，不能不继承儒学的优良传统；要推动有中国特色的社会主义现代化事业，建设现代文化大国，不能不运用儒学的资源；要和平崛起，开展国际交往，参与文明对话，亦不能不发扬儒学的优长。改革开放短短二十多年，中国社会与经济发展如此迅猛，而社会又保持了安宁稳定，这难道不是较好发扬了"自强不息"和"厚德载物"的中华精神的结果吗？既自力更生，又善于学习，才有今天的成就。现在全国上下都在开发儒学资源，推动社会道德建设，提高国民素质，创建儒商文化，推进祖国和平统一，已经取得显著成绩。在治国方略上，中国领导人提出"以人为本"、社会和谐、协调发展。在对外关系上，中国强调"和平共处""与邻为善""以邻为伴"，睦邻、安邻、富邻，积极参与联合国维和行动，努力调停跨国的冲突，承担起更多的劝和责任。这些难道不是包括儒学在内的中华优良传统的再现吗？中国之所以永远不会称霸、永远都是和平的力量，乃是中国文明特质和民族性格决定的。很显然，儒学已经成为中国现代社会发展中一种积极的力量，同时也成为东亚各国交流、合作的文化纽带；由于儒学联系着世界广大华人族群和倾心于东方文化的各国学者和民众，它已经成为国际社会文明对话的重要参与者，它极有可能在今后世界几大文明和解中扮演沟通使者的重要角色。现在世界上反理性的社会极端主义颇为流行，造成族群对抗、流血冲突和各种恐怖活动，它是"贵斗"哲学的产物。而具有中和之道的儒家人文理性正是消解极端主义的有效精神力量。儒学如能在世界多样性文化互动中从边缘走向中心，成为显学，必将给世界带来更多的和平福音。

三

儒学的中国已经把西方文明积累起来的民主、科学、人权、法治、自由、平等以及公平竞争等价值理念，作为现代文明的通则而加以吸收。中国目前正在加强民主与法制建设，把人权正式写入宪法，强调依法治国、依法行政，推广公开、公正、公平的原则，关心和扶植社会弱势群体，贯彻科教兴国战略，鼓励学术自由和争鸣等，说明中国正在向现代文明迈进，虽然存在的困难和问题很多，但方向已经明确、原则已经建立。当然，儒学的优良传统也在帮助中国人抵制和克服西方文明中的负面影响，主要是拜金主义、暴力色情和强权政治，这些消极的成分不仅与东方文明不合，也有违现代文明通则。

现在的重要问题是，作为世界强势文化的西方文明是否也需要吸收儒学和其他文明而更新自己呢？这个问题不仅需要西方有识之士来关心，东方人也不能不思考，因为西方文明的优点和缺点影响着全世界。事实上西方思想界早有人在不断地对工业文明的弊端进行尖锐的批判，并对东方文明表示出敬意。

西方文明有一个很大的弱点，便是其核心国家缺乏"天下一家"的思想，在文明的实践中推行双重标准。以民主、法治、人权而言，一般人都承认美国是个法治社会，人权受到较好保护，政治上有较成熟的民主监督机制和选举制度（当然问题也不少）。但所有这些都不适用于美国的国际事务。美国可以无视联合国宪章和国际条约，经常侵犯他国的主权，干涉他国的内政；发动侵略战争，残杀他国公民，虐待他国囚犯，破坏他国家园，造成一系列人道主义灾难；它可以全力保护一个在国外的美国公民的安全，却对惨死于美国坦克、导弹下的成千上万的他国百姓无动于衷，如此等等。它要用最野蛮的手段来推广现代文明，从而丧失了文明。美国在国际上的行为，看不出有丝毫的民主、平等、法治和人权，看到的只是蛮横和野心。而在美国竟然还有相当多的民众支持穷兵黩武的总统，这就表明它的文化是有严重缺陷的，大国霸权思想成为其相当普遍的社会意识。当然，美国许多开明人士和民众已经在反思，起来批评单边主义和国家暴力主义的人越来越多。他们看到美国不能满足于拥有物质力量，还要拥有道义的力量，否则便会孤立，付出沉重代价，也引起国内文明的倒退。民主党总统候选人克里提出，美国应当赢得世界的尊重，而不是遭到世界的仇视。这难道不是在印证孟子说的"得道多助"和"失道寡助"的道理吗？西方政治家的智慧不能停留在"耀武扬威"和修建隔离墙的水平上，这样的水平是不配引导世界潮流的。他们若能学一点孔子和儒学的大智慧，增加一点远见，开阔一点心胸，对于国家和世界都是大有益处的。

看来在现代文明通则中，除了民主、自由、科学、人权、法治、公平等价值理念之外，还必须加上东方儒学所申明的忠恕、诚信、礼义、和而不同、天下一家、天人一体等价值理念，使它们也深入人心、普及于国际社会。这样才能使现代文明通则获得完整性。这是东西方文明真正的优势互补，如大国能带头推行，则文明对话便可大行其道，世界将会走出对抗和残杀，走向祥和与繁荣。

（原载于《中华文化论坛》2005 年第 1 期）

儒学是什么样的学问

儒学是不是宗教，争论了几十年。这是近代中西文化碰撞对接的时代条件下在话语转换中发生错位而出现的问题，中国古代并没有这个问题，或者说即使有也不尖锐。同样，儒学是否是哲学，在古代也不存在问题。中国传统国学的分类，流行的分法有"经、史、子、集"；还有义理之学、考据之学、辞章之学，并没有一种称为哲学的学问。在入世与出世的区别上，有人道与神道的提法。义理之学接近于哲学，但不等于哲学。神道接近于宗教，但不等于宗教。

儒学是一个思想的大系统，一个信仰的体系，其内容包括了现代学术意义上的哲学、伦理学、政治学、宗教，但不能将它简单归结为哲学或伦理学或政治学或宗教，因为它是一门跨学科的综合性学问，而以道德作为思想的太阳。在西方话语笼罩之下，当代的中国人起初只能通过西方的理念重新解释自己的文化，于是把儒学纳入中国哲学史的范畴加以说明，结果是削足适履。西方哲学一向有其深厚又相对独立的传统，其学派承接转换创新皆有清晰脉络可寻。中国历史上并没有西方那样的独立哲学传统，只有整体性的思想传统和各具特色的学派。"中国哲学史"其实是中国学者用西方哲学理论和方法人为构造出来的，目的是实现与西方学术的对接，而中国历史上本没有这样一门代代相接的学问。西方哲学讨论的基本问题即思维与存在的关系问题，以及他们特别关注的认识论问题，都不是中国理论探讨的重点。但我们的中国哲学史教科书在很长的时间内把苏联模式下的两条路线的斗争（唯物与唯心）和四大部分（宇宙观、认识论、社会历史观、辩证法）的框架强加给中国的精神史，然后把中国的资料加以剪裁和拼接，填补到里面去，中国思想的活体硬生生地被肢解了，使得写出来的书没有中国意味，儒不像儒，佛不像佛，道不像道，更像西方哲学的中国版。我向来认为，孔子、老子是思想家，儒、佛、道三家有哲学也有宗教，还有更多的东西。因此中国哲学史应还原为中国思想史，要按照历史上固有的学派与传承及其相互关系来写中国思想史，完整地去再现孔、孟、老、庄、程、朱、陆、王以及禅宗的思想。当然，现代西方话语有一部分已成为普世性主流话语，我们应当接纳和使用，变成汉语文化的组成部分，这是国学现代转型所必需的。同时，我们在用西方文化诠释中国文化的时候，不要抹杀中国文化的特色，要看到中国文化的优长和特殊价值，并且用中国文化的眼光去审视西方文化，形成双向诠释和中西互补。冯友兰先生也意识到了这一点，他在《新原道》中阐释中国哲学精神是"极高明而道中庸"，在《新原人》里提出四境界说，把哲学的任务归结为提高人的精神境界，他用现代话语表现了中国精神，超越了西方哲学。

按照我的理解，哲学是穷根究底之学，宗教是安身立命之教；前者的任务是从宏观上认识世界，后者的任务是确定人生信仰。在西方，这两者分得很清楚，人们从哲学里寻求把握世界的智慧，而把信仰和道德交给宗教。在中国，儒、佛、道三家都把穷根究底与安身立命结合起来了。儒学有天道天理观、心性论、人格论、伦理观、苦乐观、生死观、修身论、政治观，既有信仰价值的层面，也有制度规范的层面，也有人伦日用的层面，还有民俗文化的层面。它的人道里包含天道，天道里融摄人道，体用一如、天人相依，而以人生哲学最具特色。就解释天人关系、人人关系、心性本质而言，儒学有哲学，它是一种认知世界的智慧。就树立人生方向、确立价值取向、追寻真理的超越性源头而言，儒学也有宗教，它在中国对道德人心的维系，相当于宗教在西方的地位和作用。中国人最普及的宗教并非佛教道教，其实就是天祖之教和道德宗教，它的基本教义就是敬天法祖和五常之德。

在今日世界范围的宗教对话和文明对话的大潮流中，儒学既可以作为哲学与西方哲学对话，也可以作为宗教与其他宗教对话，事实上这两种对话都早已在进行之中。中国在世界上被称为"儒教的中国"，儒学成了中国身份的文化标志。在香港地区有孔教，在韩国有儒教，在印尼、马来西亚有孔教会，在一个宗教影响着广大人口的国际环境里，在宗教信仰被明确表述为基本人权的氛围中，在西方将宗教等同信仰的主流意识影响下，儒学有时候获得一种宗教的身份是必要的。当然，即使儒学具有了宗教的形态，它仍然如康有为所说是"人道教"，而非"神道教"。

儒学有哲学有宗教，而又超越于二者。儒学既有哲学的深思，又有信仰的引导，它是为中华民族确立精神方向的学问，不是一般学术可比拟的。儒学的核心思想可称之为"仁和之学"：以仁为体，以和为用；以生为本，以诚为魂；以道为归，以通为路。它具有人道主义精神、宽容包纳精神、理性通达精神，中和协调精神，梁漱溟概括为"清明安和"四个字。它培育了中华民族自强不息、厚德载物的品格，绝少极端主义发生，也使得众多的思想学派和宗教，包括外来的学术和宗教，得以在中国生存与和平发展，形成中国文化多元通和的生态，儒学确有它巨大的贡献。假如儒学真是一种神道高于人道的宗教，而又长期居于意识形态主导地位，那中国便很难有如此多样又如此和谐的信仰文化。同样的道理，在未来儒学如果成为主流宗教，既非中国之福，亦非儒学之福，它会异化自己，也会异化别人。我的结论：儒学是什么样的学问？儒学是东方式的伦理型的人学。守住人学本位，发扬人学精神，是儒学未来的最佳选择。

（原载于《光明日报》2007 年 1 月 25 日）

儒学在中华文明多元通和模式
形成中的地位和作用

一、 中华文明的生态是多元通和模式

其特点是：第一，多民族多宗教多信仰，文化自始至今都具有多样性、多层性，从未发生一教垄断文化的情况。儒学在政治意识形态上占主导，但在思想文化层面上则是儒、佛、道并存，多种宗教与文化共生。敬天法祖是中国人的基础性信仰，但它允许人们兼信别教。第二，多神主义根深蒂固，一神教进入后，受中华传统影响，也承认他教他神的合法性合理性，给予尊重。第三，人文思想与宗教神道同时并存，体制化宗教与民间宗教同时并存，本土信仰与外来信仰同时并存，只要爱国守法、劝善积德，皆有正常生存的空间。第四，多样性文化的关系，和谐是主旋律，没有发生宗教战争与迫害异端，冲突是支流。多样性文化的发展趋势是渐行渐近，彼此沟通，吸收互渗，所以称为多元通和。中国人信仰具有"混血"的特点，在世界上是不多见的。

中华文明的多元通和模式源于农业文明、家族社会积累的向往稳定和睦、礼尚往来、互助互利的民俗与智慧；来源于中华民族多元一体，在不断迁徙、交往中汇聚，形成的内部保持差异的文化与命运的共同体；也来源于孔子儒学仁爱通和与老子道家道法自然学说的长期熏陶。儒学是中华民族文化的主干和底色，是各民族结为一体的最有力量的文化纽带，是中华民族的文化精神之魂。从文化民族学和文化生态学的角度考察和评价儒学，并给世界文明转型提供中国经验，是儒学研究的一项重要任务。

二、 儒学的忠恕之道给予中华文明以高扬的道德理性与人本精神， 以爱人为各种信仰的第一义， 从而避免了神权政治， 避免了哲学和科学成为神学的奴仆

在儒学指导下，中华文明形成人文为主、宗教为辅的人本主义引导神本主义的格局，没有出现欧洲中世纪基督教神学主宰文化的局面。中古与近古的中国，学术繁荣，科技先进，礼仪昌盛，文化多姿多彩，处在当时世界的先进行列。同时，这种人本主义学说尊重天命和大道（吸收道家），保留对宇宙万物源头和社会价值终极的敬意，摆正人在宇宙中的位置，"赞天地之化育""辅万物之自然"，是补天的位置，其责任是"为天地立心""尊道而贵德"。它是积极的，不是狂妄的。儒学是入世的，关注社会人生，博施济众，修身齐家治国平天下，以天下为己任，培养出一批又一批仁人志士，成为国家民族之栋梁。佛教本来是出世的，在儒家影响下发展出中国化的禅宗和人间佛教，强调佛法在世间，不离世间觉，通过改良社会，达到普度众生。道教早期向往个人肉体长生成仙，受儒家及禅宗影响，后期全真道主张三教合一，强调内在性灵的体悟，以识心见性、苦己利人、重生贵养、仁厚爱民为宗，遂有丘祖西行、一言止杀的无量功德。中国伊斯兰教讲"两世吉庆"，中国基督教讲"上帝是爱"，都是吸收了儒家仁和之道的结果。因此，中国的各种宗教包含的人文理性精神较多，不把神道绝对化，不视神灵为绝对权威，而把改良社会、关注民生放在第一位。

三、 儒学的中和之道给予中华文明以温和、 中庸、 宽厚的品格

人们用和而不同和兼容并存的态度对待各民族各地区各类型的文化，包括外来文化，既刚健中正又厚德载物，形成中华文化的多样性与开放性，避免了各种极端主义的流行，也使中华文化积蕴深厚。儒家讲中和：中是以人为本，合情合理，不走极端，无冒进和保守之失；和是承认差别，包容多样，尊重他者，善于协调，统筹兼顾。中是天下之大本，和是天下之达道。致中和，则自然万物健康发育，人类社会和谐美满。受儒学影响，

佛教讲缘起中和之道，道家道教讲阴阳中和之道，皆守中致和，不陷于怪异偏邪之途。从和而不同、殊途同归，再到理一分殊、美美与共，温和主义成为一条贯通古今的认知传统。在儒家中和之道引导下，各种文化包括外来宗教，经过调整、提高，温和主义成为主流，偏激主义、暴力倾向没有大的市场，即使一时流行，也不能积淀成为传统，迟早遭到历史的淘汰。历史上没有发生大的宗教狂热与宗教冲突。中国信仰文化种类之多样，关系之和洽，乃是大国中所仅见，人们的精神信仰有巨大的选择空间。形成如此良性的文化生态，孔子儒学中和之道的引导与海纳之功不可没。

四、 儒学的五常 （仁、 义、 礼、 智、 信） 八德 （孝、悌、 忠、 信、 礼、 义、 廉、 耻） 成为中国人的普遍伦理规范和中华文明的底色， 也为各种宗教所认同，成为中国化宗教道德的基础

　　由此之故，中国宗教很早就具有道德宗教的色彩，以劝善为首务，以积德为修道之基。外来宗教也必须彰显其社会道德功能，强化儒家伦理，特别是忠于国家、孝于亲族的核心道德。信神是道德的支撑，而不能用信神来破坏道德。中国人心中的神是善神，信神必须行善积德才是真信，以神的名义做损害他人之事是对神的最大亵渎。佛教说：诸恶莫作，众善奉行，自净其意，是诸佛教。其五戒：不杀、不偷、不淫、不妄语、不饮酒，与儒家仁、义、礼、信、智，恰相对应。道教讲功德成神，积善成仙，修道者要以忠孝和顺仁信为本。在五常八德中，忠与孝是核心。忠德是对国家民族的认同和责任，形成社会各界包括宗教界的深厚的爱国主义传统。孝道为百善之首，孝悌为仁爱之本，孝敬父母与慈爱子女乃是中华民族传统美德的根基，是各民族各地区的共同道德认知，由此形成中国人强烈的认祖归宗意识，并将爱心扩充为爱他人、爱万物。外来宗教和各种人文学说及其信奉者，迟早会融入爱国爱族爱德的传统之中，使中华民族的共同体因有强固的道德文化纽带而长期延续发展。

五、 儒学的温和的人文的神道观， 使中华文明包纳各种类型的宗教， 使历代宗教政策的主流比较宽松， 而且宗教被纳入社会道德教化体系， 发挥劝善济世的功能

　　儒学是伦理型的人文学说，以人为本，以今生今世为重。它不是宗教，但绝不反对宗教。一是"敬鬼神而远之"，既不热心鬼神之事，又对他人和民众的宗教信仰采取和而不同和尊重即"敬"的态度；二是主张"神道设教"，让宗教发挥推动社会道德的作用。在儒学的主导下，历代政权都采取儒、佛、道三教并奖的政策，包容各种外来宗教，并逐步使之中国化，成为中华文化的有机组成部分。对各民族的特色宗教，包括藏传佛教、南传佛教、伊斯兰教、基督教和北方萨满教、南方巫教，皆在爱国守法的前提下予以承认，采取"因俗而治""用教安边"的政策，以满足各个民族、各种人群的需求，并有益于社会稳定与民族和谐。中国历史上，除个别时期，没有发生持久的大规模的反宗教运动，宗教成为社会公共管理体系的一个正常子系统。中国是世界大国之中宗教种类最多的国家，也是大国中宗教关系最和谐的国家，被称为"宗教的联合国"，孔子与儒学所造就的宽松和谐的文化环境发挥了关键的作用，其功至伟。

六、 儒学的兼和思维和协调智慧的世界意义

　　当代世界是一个全球化时代，经济、科技与信息传布高度发达，说明人类具有发展自己的智慧。同时当代世界又是一个国家、民族、宗教冲突普遍、对抗与流血从未间断、生态危机加剧的时代，说明人类在高速发展的同时缺乏协调的智慧，不会处理群体关系、天人关系，给人类的可持续发展带来威胁。孔子和儒学恰恰在协调关系上表现出超前的大智慧，可以有效地推动和谐世界的建设，这正是当今人类急迫的需要。孔子和儒学在对待事物多样性及矛盾时，采用"兼和"的思维方式，张岱年先生说："兼赅众异而得其平衡，简曰兼和。"儒家看待社会的时候，总有整体性的思

考，照顾到天下社会各阶层、各民族、各地区的生活、文化和它们之间的关系，追求共生共荣、天下太平的目标，因此提出"协和万邦""讲信修睦""天下一家""中庸之道""和而不同""修文德来远人""四海之内皆兄弟""政通人和"等理念，不赞成以力服人、弱肉强食、以邻为壑、严刑苛法、对抗争斗；儒家看待宇宙的时候，不把人和自然界对立起来，而是作为大生命整体的有机组成，强调相互依存关系，因此提出"天人一体""赞天地之化育""仁者与天地万物为一体""为天地立心"等理念，不赞成征服自然、暴殄天物，对天地自然始终怀抱着敬意。凡大体上遵循儒家处世之道的就是治世，违背它的就是乱世。

儒家文化造就了一个多元通和的中华文化生态，证明它是有实践生命活力的。而中国就其民族、宗教、地域、文化的多样性而言，乃是世界的一个缩影。中国能做到的，世界也能做到。孔子不只属于中国，也属于人类，他得到世界上越来越多的人由衷的敬爱，这不是偶然的，人们认识到他的学说可以为全人类造福。只要人们认真向孔子学习，把他的协调智慧用于处理当代国际事务，学会统筹兼顾，用以取代尚斗哲学，文明冲突就能变为文明合作，生态危机也易于克服，和谐世界就会到来。

（原载于《第三届世界儒学大会学术论文集》）

儒学在近现代面临的挑战与复兴之路

儒学面临空前严峻的挑战

中国历史上出现两次外来文化的大规模进入：一次是印度佛教的进入；另一次是近现代西方文化的全面进入。佛教的进入并未使中国佛教化，却成功实现了佛教中国化，在很大程度上是佛教的儒学化、道学化。而西方文化的进入，情形有很大不同，不仅未能顺利实现西方文化的中国化，相反一度使中国文化西方化或边缘化，差一点中断了文化的血脉。而其中儒学的命运最为悲惨，作为中华文化主干的儒学在一段时间内被中国主流社会否定和抛弃，几乎丧失了栖身之所。这种差异的发生既有社会历史条件变迁的原因，也有文化自身发展起伏的缘故。

佛教在两汉之际传入中国，至隋唐逐步中国化。其时中华帝国出现汉唐盛世，国强民富，在世界上是一流大国，对周边国家有很大的辐射力和吸引力。作为汉唐意识形态和主流文化的儒学正处于上升时期，对于统一国家的治理、社会道德的维持、文化教育的发展，发挥了主导、促进的作用，中国人充满了自信心。虽然其间有魏晋南北朝的分裂动荡以及儒学自身弊端的产生（如烦琐化、形式化），但不足以抵消其辉煌，正宗地位并未动摇。中国人依托博厚的中华文化，迎接佛教的进入，少数人担忧甚至反佛，主流社会则积极接纳，一大批精英认真取经、译经、研经、释经，致力于儒、道、佛的融合，唐代执政者则确立三教并奖的文化政策，把佛教有效纳入社会调控和道德教化体系。中国并未因佛教的进入而改变其儒道互补的文化底色，却因吸收佛教而增大了文化的丰富性，儒学在佛教的激励下推陈出新，至宋代形成新儒家形态。

鸦片战争以后中国沦为西方列强的半殖民地，制度僵化，政治腐败，闭关自守，经济落后，民生凋敝，而统治者不思改革，民族危机与社会矛盾日趋尖锐。理学与礼教则由于丧失仁爱精神和过度政治化，成为统治者禁锢人心、扼杀生机的工具，有识者斥之为"以理杀人"（戴震语），整个社会呈现"万马齐喑"的局面。鲁迅批判"礼教吃人"也是针对后期僵死的无仁之礼，没有人性的关怀，只有片面的等级服从，其余毒流传不绝。与此相反，西方工业文明蓬勃发展，工商经济创造出自然经济不可比拟的巨大生产力，科学技术日新月异，极大改善了人类物质生活条件；它所创建的民主与法治社会管理模式及自由、平等、人权、理性等价值理念，使人的自由度和创造力获得很大的解放，由于这些优越性，西方文化以不可阻挡之势席卷全球，引领世界潮流数百年。当它大规模进入中国之时，在中国人面前全方位显示了它的先进性，也凸显了中国社会和中华文化的陈旧落后，使得一批中国精英猛然惊醒，在感受西方列强侵略欺凌的切肤之痛的同时，不得不承认，要使中国由落后变先进，能自立于世界民族之林，必须向西方文化学习，实现"以夷制夷"的强国目标。他们也由此反省中华文化的不足，包括儒学的弊端，甚至出现矫枉过正的"全盘西化"的论调，出现为了救中华必须毁灭中华文化的偏激主义。从社会进化论的观点看中西文化差异，是人类文明不同发展阶段的差异，即农业文明与工业文明的差异。从文化相对论的观点看中西文化差异，是知性为主的文化与德性为主的文化的差异，是贵斗哲学为主的文化与贵和哲学为主的文化的差异。西方讲实力强国，中国讲礼让治国。表现在对外关系上，如孙中山所说："东方的文化是王道，西方的文化是霸道。讲王道是主张仁义道德，讲霸道是主张功利强权。讲仁义道德，是用正义公理来感化人；讲功利强权，是用洋枪大炮来压迫人。"① 西方近现代文化具有刚健进取的特点，能量释放迅猛，对中国的冲击力很大。中华文化则具有柔和保守的特点，底蕴深厚但能量不会短期爆发，在西方文化咄咄逼人之势面前，只能采取守势，节节后退。

---

① 孙中山：《大亚洲主义》，载《孙中山全集》，北京：中华书局，1986年版。

由此可见，儒学面临的挑战是空前严峻的，完全不同于佛教进入时的态势，可以说是一场生死考验。诚如贺麟所说："西洋文化之输入，给儒家思想一个试验，一个生死存亡的大试验，大关头。假如儒家思想能够把握，吸收，融会，转化西洋文化，以充实自身，发展自身，则儒家思想便生存，复活，而有新的开展。如不能经过此试验，渡过此关头，就会死亡，消灭，沉沦，永不能翻身。"① 在这场文化考验面前，弘毅之士不乏其人，也有一些人丧失了民族文化自信心，并预言儒学将退出历史舞台。

西方文化对儒学冲击的两重性

儒学作为中华主流文化传承 2000 多年，为了适应宗法等级社会与多民族国家不同时期的发展，它自身做过多次调整，不断有新学派产生。但它在农业文明和家族社会土壤里扎根太深，积淀起深厚的传统，它如何在全新的时代里继续生存，要做哪些大的改革，才能适应商品经济和公民社会的需要，单靠儒家开明派运用传统资源是很难完成这一艰巨历史任务的。西方文化的介入是儒学起死回生的外部关键因素。它把儒学逼到不革新就灭亡的关头，促使儒学界不能不做出深刻反省，在西方民主自由观的参照下，检讨在帝制政治扭曲中"三纲"说之陈腐与危害，破除等级观念与封建家长制，改变闭塞守旧心理，从儒学中拯救其仁学所展现的博爱、平等、兼通等合理内核及五常之德所包含的东方普遍伦理，以便于儒学与现代社会相衔接；同时吸收西方文化的营养，创建儒学新的理论形态。康有为、谭嗣同、孙中山是儒学革新的代表，是具有国际视野的当代儒学改革的先驱思想家。谭嗣同兼学中西，研究西洋政治、科学、历史、宗教，看重耶稣教，向往工商繁荣；对于儒学，则扬孟子而贬荀学，又推崇佛家与庄、墨之学，以开阔的视野观照儒学及其现实形态，故能看透礼教弊端，选取仁学精华。他集中攻击专制主义和三纲说，认为其残害百姓，毫无人理，故要冲决君主、伦常之网罗，争取人性之解放。他运用西方平等自由的理念提倡孔子的仁学，首标"仁"之新义："仁以通为第一义"，把仁学引入

① 贺麟：《儒家思想的开展》，载《文化与人生》，北京：商务印书馆，1988 年版。

现代文明的境界。"通之象为平等",有四义:一曰"中外通","破闭关绝市",通学、通政、通教、通商;二曰"上下通";三曰"男女通",皆用以破"三纲五伦之惨祸烈毒";四曰"人我通",破己与他的畛域。他认为打破闭塞,通商惠工、富国富民乃"相仁之道"。① 谭嗣同是中国改革开放的先驱,最早的思想家,他的贡献不仅在揭露为专制政治扭曲化的儒学的腐朽危害,而且活用西方先进思想重新发现儒家仁学的核心价值,将其提升,并与中国走出中世纪、迈向现代社会的变革联系起来,同时避免了国粹派的保守顽愚和西化派的民族虚无主义。

西方文化的蓬勃生发的超强势和中华文化背负因袭重担的固陋成鲜明对比。辛亥革命推翻帝制的成功和五四新文化运动的兴起,使中国文化生态发生质变,西方文化包括欧美文化和后来进入的苏联社会主义思想逐渐成为主流文化,支配了思想和政治界人士;中华传统文化核心儒佛道三家被边缘化,至少在精英文化层面上被视为旧的保守的文化,退出中心舞台。其中儒学被进一步妖魔化,成为封建文化的同义语,成为"文化革命"的对象,"打倒孔家店"是先进青年中最时兴的口号。引领中国进步潮流的前沿思想家,大都主张以欧美为师,或者以俄为师,决心放弃儒学,扯下孔子这面文化大旗,在文化建设上另起炉灶。这种在社会革命中打倒古典人物、铲除古典文化的现象在人类历史上尚无先例。欧洲近代文艺复兴运动虽然猛烈批判基督教,但集中批判教会与保守神学,并不否定《圣经》,对于古希腊罗马文化则以复兴其思想为己任,苏格拉底、柏拉图、亚里士多德始终被推崇。英国没有人要打倒莎士比亚,俄国没有人要打倒托尔斯泰。即使近代最激进的人物也没有把当时社会的黑暗归咎于古典思想家。

独有中国不反思当代人做得如何,动不动把斗争矛头指向孔子,要他为2000多年后的中国的衰落负责,千方百计要把中华民族文化象征人物孔子加以丑化,使之丧失神圣性,不再有凝聚力,这等于丑化了中华文化,剪断了维系民族共同体的文化纽带,导致中华民族遭遇空前严重的文化危机。胡适提倡全盘西化论,鲁迅把中华文明归结为"吃人"文化,陈独秀认为要提倡民主与科学便要反对孔教和旧伦理。各派代表人物都把矛头指

---

① 谭嗣同:《仁学》,载《谭嗣同全集(下)》,北京:中华书局,1981 年版。

向儒学，不加分析地全盘否定。此外，蔡元培在教育改革中废除读经，使新时代学子不再接受经典的熏陶，从而数典忘祖。一批颇有影响力的文化界进步人士提出汉字落后论、汉字取消论，推动汉字拉丁化运动。假如这场运动成功，中华古典文化包括儒学的传承必将因汉字载体的消失而断裂，汉族有可能由此而分崩离析。他们所做的已经超出文化改良的范围，在漂亮的革命口号之下，实际上是在挖掘中华文化的根系，扼杀中华民族文化的生机，虽然他们主观上是为了救中国，恰好在客观上适应了西方帝国奴化中国、推行文化殖民的需要，其害莫大焉。1949年以后，未停止过对儒学的讨伐，孔子成为反面教员。"文革"批孔达到极致，中国陷于浩劫，人们才开始觉醒，发现身处文化荒漠之中，已经满目疮痍了。幸亏中华文化在民众中根基深厚，生命力顽强，已溶入中华民族血脉之中，未被文化激进主义摧毁，如凤凰涅槃，浴火重生。若其潜力稍弱，便被冲垮了。中华文化虽然根系不死，但遭到重创，在自觉的层面上被几代人冷落疏远，传统美德气息微弱，道德中国不复存在，人们不懂自己的文化经典而不以为耻，盲目崇洋风气盛行，其负面后果至今还在发生作用，而反传统的传统已形成巨大惯性，有些学人以现代化为理由继续热衷于反传统而不能自拔。

西方话语下的儒学研究

现代儒学研究超越传统经学以经解经的训诂之学、义理之学的窠臼而有新的格局，这要归功于西学的传入，它使中国学人转换了新的眼界和使用了新的方法，故而产生了新的学术。但是西学的理论方法亦有其局限性，自觉不自觉地表现出西方中心论的态度，不理解或曲解儒学。当西方话语笼罩中国、为中国学人采用而又不能中西融会贯通时，儒学重现在人们眼前的形象如同哈哈镜中的人物，是可笑的和丑陋的。

第一，在单线进化论话语下，儒学被认为是比西方近现代思想低一级的、过时的学说，中华文化被认为是属于历史不属于现代的文化。早有严复译赫胥黎《天演论》，引进达尔文进化论，把"物竞天择"与社会进化联系起来，产生极大影响。后来胡适大力推崇达尔文与赫胥黎，认为社会的进步要靠生存竞争，赞美"适者生存"的所谓天演公例，而"适与不适"

则要用实验主义的方法加以检验，其结论是：中华传统文化导致中国落后，"要肯认错，要大彻大悟地承认我们自己百不如人"①，因此必须全盘西化。在宗教文化上，西方宗教学进化论学派认为从原始巫术到多神教再到一神教是宗教进化的规律，因此中国各种多神宗教都比基督教低级，儒学没有脱离巫术色彩，也不高级。影响所及，民国年间的中国学界，一方面看好基督教，另一方面提出各种"宗教取代论"，认为儒、道、佛在未来文化建设中皆没有继续存在的必要。

第二，在科学主义话语下，儒学研究从探究生命智慧之学蜕变为属于工具理性的专业性学问，被认为不应发挥教化作用，只可成为纯知识系统。20 世纪 20 年代有"科学与玄学"之争，张君劢认为科学研究客观规律，人生观则是主观的生活态度。丁文江则认为科学万能，那些不能辨别事实真伪的主观的自以为玄妙的各种人生观，包括儒学，都是应当扫除的玄学。胡适引进美国实验主义，认为科学就能解决人生观问题，他的整理国故，只是要按照西方科学研究模式把国学知识化、工具化，将其纳入西方近现代社会科学专业系列，不再视之为生命的学问，使其丧失养成人格、化民成俗的道德功能。

第三，在自由主义话语下，儒学被认为是阻碍民主、反对自由、维护专制的封建礼教。陈独秀倡言："要拥护那德先生（民主），便不得不反对孔教。"他认为儒者三纲之说是"奴隶道德"，所谓礼教乃是别尊卑、明贵贱制度者，与民主共和绝不相容②。鲁迅认为："孔夫子曾经计划过出色的治国的方法，但那都是为了治民众者，即权势者设想的方法，为民众本身的，却一点也没有。"③ 鲁迅反对儒学中庸之德，认为仁恕、宽容等说法，表面上调和、公允，实际上是姑息坏事、纵恶养奸，因此他主张痛打落水狗，直至临终也不讲宽恕别人的话。80 年代的《河殇》把儒学视作保守的内陆黄色文明的代表，是窒息民族生命的文化，反之代表海洋蓝色文明的西学则是值得中国人向往和学习的。还有人把儒学为主的中华文化的核心归结为专制主义。这是全盘西化论在当代的新说法。

---

① 胡适：《请大家来照镜子》，载《胡适文存》，北京：北京大学出版社，1998 年版。
② 陈独秀：《〈新青年〉罪案答辩书》，载《〈独秀文存〉选》，贵阳：贵州教育出版社，2005 年版。
③ 鲁迅：《在现代中国的孔夫子》，载《鲁迅杂文选集》，北京：外文出版社，1978 年版。

第四，在基督信仰话语下，儒学被认为是顺世的俗人伦理，缺乏宗教超越意识，不能为现代化提供动力。最典型的是马克斯·韦伯的观点，认为儒教否定彼岸，没有一神教外在超越的宗教精神，因而也缺少救世宗教用神圣性对世界进行理性的制约的功能。儒学是一种秩序的理性主义，意味着理性地适应世界，不能像新教伦理那样理性地把握世界，后者经由经济理性主义成为资本主义精神。韦伯的结论是：儒教阻碍中国资本主义的发展①。美国哈佛学派学者列文森著有《儒教中国及其现代命运》，认为儒学最本质的特征是"中庸"，它能成就社会的长期稳定，但缺乏与现实的张力，因而也没有活力，不能导致真正的社会变革。而中国现代性的社会大变革是在西方文化全面冲击下发生的。在中国现代化过程中儒教成为历史，不再有新的发展前景，中国传统文化将走进历史博物馆。上述观点在中国学界都颇有影响，甚至成为一种学术潮流，如1980年代金观涛抨击儒学采用的"超稳定结构"说，就来自列文森。

第五，在苏联式哲学话语下，儒学被肢解，大部分学派成为唯心论。苏联日丹诺夫把哲学史简单化地归结为唯物主义与唯心主义斗争并在斗争中不断发展壮大的历史，一段时间内它成为金科玉律，成为研究中国哲学史的指导思想。用这种理论眼光考察儒学史，孔子的天命论和仁学，孟子的尽心知天说和养气说，都是唯心主义；董仲舒的天人感应说是神学目的论；程朱理学是客观唯心论；陆王心学是主观唯心论。总之，儒家哲学主脉都属于错误思想路线。只有荀子、张载、王廷相、王夫之等人的哲学才是唯物主义正确思想路线，不过都不彻底，有唯心主义杂质。这样一来，儒学在中国哲学史上的地位和正功能大部分被否定掉了。更为重要的是，儒学最有价值的人生哲学被日丹诺夫的理论框架剔除在外。用西方哲学的模式剪裁中国哲学的历史，不仅抹杀了中国哲学的特色，而且降低了中国哲学在世界哲学中的地位。即使找到一些唯物主义和辩证法因素，也只能算是朴素的，发育不成熟的，无法与西方近现代哲学相比。更有甚者，列维·布留尔在《原始思维》中将中国人的主客统一的整体性思维称为服从互渗律的"原始思维"，处在很低的水平上。近有楚渔作《中国人的思维批

---

① 韦伯，简惠美：《儒教与道教》，台北：远流出版公司，1989年版。

判》一书，认为中国人的思维模式落后，缺陷是模糊、混乱、僵化，导致中国人素质不高，造成近代落伍。此书一出，一些人便加以吹捧。可是思维模式很难改造，中国的现代化简直就没有希望了。此论不仅是布留尔的翻版，而且有过之而无不及，其自虐竟到如此程度。

第六，在源自苏联的"极左"政治话语下，儒学成为反动倒退的思想。在以阶级斗争为纲的路线指导下的"文革"中，"四人帮"把苏式阶级斗争学说与法家专制主义相结合，掀起疯狂的反孔批儒运动，吹捧法家是进步的主张革新的，指责儒家是保守的主张倒退的，认为反孔与尊孔是各个历史时期两个阶级、两条路线斗争的重要组成部分，贯穿于2000多年的历史过程，儒家始终是社会进步的阻力，孔子是历代反动派的思想代表，是千古罪人。这场运动把反孔批儒的反传统思潮推向了顶点，也推向了极端，从而为物极必反、结束极端主义创造了条件。人们已经在承受"文革"造成的痛苦，又从"反孔批儒"运动中看到"四人帮"的不良用心和反人性的危害，接触到儒学"仁者爱人""和为贵""中庸之道"的思想，对儒学产生了亲近、认同之感，新的文化觉醒在逐渐出现。

第七，在西方文化话语下，出现了许多讨论儒学性质的话题，难以形成共识。例如儒学是否是哲学，是否是宗教，一直存在争论，其背后是西方哲学与宗教的概念在支配讨论，概念理解不同，结论也就不同。从西方发达的宇宙论和知识论看儒学，儒学便不像哲学，只是一种伦理学说而已，只有老子和道家略为接近哲学。从西方基督教的上帝观与救赎论看儒学，儒学便不是宗教；但从西方学者提出的"宗教性"[①] 与"终极关怀"[②] 作为衡量宗教的标准，则儒学便可视为宗教。如果儒学是宗教，那么其性能又如何评价？从基督教的超越主义看，"儒学是宗教"便意味着它同样具有超越精神，是一种高层次的思想文化。从苏联的"宗教鸦片基石论"看，"儒学是宗教"便意味着它是麻痹人民斗争意志的工具，是坏的需要否定的学说。出现这种情况，是简单套用西方话语和观点造成的。对于用西方文化的概念套用于东方和中国思想文化，早有人提出异议，并试图加以突破。

---

① 史密斯：《宗教的意义与终结》，北京：中国人民大学出版社，2005年版。
② 蒂利希：《文化神学》，载《西方宗教学名著提要》，南昌：江西人民出版社，2002年版。

如欧阳竟无提出"佛学非宗教非哲学"①，汤用彤则说"佛学亦宗教亦哲学"②，两位先生不拒绝使用西方概念，又不受其限制。我曾写过一篇文章：《儒学非哲学非宗教，有哲学有宗教》，讨论儒学是什么样的学问，指出：在西方话语笼罩之下，当代中国人起初只能通过西方的理念重新解释自己的文化，不得不把本来是包含社会人生多方面内涵、具有综合性思想体系的儒学及佛学、道学纳入"中国哲学史"范围加以说明，结果是削足适履，写出来的书，儒不像儒，佛不像佛，道不像道。西方话语有一部分已成为普世性主流话语，我们应当接纳和使用，使其成为现代汉语文化的组成部分，这是儒学现代转型所必需的。但使用时不能抹杀中国文化的特点，否则将扭曲中华思想包括儒学。

儒学复兴的转机

儒学衰落的命运到 20 世纪 80 年代以后出现了新的转机，因为时代条件已经发生巨大变化。

其一，中国结束"文革"，打破自我封闭，实行改革开放，在经济层面引进世界市场机制，在政治层面确立走中国特色社会主义道路，在文化层面弘扬中华文化、建设中华民族共有精神家园，中国的现代化事业与民族复兴融为一体。30 多年的发展，成就巨大，世人瞩目。尤其在当前全球金融危机中，中国比西方国家能够更好地应对危机，继续保持经济高速增长，又成为美元最大持有国，帮助西方走出危机，令世界震惊。同时中华文化地位上升，孔子恢复正面形象，重新受到尊敬。中国人在走向世界的同时民族自信和文化自觉也在增强。事实证明，经济发展与文化复兴可以同步进行，学习外国与发扬传统能够互相结合，文化激进主义把传统与现代化对立起来是错误的。儒学在中国现代化事业中成为一种文化资源，成为一种精神动力，成为一种生存土壤，成为一种民族纽带，成为一种道德保障，起到了促进作用；而儒学也在现代化进程中被重新解释和筛选，被有效发掘和提炼，被注入新鲜血液而焕发出新的生命活力，被纳入现代信息网络而加快了在中国和世界的传播。

其二，东亚群国（日本、韩国、新加坡等）的崛起，中国港澳台地区的快速发展，显示了儒学文化圈的潜力和优势，破除了"韦伯偏见"，用事实证明，儒学不是现代化的阻力而是助力。它的博施济众的社会关怀，己立立人、不欲勿施的人我观，见利思义、取之有道的义利观，重视教育和人格养成的人才观，强调人际和谐与生态和谐的贵和论，都与现代文明相一致，体现出博爱、平等、公平、正义、人本、和平的精神，能够促进市场经济健康发育、民主与法制不断进步，素质教育发展壮大，为现代化事业提供必要的社会和谐稳定和可持续发展的条件。诚然，东亚的崛起，学习吸收西方成熟的市场经济机制和现代管理经验，积极引进西方雄厚资金和先进科学技术，起了重大作用。但东亚崛起如此之快，发展活力如此充沛，社会特色如此显著，不能不令人把它与东方文化和儒学底色联系起来，各国有识之士，纷纷把眼光投向东方，研究东方的经验，重新评估儒学的当代价值。

其三，西方文化出现了真正严重的危机。苏联解体，美国学者福山发表《历史的终结》，充满自信地宣布，西方自由民主社会模式是人类的最后选择，在这个意义上历史已经终结。可是不出 10 年，亚洲金融风暴来临，它是西方经济模式内在弊端在亚洲的一次暴露。美国发生"9·11"恐怖袭击事件，美国在国际上的单边主义所激化的民族宗教矛盾，滋生出暴力恐怖主义，给美国本土的安全带来严重破坏。接着是伊拉克战争、阿富汗战争，造成大批平民死伤，美国在亚洲陷于泥潭不能自拔。人们也在拷问美英等国，在强权横行下，民主、自由、人权、法治的影子在哪里？从 2008 年下半年起，一场大规模的金融危机席卷全球，不仅使人们对西方经济发展模式及由西方主导的世界秩序提出责难，而且连带西方的文化及价值观也遭到质疑。美国是民主国家么？是民众当家、法律管用还是金融资本集团有超级权威？社会过度消费与借钱过日子能持续发展么？靠美元帝国对世界的盘剥维持一国高消费的美国，已陷于空前庞大的债务危机。近期以来，希腊债务危机正在引起整个欧洲共同体深刻的经济与社会危机，福利国家的神话正在破产。墨西哥湾海底钻井严重漏油事件造成从未有过的海洋生态灾难，地球血管被野蛮刺穿，流血不止。资本的贪婪不仅危害民生、破坏环境，还造就了日益功利化的社会，使人欲横流，人性堕落。个人主义和放大的自私民族主义及崇信优胜劣汰的社会达尔文主义，固然有激励个人和民族奋发向上的功能，同时带来蛮横和残酷，成为社会犯罪和民族压迫的思想基础，威胁社会稳定和世界和平。亨廷顿的"文明冲突论"表明，在美国长期占思想支配地位的斗争哲学仍然有很大市场，它习惯于用对抗的眼光看待各种文明之间的关系，而要改变这种思维惯性是不容易的。然而，西方文化没有管理好自己的社会，更没有引导好世界的潮流，各种全球性的危机正在加剧，人类前途堪可忧虑，因此世界上对西方主流文化批评的声音不断在增强。

由于西方文化的光环大大消退，越来越多的人转而向东方文化和儒学中寻找补救的智慧，重新发现了孔子的伟大，重新发现了儒学的价值，孔子在世界上的地位空前提高，2009 年秋美国众议院通过决议纪念孔子诞辰 2560 周年，便是显例。

其四，话语的突破已成普遍之势。单线进化论已被多线进化论和文化相对论所取代，随之而来的是欧洲文化中心论也逐渐过时。世界上不同民族的文明都有自己的发展道路，自己的特色和优势，不能彼此取代，却可以互相学习。科学是必需的，科学万能却是错误的。科学主义已遭到国际学界强烈批评，在国内的市场也大大缩小了。科学属于工具理性，不能取代体现价值理想的人文，而且要用人文为之导向。儒学是生命的学问，没有真切体认，只用科学理性，不能真正把握。自由主义只讲个体的权利，不讲社会的责任，在群已关系上有极大的片面性，也不符合人类进化的历史；如果整个民族没有自由，个人自由也就无从说起，所以民主、自由与人权必须包括群体的权益，而这正是儒学的优势所在，它要把"成己"与"成物"结合起来。基督教的话语体现欧洲中心论的偏见，并不都适合东方和中国。没有基督教上帝观的儒学并非没有超越意识和人文理想，它的圣贤观是一种内在的超越，虽然不像基督教信仰那样能够激发人的强烈的神圣情感，却能够避免基督教原教旨主义的偏执和对异端的排斥，同时保持着人文关怀，把"极高明"（理想）与"道中庸"（现实）有机结合起来。至于苏联教科书式的哲学话语，已被中国学界大多数学者视为教条而加以抛弃。这些教条不能展示中国哲学的特色和光彩，却使中国哲学变得毫无生气，甚至被肢解，因此在总体上不可取。"文革"中反孔批儒的极左政治话语，随着"文革"的结束和被彻底否定而退出历史舞台，人们从"四人帮"身上看到了货真价实的封建糟粕，反衬出儒学的真价值，打破了"反孔进步，尊孔倒退"的流行多年的成见，促使人们重新评价孔子和儒学。人们开始用实事求是的态度，用适合儒学思想特色的语言和方法，来研究儒学，学术面貌随即改观。

其五，儒学研究步入理性时代。激情澎湃的批孔时代已经成为历史，文化激进主义仍有余绪，但不再左右社会，中国文化研究呈现开放的多元化趋势。儒学是一种综合性极强的思想文化体系，必须多学科、多视角加以研究，才能揭示其丰富内涵，用一种理论模式就想穷其底蕴、求其定论的时代已经过去了。对于中国人而言，研究儒学不是单纯的学术工作，还是传承民族文化、使之发扬光大的一项神圣事业。在研究途径与方法上日益呈现出多样性特点，其中"返本开新"与"综合创新"（张岱年语）正成为主流学术思潮。"返本开新"是回归本源，接续民族文化的源头活水，然后开拓更新，使创新文化真正生根开花；而弃本开新所开出的新文化往往漂浮时髦，不能持久。"综合创新"是在广泛吸收人类文明成果基础上加以创造，主要是融合中西文化，建设当代文化，使之具有中国特色。就儒学研究而言，民国与港台新儒家正在走这条路，当前中国大陆学人也在走这条路而具体途径各有不同。经过大半个世纪的思想与政治批判，传统儒学的精华与糟粕已然分得清楚，持全盘肯定论和全盘否定论的人只是极少数。无论是从中国现代化事业的需要出发，还是从民族文化重建的需要出发；无论是从中华民族复兴的需要出发，还是从世界文明转型的需要出发，历史上儒学有过的"三纲五常"形态中，"三纲"确已过时，"五常"仍不可弃；从儒学丰富的思想资源里筛选、提炼具有符合今日中国社会发展的理念与智慧，寻找、阐扬具有全球意义的普世价值，乃是学者的责任。儒学的继承与创新，关键在于"推陈出新"，在于转化传统，使儒学具有新的体系，新的形态。而在研究儒学的指导思想上，必须做到：吸收西学又超越西学，形成概念与话语的中西双向诠释与互补。

儒学可以为当代人类提供什么新思想

西方文化为人类提供自由、民主、法治、人权、理性等现代文明的普世价值，已为大多数人类所认可。但是，第一，这些普世价值建立在个人权益必须得到社会保证的基础上，出发点是个体；第二，它缺乏从社会群体出发协调人群关系的原则，例如民族关系、国家关系相处的文明原则；第三，它重权利而轻义务和责任，因此没有底线道德要求；第四，它的具体实践形态因地因族而异，彼此不能照搬；第五，它在处理国际关系时往往出现价值的双重标准，形成自相矛盾。这些普世价值是现代文明所必需的，又不是实现现代文明所充分的，必须加以补充。对于现代文明和现代化要有新的解说，现代化不等于西方化，除了工商业发达、科技进步、民主法制体系健全等项指标以外，一定要增加全球伦理和生态文明的指标。全球伦理用以处理民族之间、国家之间、文化之间的关系，形成最低限度的道德规则，以保证用文明的方式解决矛盾与争端，建设和谐世界，避免对抗与战争，确立经济全球化健康发展和共同市场正常运行所必需的世界新秩序。生态文明是比工业文明更高的文明形态，它要求：一方面，保护自然生态，改变以往工业文明对环境的破坏、对资源的掠夺，避免发生人类毁灭的灾难，使发展与环境相协调；另一方面，保护文化生态，主要是保护文化的多样性与多样文化之间的和谐，避免文化趋同与文化对抗，使人类的文化有内在的活力。全球伦理与生态文明都是现代化题中应有之义，能够保证人类社会的可持续发展。这是一次人类文明的现代转型，在这次转型中儒学可以发挥重要作用。

充实普世价值，提供"天人一体""天下一家""和而不同"等儒学的核心价值，使其成为普世价值的有机组成部分。"天人一体"的思想把自然界与人连为一个整体，视为一大生命，人的作用是"赞天地之化育"，是"补天"，不是征服自然。"天下一家"的思想把人类看作一个大家庭，血肉相连，休戚与共，要像兄弟一样和谐相处，不应对抗和恶斗，这恰好符合今日地球村的要求。地球村实际上是"地球家"，地球是人类同居的家园，在全球化过程中人类已是如家庭般的命运共同体，相互依赖远大于彼此分歧。压迫别的民族就等于危害家庭、损害自己，没有胜者。"和而不同"的思想是承认差异、包容多样、互相尊重、和平共处，不迫人从己，不恃强凌弱，不用暴力解决矛盾，而主张和解、妥协，求同存异，交流合作。"和谐"应成为时代的主旋律，其前提是尊重他人，"己所不欲，勿施于人"，抛弃社会达尔文主义，抛弃大民族主义，抛弃救世主代表心态。和则共赢，斗则俱伤。世界要和平发展，只能走"和而不同"这条路。儒学这几条价值理念要大力阐扬，使之成为国际通行话语。

儒家的中和之道能够抑制极端主义，促进当代温和主义流行。儒家的中和之道又称中庸之道，主张渐进改良，反对偏激行为；主张协调关系，反对冲突排他。在崇尚斗争的时代，它是不受重视甚至遭到否定的。而在由文明冲突走向文明对话的今天，在世界被各种极端主义（包括霸权主义、极端民族主义和宗教极端主义）所折磨而纷争不宁的时候，人们呼唤理性的温和主义，认为温和主义作为一种稳健的、包容的处世态度，有益于各种信仰和主义的健康化，有益于民族、国家、宗教关系的文明化，是值得提倡的。温和主义的特点，一是合情合理，顺应民心；二是尊重他者，主张和谐。孔子是温和主义的鼻祖，儒学的中和之道铸成中华民族改良渐进、温柔敦厚的品格。在中国，极端主义只能风行一时，不能持久生根，传统使然。由于中和之道影响深远，中国的崛起必然走和平的道路，在国际事务中承担促和、调解的角色。世界上的主义繁盛，宗教众多，它是人类文化良性生态的体现。但是如果生长出极端主义，如同百花园中出现毒草，会危害百花的正常发育。多样性的文化只要是温和主义，世界和平就有保证。

充实社会主义内涵，使之摆脱苏联模式，具有鲜明中国特色。儒学的人本思想与贵和思想已经为中国社会主义者所吸收，纳入治国方略之中，形成"以人为本""构建和谐社会"和重发展、重民生、重协调、重统筹兼顾的科学发展观，使中国的社会主义道路进入一个崭新的阶段，产生出巨大的创造力，得到民众的真心拥护。儒学教育已在体制内外展开，儿童读经活动在各地蓬勃进行，中华传统美德（主要是儒家八德：忠、孝、诚、信、礼、义、廉、耻）教育在民间和大中小学取得丰硕成果。儒商文化受到企业界空前关注，正在推动经济伦理建设。儒学重新全面介入中国社会生活。

倡导道德社会、道德人生，抵消自我中心和物质主义，改变功利社会唯利是图、人情淡薄的畸形状态。儒学是伦理型的人学，崇尚道德理想主义，有重德治轻法治的倾向。但是针对今天道德沦丧的局面，儒家的求仁明德之学，其积极意义是主要的。以德治国和依法治国必须结合。仁、智、勇是健全人格三要素，而仁德第一，有仁德才有尊严，才能正确发挥才智和勇力。没有道德的社会是野蛮的社会，没有道德的人生是低俗的人生，都不会给人们带来真正的幸福。

儒学将在明体达用中复兴

儒学逐渐进入世界主流文化，成为国际政治与思想文化交流的重要话语，在文明对话、民族和解、政治谈判中，发挥显著作用。中国人要率先在国际事务中使用孔子和儒学的话语，表述和平外交政策与各种主张。孔子正在走向世界，孔子学院遍布世界各地，孔子的思想受到各国人民的欢迎，也比较容易为他们所理解，因此进一步打破语言障碍，将儒家经典译成各国文字，大力推动儒学跨文化普及，是一项重要的工作。儒学将在促进世界和平中复兴，成为当代文明的一面旗帜。

儒学进一步与当代市场经济、民主法制相结合，一方面克服自身竞争意识和法治观念不强的弱点，另一方面弥补自由竞争和唯法主义所造成的不均、忘义、无德的弊病，促进经济伦理发育，提高社会公共关系道德化程度，使市场经济健康发展，使政治民主化的过程平稳有序。事实证明，儒学不是现代化的阻力，它是动力和助力。韩国与台湾地区的经验已经证明儒学和儒商文化在东亚现代化模式中有积极作用，中国大陆的经验还将继续证明，儒学是东亚现代化珍贵的文化资源和思想动力。放大一点说，儒学参与下的市场文化也会为世界经济克服各种危机提供借鉴。

儒学在中国与社会主义不断融合，真正成为中华民族共有精神家园的中心区。中国新时期的文化正在建设中，但新的主流文化尚未形成。在经历了风风雨雨、大起大落之后，儒学的不同层次有了变化：政治儒学已经衰落，学术儒学正在复苏，民俗儒学根基深厚，儒学仍然是中国文化的底色。中国新时期的新文化，将会是坚持社会主义方向的、具有现代性和民族性的文化，其中，社会主义文化、中华传统文化、西方优秀文化形成新的文化三角结构，彼此接近、吸收，使社会主义文化有了民族特色，使中华传统文化有了现代生气，使西方优秀文化有了中国形态，共同组成新文化核心地带。儒学将主要在道德与礼俗文化建设中发挥作用，实现社会风尚根本性好转，中国重新成为礼义之邦。

儒学在中国大陆的学术层面出现新的学派、新的学说，既能够继承孔子的真精神，汇合历代大儒的深邃洞见，又能体现21世纪全球化时代的广阔视野和中华复兴的新境界、新风貌，具有较高的理论水准和民族气派，超出民国新儒家的成就，也不同于港台新儒家，为中国学界所看重，并在国际儒学研究领域占有显著的一席之地，与西方汉学、西方哲学、西方宗教进行有效的对话和交流。在儒学理论创新过程中，涌现出一些一流学者，造就有影响力的当代儒学思想家，形成若干儒学研究重镇。

儒学落实在社会、学校和家庭教育中，逐渐培养出一大批有历史使命感、有道德操守、有健全人格、有专业技能的仁人志士，呈现出当代儒者刚健中正、温良俭让、知行合一的气象，成为各行各业的中坚力量，发挥榜样的作用，并通过他们的实践行为，向世人昭示儒学仁爱通和、至诚不息的精神，以扩大儒学的正面影响。孔子说："人能弘道，非道弘人"，儒学的复兴要靠儒家式人物具有对社会的感召力和辐射力，这样的人物要尽可能多一些，在社会政治、经济、文化各领域都有，能取得普遍的尊敬，他们对儒学的推动远大于书本的作用。儒学必须进入课堂，又走出课堂，走进社会和人生，形成一支老、中、青、少前后相续的人才队伍，把传承和实践儒学的历史责任担当起来，成为中华民族伟大复兴事业的中流砥柱。

儒学的复兴已经有了良好的社会条件和不少实践成果。儒学正在展示它深厚的潜能，并以后工业文明的柔和方式不断放射其启迪今人的智慧之光，提升人们的精神境界。儒学的复兴是缓慢的，却是富有后续动力的，它不依赖外部的强力推进，主要依靠自身的东方德智魅力和社会的认同，以温和的姿态进入现代生活。但目前它的复兴还处在起步阶段，前面的路还很长，困难仍很多。我们要抓住机遇，奋力开拓，少说空话，多做实事，团结更多的人，长期奋斗下去，路就会越走越宽。儒学将在造福社会过程中重生、成长、壮大，它必有光明的前途。

（原载于《探索与争鸣》2011年第3期）

儒学继承与创新的三种途径

返本开新

这是港台新儒家的提法。返什么本？为什么要返本而后才能开新？返孔孟之本，返五经之本，返中华文化源头之本。孔孟之后，儒学有发展有偏离，有创新有扭曲，有开展有萎缩，所以需要经常返本，重新找到源头活水，重新体认儒学的真精神，使之发扬光大。例如儒学在宗法等级制度和君主专制主义政治操控下，挤压了它包含的仁爱忠恕精神，出现了"以理杀人""礼教吃人"的现象，使儒学成为一种摧残人性的东西，就需要重返儒学之本，回到孔子的"以仁为体、以礼为用"的思想上。在时代精神的观照之下，对原典重新解读，接续鲜活的智慧，找到新的亮点使之焕发出新的生命之光。如果不返本而开新，开出的只能是无源之水，很快会干涸，只能是无本之木，不能成长。民族文化的创新不能全盘移植外来的成果，外来文化如不适应民族文化的土壤，无法生存，硬要占领，只能造成摧残民族精神的后果，那是有为民族不能接受的。贺麟先生说："民族复兴本质上应该是民族文化的复兴，儒家文化的复兴。假如儒家思想没有新的前途，新的开展，则中华民族与夫民族文化也就会没有新的前途，新的开展。"他认为西洋文化要吸收，但要将其加以儒化和华化，"如果中华民族不能以儒家思想或民族精神为主体去儒化或华化西洋文化，则中国将失掉文化上的自主权而陷于文化上的殖民地"。（《儒家思想之开展》）守住原典精神才能有民族主体文化。所谓开新是对传统的开拓，创新历史不能割断根基，不能抛弃，否则开新无从谈起。从积极方面说，传统是开新的宝贵资源，儒学是创新文化取之不尽的智慧源泉和动力。欧洲的现代化得益于古希腊罗马的文艺复兴，得益于基督教的革新与发展，韦伯的《新教伦理与资本主义精神》已说得很明白。中国的底色是儒家文化，返本开新的首要工作是对四书五经做出新的诠释，对儒学精要做出新的概括，既深刻准确，又富于创造性，然后结合今日之实际，加以引申发挥，有时达到吕坤所说："言孔孟所未言，而默契孔孟所欲言之意"（《呻吟语》）。

综合创新

这是张岱年先生的提法。张先生于 1987 年提出文化综合创新论，为学界所普遍认同。我的理解，综合是指汇集古今中外文明成果，包括借鉴前贤研究成果，以便集思广益。在综合的基础上创新，会使创新的动力加强，创新的智慧丰富，创新的内容深广。只综合而不创新，不过是建起个文化陈列馆，供人观赏而已，不能实现自我创造价值。只创新而不综合，则孤陋寡闻，单薄贫乏，创新乏力，只能是闭门造车，没有实效。匡亚明提出研究古代思想家要把握"三义"：本义、他义、我义。本义即思想家文本的精确内涵，研究者首先要考订清楚。他义是此前学界研究成果，至少是有代表性的成果，研究者要广泛收集，认真参考。我义是研究者独特的见解，要比前人有所突破，有所进步，有所提升。这就是综合创新。在当代的历史条件下，综合创新的重要方面是如何在文化上推动中西融合、实现相摄互补。儒学在古代成功地接受了佛教进入的挑战，吸收它，改革它，使它成为中国化的佛教，同时儒学也开出一个新的局面，如陈寅恪所说："佛教经典言：'佛为一大事因缘出现于世'，中国自秦以后，迄于今日，其思想之演变历程，至繁至久。要之，只为一大事因缘，即新儒学之产生，及其传衍而已。"（《冯友兰〈中国哲学史〉审查报告三》）。儒学在当代受到冲击，也受到挑战，一度衰微和沉寂，然而它经历了磨炼和洗礼，除去了僵化陈腐的部分，生机显露。它在吸收社会主义的平等、公正理念和西方文化民主、自由、科学、人权思想之后，正在进入新一期的发展。人们正在推动儒学转型，建设符合时代需要的新儒学，包括新仁学、新礼学、新心学、新理学、新气学。港台已有当代新儒家，大陆也必将有新的儒家学派出现。中国文化特长在于尊德崇礼，爱好和平，天人一体、中道不偏，重人轻神，其短处在于智性不彰，个性不显，法治不明，竞进不足。如何在中西互动中采两者之精华而熔为一炉，弃两者之糟粕而引为借鉴，是实现综合创新的关键所在。

推陈出新

推陈出新可从形式与内容两方面说：从形式上说，现代的内容，民族的形式，永远是需要的，尤其在文艺上，民族的形式如中国样式的戏曲、诗歌、音乐、舞蹈、绘画、文字、语言等，为中国人所喜闻乐见，再适当引进外国的文艺，为中国文艺增添色彩。这样的推陈出新容易形成共识。若从内容上说，把推陈出新拓展到政治、道德、哲学等领域，就会有争论发生，而且做起来实非易事，因为要做研究、辨析、筛选、提炼和转化等大量艰苦工作。推陈的"陈"，指过去的传统，包括精华和糟粕。例如五常之德：仁、义、礼、智、信是中国人普遍伦理规范，不会过时。但以往的解释和实践有许多旧时代的烙印需要剔除，重加阐释，增入新义，方能适应新的时代，这就是推陈出新。

精华与糟粕的区分是相对的，有其时代动态性，不可只据一时的评判标准裁决数千年文明之是非。儒家文化对于中国未来文化建设来说是极珍贵的思想资源，随着时代的发展和人们理念的演变、视野的扩大，儒学资源的发掘利用将不断有新的高度。最好的做法不是简单化一分为二，武断决定弃取，而是在推陈出新上下功夫，不人为预设模式，则这份遗产是取之不尽用之不竭的宝藏。

以上继承与创新的"三新"之说，其同皆在于主张从儒家传统中开拓出新形态新局面；其异在于：返本开新注重正本清源，以保证中华真精神得到发扬光大；综合创新注重包纳多样，以保证儒学的生命活泼多姿；推陈出新注重转化传统，以保证儒学的资源不断为现代文明输送营养。"三新"之说又彼此关联，不可分割。不返本开新，不接续源头活水，综合创新便会食多不化，推陈出新就会迷失方向；不综合创新，不引进众家异说和外来文明，返本开新便会泥古不化，推陈出新就会乏力苍白；不推陈出新，不致力于内部创造，返本开新就会徒说空话，综合创新也会主体不明。因此"三新"之说相辅相成，相得益彰，则儒学的继承与创新庶几可以顺利进行。儒学的继承与创新之最终目的，一是为了重建中华民族的主体文明，完成中华民族复兴的大业；二是为了推动人类文明的对话，探讨全球伦理，建设和谐世界，这是我们这一代学人的历史责任。

（原载于《人民政协报》2010 年 11 月 22 日）

社会德教

——儒家的过去和未来

一

先秦至汉初，一些学者把孔子儒家看作诸子百家之学。《韩非子·显学》《吕氏春秋·不二》、司马谈《论六家要旨》，三书皆重视儒家，却都把儒家与其他各家并列，没有说明儒家在中华文化传承中的特殊地位。独有孟子指出了"孔子之谓集大成"的贡献，说明儒家不是一家一派的学说，而是对夏商周三代文化的总结和发扬。《庄子·天下》认为在百家争鸣之前，天下有统一的道术，其道"配神明，醇天地，育万物，和天下，泽及百姓"，其传统保存在《诗》《书》《礼》《乐》等经典之中，"《诗》以道志，《书》以道事，《礼》以道行，《乐》以道和，《易》以道阴阳，《春秋》以道名分"。这种代表着古代主流文化的"内圣外王之道"由谁来继承并发展了呢？显然是孔子和儒家。汉代以后，儒家被尊为思想文化的正宗，有其历史的必然性。有些学者强调儒术的尊崇地位是由汉武帝及其继任者的政治权力造成的，却没有看到政治早晚要顺从文化发展的大趋势，而这是更深层的原因。儒家之所以成为尔后两千多年中华思想文化的主干和底色，是由于：第一，它对炎黄以来的中华文明进行综合创新，它的仁学为礼文化注入鲜活的生命，为中华民族确立了人本主义的精神方向。第二，它的"五常""八德"为中华民族提供了基础性的道德规范，既适合中国农业文明和家族社会，又具有人类文明的永久性，能够扎根在大众之中，使中国成为礼义之邦。第三，儒家有"和而不同"的文化基因，又通过儒道互补，形成开放包容的心怀，能够吸纳异质和外来文化，使之和谐相处并互摄营养。因此在思想史上，儒家虽正宗但不排他，虽主导又能兼通。在儒家的底色上能够绘制多元文化的美丽图像，使中华文化丰富多彩。

二

儒家的生命力在民间在文教，在思想文化的无形影响。它从来不热心于建立起特定的社会团体、规定特有的组织纪律并努力扩展自身群体的规模和力量。它所关注的是如何弘扬尧舜孔孟的仁和之道，给社会各领域注入人文精神、道德理念，使之合于文明的进步。因此，儒家并不是百家中的普通一家，它乃是公共性的社会德教，它面向社会所有的人，而没有自身的特殊利益和诉求。

在政治上，儒家提供的政治伦理原则是"为政以德"，主张"道之以德，齐之以礼"（《论语·为政》）。具体的要求有：第一，实行仁政，关心民生；第二，民惟邦本，敬事而信；第三，以身作则，正己正人；第四，任贤纳谏，广开言路；第五，礼主刑辅，礼让为国；第六，官德清廉，政通人和。

在经济上，儒家提出的经济伦理原则是"养民富民""开源节流""均贫富"。具体的要求有：第一，民有恒产，衣食无虞；第二，重农扶商，轻徭薄赋；第三，限田均平，反对垄断；第四，见利思义，取之有道。

在军事上，儒家提出的军事伦理原则是"仁者无敌""义兵必胜"。具体的要求有：第一，以德行仁，不战而胜；第二，诛暴安民，得道多助；第三，仁必有勇，兵贵伐谋；第四，人和为上，与民守之。儒家反对杀害生命的战争，但主张驱除残暴和抵抗不义的正义战争。

在国际上，儒家提出的外交伦理原则是"天下一家""协和万邦"。具体的要求有：第一，讲信修睦，礼尚往来；第二，修德安人，近悦远来；第三，行王反霸，不以兵车；第四，息战促和，化干戈为玉帛。儒家强调"以德行仁者王"，能使人心悦诚服；而"以力假仁者霸"，必诉诸武力，使民众遭殃。这种重德和平的王道思想成为我国对外政策的主流传统。

上述不同领域的道德原则和要求，都基于更具普遍性的社会道德规范，即"五常""八德"，它们适用于社会所有领域，人人都离不开它们的滋润。仁、义、礼、智、信五者为人生常道，以仁爱为灵魂，以正义为准则，以礼让为习俗，以理智为明达，以诚信为根基，依此而行，做人才能成为君子即文明人，做事才能有益于大众而促进社会文明。孝、悌、忠、信、礼、义、廉、耻八德是五常的扩展，孝悌为仁之本，忠信为性之品，礼义为行之路，廉耻为德之守。有八德者，在家为孝子，在国为忠臣，在朝为清官，在野为义士。

按照孔孟儒学的理解，仁爱乃人之天性，只要你能将心比心、由己及人，按照忠恕之道的原则，在互爱中同享幸福，实行起来应当是容易的，因此孔子说："德之流行，速于置邮而传命。"（《孟子·公孙丑上》）可是事实上要使博爱普及又困难重重，一则私心随时可以膨胀，从而损害他人利益，二则把爱心扭曲为强人从己，使爱人异化为害人，结果总是君子少而小人多，因此孟子又说："人之所以异于禽兽者几希，庶民去之，君子存之"（《孟子·离娄下》），这就需要加强道德教化，否则"饱食、暖衣、逸居而无教，则近于禽兽"（《孟子·滕文公上》）。

儒家推行道德教化有多种方式，主要有以下几项：第一，适应家族社会的需要，运用家族社会的网络，提倡五伦之教："父子有亲，君臣有义，夫妇有别，长幼有叙，朋友有信"（同上），其重点是提倡孝道，由此而形成强大的家族伦理和凝聚力，筑牢了社会道德的根基。第二，适应学术文化发展的需要，推尊孔子为至圣先师、孟子为亚圣，建立以经典解读为核心的学术派别，彰显大儒醇儒之学业气象，以学术开天下风气之新，拯社会风俗之弊，导世道人心之善。第三，适应民众对来世的期盼和祈福消灾的渴求，儒家主张"神道设教"，运用各种宗教的神灵崇拜，劝人去恶从善，推行道德教化。敬天法祖是中国人的基础性信仰。佛教的慈悲普度、因果报应，道教的得道成仙、济世利人，都有益于在民间普及以五常八德为基石的道德理念。第四，适应民众精神生活的需要，发展文艺事业，繁荣民俗文化，寓教于乐，丰富民众的感情世界。民间节日庆典和人生礼仪，都在培养和加强人们敬天、尊祖、孝顺、感恩、希贤、惜福的意识。

中华民族的民族格局是多元一体，其文化生态是多元通和。佛教、道教、伊斯兰教以及各种民间宗教在历史上之所以能渐行渐近、和谐会通，概由于它们能在不同程度上认可儒家的五常八德，作为共同的道德底色。准确地说，它们不是在认同儒家，而是在认同已经成为深厚传统的中华美德。

三

由于时代的巨大变迁和西方强势文化的进入，由于中国文化界被激进主义潮流所主导，未能及时转型的儒家在近百年中遭受数次强烈的冲击乃至扫荡，它不仅被边缘化，也被妖魔化，在社会各主要领域被放逐，进入了最低谷。在辛亥革命以后，国民政府在教育系统取消"尊孔读经"，在尔后的新文化运动中儒家伦理被当成"封建礼教"受到猛烈批判，为思想界主流所唾弃。1949 年以后，新儒家的学术传统也在中国大陆断裂，"文化大革命"则把批孔反儒的运动普及到车间地头，孔子成了"千古罪人"。至此，儒家似乎已经沉沦，退出了历史舞台。然而，为中华文明和礼义之邦做出过重大贡献的儒家文化是不可能被人们抛弃的，当人们摆脱了文化偏激主义的迷雾，遍尝了各种西方文化的酸甜苦辣之后，会以清醒理性的态度重新认识作为民族文化之根的儒家，并在吸收人类文明成果的同时向中华民族的优秀传统回归。儒家经过百年的狂风暴雨般的锤炼和洗礼，它陈旧的部分正在被淘汰，精华的部分正在被找回，有生命活力的根基正在复苏中，其早熟性的普世价值在当代全球性社会、道德与生态危机的反衬下，更加展现超前的光彩。儒家脱离了"三纲"体制的遮蔽，走出了官学的樊笼，回转到民间学术、社会德教的应有位置，这才是它的正路。

四

儒家是社会德教，是成德之教，这是它的历史定位，而且是本质性的最佳定位。展望未来，儒家在中国的复兴仍然应当在社会德教的位置上发挥积极作用。儒家的未来演变，有"两不宜"：第一，不宜政治化，即不宜于也不可能重新成为中国政治意识形态。汉以后的"三纲说"就是儒家政治化的产物，它抑制了仁爱忠恕之道。如果今后有人把儒家政治化，其结果必然是在新的时代条件下用政治扭曲儒家，既贻害于儒家，又有损于社会。第二，不宜工具化。面对现代科学知识体系的细密和传播，儒家也要在仁德的基础上发展智性，建立相对独立的知识体系，如哲学、史学、伦理学、文化学等等，但不能为了在现代学院中求得生存空间而抽掉它的成德之道，变成纯专业知识的学科，丧失其涵养德性、导人向善的价值理性。儒家的学问是提升生命的学问，必须在知识的传承中播撒仁爱的种子，这样才有益于变化人的气质，触发生命的感悟。

作为社会德教的儒家，具有广泛性、穿透性和开放性。每个人都可以成为儒者，只要他尊重孔孟，愿意践行五常八德，而不必到某一团体去申请登记，取得身份认可；每位儒者同时又可以选择其他的信仰，成为特定社会群体的成员，如做儒家式的社会主义者、佛教徒、道教徒、伊斯兰教徒、基督徒、无神论者。

为了重建儒家的社会德教，必须做好以下几件重要的事情：

第一，发展学术，创新儒学。社会需要儒学，儒学需要创新。学者要在新的时代精神照耀下，从理论的层面上多角度地阐释儒家社会德教的真理性、普遍性、现代性，和它的内涵、特质、运作方式，重点揭示儒家仁学的精粹要义，忠恕之道的当代价值，五常八德对于社会道德建设的基础性意义，儒学与社会核心价值的关系，社会道德教化的有效途径和方式。

第二，革新教育，改良人性。教育培养人才，影响社会文明建设，决定国家的命运。然而当前中国的教育既脱离中华优秀传统，又未能很好吸收外国先进教育经验，存在着严重缺陷和危机。学校教育演变成应试和职业教育，学生在功利主义熏习中扭曲成长。因此教育必须大刀阔斧地加以改革，扭转市场化的趋势，回归传承文明、教书育人、德育为先的正途。一是把中华经典训练正式纳入学校教学体系，使学生亲近中华美德，数典不忘祖。二是使无数小家庭成为儿童健康成长的学校。三是教育以人格养成为核心目标，兼顾"仁、智、勇"三大要素，而以仁德培养为统领。四是加强国学师资培训，运用社会资源建立多元化培训基地。

第三，政府系统要坚持"依法治国"和"以德治国"并重的方略，运用儒家的丰富资源，大力推行公民道德建设。其中最重要的工作就是反腐倡廉，有效清除贪污腐败，建设廉洁奉公、勤政务实的官德，为全社会树立良好的榜样。官员掌握着权力，高官掌握着巨大的权力，因此要接受严格的监督，取消一切特权，防止权力的滥用。而制度建设的深层目标是在官员中培植廉耻之心，不仅敬畏法律，而且羞于贪渎。《管子·牧民》说，礼义廉耻，国之四维，"四维不张，国乃灭亡"，将廉耻提到立国之本的高度。

第四，壮大儒商队伍，发展儒商文化。现代社会不依托于家族体系和家庭农耕，而以发达的工商市场经济为支撑，它也是当代儒家德教赖以生存的新的物质基础。儒商恰恰是将德教与当代市场经济接通的载体。儒商有三大特征：一是以义取利，诚信为本；二是以企为家，内部和谐；三是取之社会，用于社会。儒商队伍的壮大，儒商文化的传播，能够有效消解市场经济带来的功利第一、人为物役的负面效应，同时又能以企业为后盾，推动道德文化的发展，用事实证明市场经济同时也是道德经济，义与利可以统一，给整个社会道德建设以巨大的推动。

第五，建设城乡基层文明社区，发挥各种民间组织的道德教化功能。儒家德教的根在民间，虽历经政治风暴、思想讨伐的摧残，而根系犹在，维持着起码的道德生活。现在的任务是：施肥灌水，加以培植，使灵根再生枝叶，继而枝繁叶茂，开出艳丽花朵。现在虽然不是家族社会，但中国人重家庭重亲情的传统仍很深厚，如果能在代际之间生发孝慈之德，在夫妇之间突显情义之分，在家庭和邻里之间倡导和谐之风，那么亲情、乡情便会成为巨大的凝聚力和感染力，给奔波于生存竞争中的人们提供安身立命之所，相互牵挂和扶持，在生活中改进人性、改良民风。

做好以上几项事业，中国就有希望再度成为礼义之邦，并且以其榜样的力量为进入"地球村"时代的人类提供普遍适用的基本道德规范，推动世界走向和谐。

（原载于《孔子研究》2014 年第 1 期）

从孔孟之道看儒家传统的中庸性格

　　先秦儒学的创立，不仅是中国古代文明的一次理论突破，而且由于它前承三代文化，在创造中建构了中国文化的重要基因，规约着中国文化后来的发展方向和特质，遂成为两千余年中的主流学说。儒学的兴起，使中国文化走上一条与欧洲文化、印度文化明显不同的道路，实在是中国文化史上划时代的大事。儒学产生以后，逐渐形成博大深厚的文化体系，向社会生活各领域广泛渗透，对政治、哲学、道德、民俗等，产生了深远的影响。海外一些学者用儒学代表中国传统文化，这当然是不准确的，因为在儒学以外，道家和道教的影响绝对重大，佛教传入以后也成为一支重要的文化力量，此外还有诸子百家以及中国的伊斯兰教、基督教等等。但是说儒学是中国传统文化的正宗和典型代表，是居于首位的学说，恐怕是不过分的。历代除了有一批儒家学者传承儒家道统和学问以外，还有相当多的并无师承的民间儒者，不属于某门某派，亦不见其著书立说，但以儒家仁义之道为人生价值取向，以礼乐之教为社会行为规范，其数量是广大的。即使佛教、道家和道教以及中国伊斯兰教和基督教也都对儒家思想有相当程度的认同。所谓佛教中国化，伊斯兰教中国化，其关键的一步是儒学化。儒学为中国社会立下"人极"，人们虽不能至而心向往之，成为一种道义的普遍趋向。由此之故，儒家的创始人孔子就成为整个中国传统文化的代表人物。

　　儒家传统由孔子、孟子确立，其主要特点是改良的人文主义，即重人道轻神道而又主张神道设教，重道义轻权势而又主张出仕参政。儒家是理想主义的，它有自己崇高的文化价值理念，即圣贤人格和大同社会，故对现实社会人生持批判态度；但儒家又是现实主义的，它不离人伦日用，讲论生活常道，其说以合情合理为准的，故易于着手实行。这就使得儒学的主流，既避免了宗教神学的虚幻，又未陷于功利主义的平庸；既能与社会改革相一致，又不导致过激行为，这就是儒家传统的中庸性格。

如何认定儒家传统，历来学界是有争议的。在儒学与宗教的关系上，有两种相反的见解：一种认为儒学就是宗教，不过其表现形式与西方宗教有所不同，所以海内外都有人称儒学为儒教，并且真的看作是宗教，或持批判态度（如任继愈）[1]，或持尊崇态度（如韩国成均馆）[2]；另一种认为儒学不是宗教而是人学，它不相信鬼神，其天命论是一种必然论而非宿命论（郭沫若）[3]，孔子的思想是先秦无神论思潮的组成部分（牙含章、王友三）[4]。当然，还有一种观点，认为儒学基本上是一种人文主义，入世精神强烈，但它同时包含着宗教性，即超越的精神和终极的宗教情怀（刘述先）[5]。在儒学与政治的关系上，也有两种对立的看法：一种认为儒家重道轻势，形成"以道自任"的优良传统，对现实政治有强烈的批判意识[6]；另一种认为儒家提倡三纲五常、礼乐名教，维护宗法等级制度，所以成为历代封建统治的思想工具[7]。以上两大问题即儒学如何处理人道与神道的关系，道统与政治的关系，对于儒学价值体系的确立具有根本意义。了解儒家创始人孔子和孟子在这两个问题上的态度，是准确认识儒家传统特质的关键。

重人道而又包容神道

儒学是人学，是伦理型的人文哲学，它以阐述如何做人和如何处理人际关系为中心论题，这大约成为越来越多的学者们的共识。这个传统是在

---

① 任继愈：《儒家与儒教》，载《中国哲学》第三辑，北京：三联书店，1980年版。任氏认为，儒学经过董仲舒和朱熹的两次改造，变成儒教。

② 成均馆主持一年两次祭孔。在韩国，儒教作为宗教团体登记注册。

③ 郭沫若：《十批判书·孔墨的批判》，北京：人民出版社，1954年版。

④ 牙含章、王友三：《中国无神论史》，北京：中国社会科学出版社，1992年版，第81—82页。

⑤ 刘述先：《由当代西方宗教思想如何面对现代化问题的角度论儒家传统的宗教意涵》，载《当代儒学论集：传统与创新》，台湾：中央研究院中国文哲研究所筹备处，1995年版。

⑥ 余英时：《士与中国文化》，上海：上海人民出版社，1987年版。

⑦ 五四以来进步学者多持此种看法。近期的文章可看陈漱渝：《如此"儒学热"能解决现实问题吗?》，《哲学研究》1995年第5期。

继承和改造夏商周三代文化的过程中建立起来的。孔子说："殷因于夏礼，所损益可知也；周因于殷礼，所损益可知也。"（《论语·为政》，以下凡引《论语》者，只注篇名。）然而三代相传，如何损益，孔子未言。关于三代文化之异同，《礼记·表记》有一段重要论述：

> 夏道尊命，事鬼敬神而远之，近人而忠焉，先禄而后威，先赏而后罚，亲而不尊，其民之敝，蠢而愚，乔而野，朴而不文；殷人尊神，率民以事神，先鬼而后礼，先罚而后赏，尊而不亲，其民之敝，荡而不静，胜而无耻；周人尊礼尚施，事鬼敬神而远之，近人而忠焉，其赏罚用爵列，亲而不尊，其民之敝，利而巧，文而不惭，贼而蔽。

按《表记》此说，似乎周道与夏道接近，皆"事鬼敬神而远之"，而殷道则独独尊神事鬼，并且"先鬼而后礼"，也可以说是事鬼敬神而近之。但《表记》在另一处又将虞夏与殷周对立，谓"虞夏之文不胜其质，殷周之质不胜其文"，可知夏与周亦有很大不同。目前夏代考古资料不足，其社会面貌尚不很清晰，但殷、周的考古资料已经十分丰富，足以证明《表记》所说殷代尊神先鬼为不虚，周代尊礼近人为切语。由此我们似乎也可以大胆地相信《表记》关于夏代尊命近人的说法。根据已有的资料，参考《表记》的说法，三代文化的同异，大致可以确定以下几点：一、三代文化相传相袭，没有形成断裂，其共同点是"事鬼敬神"，都是宗教文化；二、三代文化又各有特点。"夏道尊命"，"朴而不文"，即是夏人相信天命决定国运，民风则纯朴粗野；殷人尊神事鬼，一切行事皆决于占卜，卜辞的研究已证实这一点；"周人尊礼"，远鬼神而近人，故"郁郁乎文哉"。夏道之远鬼神并非不尊天敬祖，而是不过分崇尚占卜与巫术，且上承有虞之世，纯朴未散，文化上自发的成分居多。周人"尚施"好文，致力于礼乐建设，中国的礼乐文化由此而发达。周人"尊礼""近人"与殷人"尊神""先鬼"更有差异，这个差异标示着周文化正在冲破殷代的神道文化而生长出人文主义的新文化。而这种有着人文精神的周文化，正是孕育儒家思想的温床。

从总体上来说，周文化也是一种以尊天敬祖为核心、神权与政权族权相结合的宗教文化，不过它与发达的宗法等级制度相结合，礼制更加完备。周公旦制礼作乐，形成一套规范化的郊社、宗庙制度。可是周公不满足于制度建设，他有远见卓识，在总结殷朝灭亡教训的基础上，看到一个政权的长治久安不能仅凭君权为天授祖与，还要"以德辅天"，强调"天命靡常"，"聿修厥德，永言配命"①，"不敬厥德，乃早坠厥命"②，而德的主要内涵是谨言慎行、敬天保民。殷代君王可以借用天命任意发号施令，强调君命即天命。周代君王则必须体察民意，因为民意也体现天意，故说"民之所欲，天必从之"，"天视自我民视，天听自我民听"③。这就是周人"近人""远鬼神"的含义。这是三代文化的一个重大变化，这一变化虽然没有改变神道高于人道的总体格局，却明显增强了人道的分量，提高了民众的地位，这从孔孟之道看儒家传统的中庸性格即是中国人文主义的滥觞。

春秋时期礼崩乐坏，统一的宗教文化破碎。随着神权和君权的动摇，人文主义的思潮逐渐高涨，表现之一便是疏远和怀疑鬼神，更加重视人道和民众。《左传》桓公六年季梁说："夫民，神之主也，是以圣王先成民而后致力于神。"《左传》庄公三十二年史嚚说："国将兴听于民，将亡听于神。神，聪明正直而壹者也，依人而行。"僖公五年宫之奇说："鬼神非人实亲，惟德是依。"昭公十八年子产云："天道远，人道迩，非所及也，何以知之。"季梁、史嚚、宫之奇、子产等人都是当时的名臣，他们有摆脱传统宗教神学的思想倾向，说明人文主义成为潮流。这股潮流的特点是二元性，即重人轻神而又不反对神，或者说是欲以人化神，在旧瓶里装新酒，以渐进的方式改良传统宗教。这项工作到了孔子手里，终于达到一个新的飞跃，人道明显高于神道，神道附属于人一道。一个新的儒家的人文主义传统产生了，这个传统在很大程度上决定了中国人思想信仰的历史特点和方向。

孔子主张"敬鬼神而远之"（《雍也》），这正是发扬周代的传统。但孔子敬的程度更差了，远的距离更大了，以至于达到不事鬼神，不问死后的程度。"子不语怪力乱神"（《述而》），"未能事人，焉能事鬼"，"未知生，焉知死"（《先进》），孔子回避了"彼岸"的问题，而"彼岸"性正是一切宗教的本质特征。孔子仍然相信和敬畏天命，但是他把天命哲理化了，而

①《诗·大雅·文王之什》。
②《尚书·召诰》。
③《尚书·泰誓》。

且限制其作用范围，只在死生、富贵贫贱和事业的最终成败上由命不由人，而把进德、论学、行义、为国的人生大事交给了生命的主体—人，让每个人充分发挥个体的能动性。孔子认为，做君子还是当小人，为政以德还是为政以刑，当事者自己完全能够控制，所以说："我欲仁斯仁至矣"（《述而》），"为仁由己，而由人乎哉"（《颜渊》）。仁学即人学，它是孔子儒学的核心，其基本精神是"爱人"，一面是"忠"，己欲立而立人；一面是"恕"，己所不欲勿施于人，即所谓忠恕之道。孔子的仁学与神道无涉，其根基在社会人间的真实情感。在家族社会里，最切近的人伦情感便是家庭亲情，故"孝弟也者其为仁之本与"（《学而》）。由此向外推广，按每个人的社会角色体现"爱人"的精神，如父慈子孝、兄友弟恭、君礼臣忠等等，最后达到整个社会"老者安之，朋友信之，少者怀之"（《公冶长》）的理想境地。虽说立志为仁，便可求仁得仁，但具体过程并不容易，要学习、实践、切磋琢磨，并且终身不懈，才能使人性不断臻于完美，故"任重而道远"（《泰伯》）。不过这整个成仁的过程无须求助于鬼神，都要靠自身的努力。成仁的目标也不是成为什么"超人"，而是做一个道德高尚、人格完美的君子，并以这种理想的人格参与改良社会的事业，使人间变得美好。可见孔子的仁学基本上摆脱了传统宗教的约束，显现出人间即此岸的伦理哲学的精神风貌。后来佛教徒称孔学为"世教"，即入世的教化之道，准确地道出了孔学的人间性格。

但是孔子又不否定天命鬼神，他仍然畏天命，敬鬼神，重祭祀。在某些学者看来，这是孔子拖泥带水、人学思想不彻底的表现，其实这正是孔子高明、成熟和宽博的地方。天命论是传统天神崇拜的一部分，而天神崇拜又源于古人对自然与社会盲目力量的敬畏和对根源性力量的关心。春秋时期社会的变动使孔子看到，有主宰能力的有意志的天神是不存在的，"君权天授"的神话是靠不住的，但他仍然深深感到，宇宙间存在着人力到达不了的地方，高远广大的天是万物和人类的母亲，人应当对这种生育万物和人类而又超出人类的伟大力量表示敬畏和效法，这正是大思想家的超越意识的体现。孔子赞美天的伟大："巍巍乎唯天为大，唯尧则之"（《泰伯》），"天何言哉？四时行焉，百物生焉，天何言哉？"（《阳货》）天是崇高的，它不言而能顺行四季、生养百物，这里的"天"是指宇宙自身的生生不息的创造力，同时它又是人间真善美的源泉，故应为人间所效法。这样的"天"既摆脱了传统天神的人格性，又不降落为自然物，其实在性和超越性兼而有之，依然是一种信仰对象，这就是把宗教的"天"变为哲理的"天"。孔子又说："五十而知天命"（《为政》），是指人到了这样的年纪，积大半生之经历，应知道自己生命能量的限度，可能做什么和不可能做什么。此处的天命绝不指天神的意志，否则不必要非等到 50 岁才可以了解。它就是指命运，与人力相对，在人力作用限度之外；当人们意识到自身力量有穷尽的时候，同时就会感知命运的存在，不得不起敬畏之心。总之，孔子对传统天命论的改造和新解，说明孔子不仅关心现实人生，而且关心高于现实人生的力量，不过不是以宗教家的方式而是以哲学家的方式，在哲学家的方式之中保留了宗教超越性的品格。

孔子对鬼神祭祀的态度可用三个词汇来表述：淡漠、宽容、改良。淡漠已如前所述。宽容的表现就是不亵渎神灵，尊重社会上的传统祭祀活动。如赞美大禹"致孝乎鬼神"（《泰伯》）；对父母，"生事之以礼，死葬之以礼，祭之以礼"（《为政》）；"祭如在，祭神如神在"，"吾不与祭，如不祭"（《八佾》）；"乡人傩，朝服而立于阼阶"（《乡党》），对待这些祭礼活动，贯穿一个"敬"字。改良的表现就是以人道解释神道，纳神道入人道，用神道设立教化。孔子回答子路时说"未能事人焉能事鬼"，"未知生焉知死"，不仅仅说明孔子重人轻鬼，重生轻死，还要看出孔子更深一层的含义，即鬼事是人事的一部分，死道是生道的继续，知事人即懂得事鬼，知生即可以知死。换句话说，要像对待生时那样对待亡灵，感情是一贯的，所以孝道不仅要在父母生时敬养，还要在父母死后丧祭，祭祀时如同父母在眼前一样，没有这样的感情便不是孝子；对于个人的生死，为行仁而生，为成仁而死，求仁得仁便是死得其所，所以一个人懂得了生的意义，便会从容对待死，死后如何是不必要去关心的。孔子在祭礼问题上所关注的并不是祭祀对象是否真的能显灵并给予祭祀者以帮助，而是祭祀者如何做才能真正使自己的情感得到安慰。宰我要把为父母守孝三年改为一年，孔子批评他"不仁"，并非因为一年之守有损于父母亡灵，而是说这样做不能使孝子安心，因为"子生三年，然后免于父母之怀"（《阳货》），所以要守孝三年以回报父母之爱，这是"未能事人，焉能事鬼"的一个例证。孔子的说法不是宗教式的而是人伦式的。曾子说："慎终追远，民德归厚矣"（《学而》），"慎终"是认真操办父母的丧事，"追远"是按时祭祀远代的先祖，这两件事做好了，民间的风气自然会走向淳厚。这个思想与上述孔子的思想是一致的，认为宗教祭祀的真正意义，不在于祈祷鬼神，降福人间，而在于纯正人心，教化生者，因为宗教祭祀本质上是一种感恩报本的行为，也是一种社会教育行为，祭祀过程可以申明祖训，团结宗亲，加强孝道，民间道德风尚借此得以维持。可知孔子及其弟子看重祭祀的教育功能，这就是神道设教的思想，他们仍然重视宗教祭祀，但在解释上与传统宗教不同了，把神道意义人道化了。这样做的结果，看起来违背了宗教的超世性，实际上更接近了宗教的根源和本质，宗教本来就是人道的一部分，它以超世的方式满足人间精神生活的需要，所以归根到底，宗教是人类文化的产物，真正信教者反而看不清这一点。

孟子创造性地发展了孔子的仁学，使儒学获得一个波澜壮阔的气象。孟子之于孔子，好比庄子之于老子，无孟子则孔子之学不显，无庄子则老子之道不扬。孔孟共建儒家传统，老庄共立道家风范。孟子以其性善说奠定了仁学的理论基础，明言"人皆可以为尧舜"（《孟子·告子下》），表现出对人类自救有强烈的信心。孟子对儒家人学的最大贡献是以其自身的言行，铸造出士君子的独立人格和刚健气象，以道自任，以义自高，笑傲诸侯，把人的尊严提高了，把"无恒产而有恒心"的士君子文化群体的社会地位提高了。儒学到了孟子手上，表现出更鲜明的人文主义精神，宗教色彩进一步被淡化。孟子基本不言鬼神，极少谈到祭祀，他把真善美根置于人的良知良能，由此而建立其仁义学说，他似乎不要任何宗教的凭借了。然而孟子细心地保持了对"天"的信仰，赋予它以人道的新义，仍然没有超出孔子改良宗教的思路。天对于孟子首先是一种超越性根源性的存在，如言"夫天未欲平治天下也；如欲平治天下，当今之世，舍我其谁也?"（《孟子·公孙丑下》）又言"天将降大任于斯人也"（《孟子·告子下》），这里的"天"初看似是主宰之天，细究则是时运之天，并不具有明显的意志性。其次，孟子将一般人认为的天命或天意，解释成民意和道义，只给天保留了神圣的地位，也就是使民意和道义通过天的传统信仰的力量而崇高化。孟子与万章讨论舜之有天下是何者所授，孟子认为不是尧以天下与舜，而是"天与之"，看起来还是"君权天授"的老观念，但孟子又解释道："天不言，以行与事示之而已矣"（《孟子·万章上》）。那么以行与事示之又如何？孟子说："使之主祭，而百神享之，是天受之；使之主事，而事治，百姓安之，是民受之也。"（同上）他引《泰誓》曰："天视自我民视，天听自我民听"，认为百姓的看法就是天的看法，百姓的选择就是天的选择，所谓"百神享之"也要通过"百姓安之"来检验，归根到底还是民意起决定作用。这就是偷梁换柱的做法，不觉之中，天的内涵就由神主位变为人主位了。复次，孟子又将人性的复归与知天事天的信仰行为挂连起来，这是孟子超出孔子的地方，这一超出开启了儒学内超越的发展方向。本来"四端"说已经为仁学立下了根基，但孟子认为人性之善还有其根源，这终极的源泉便是天，所以他说："尽其心者，知其性也；知其性，则知天矣。存其心，养其性，所以事天也。"（《孟子·尽心上》）这里的"天"不是纯自然之天，因为自然之天虽能生人而不能赋予人以德性；它也不是主宰之天，因为它不能赏善罚恶。它是道义之天，即有生物生人之力又有成物成人之德的天地大道，它是自然之天的道义化。《中庸》说："天命之谓性，率性之谓道，修道之谓教"，这是顺着宇宙发生过程而说的。孟子上述的话是逆着宇宙发生过程而说的，人要回归天道，只能逆向修养。这两句话加在一起，便是儒家天人之学的整体。《周易·说卦》云："穷理尽性以至于命"亦是逆向讲人性如何与天命相契合，与孟子之说有异曲同工之妙，后儒奉为旨要。总之，经过孔子孟子的诠解，"天"的概念由天神转向天道，兼有终极存在和最高价值的双重性质，为后期儒学的天人论奠定了理论基础。

　　孔孟所确立的以人道容纳和改铸神道的传统，经过《易传》《荀子》和《礼记》，进一步系统化、理论化、稳定化，形成带有浓烈人文特色的儒家宗教观和宗教礼学，其要点是神道设教、祭为礼俗、报本返始、事死如生、祭为教本，其主流派始终走着不偏于宗教神学又不偏于无神论的中庸之道。荀子与王充要铲除儒学的宗教性和超越意识，未能被多数儒者认同；董仲舒要建立儒家神学，康有为要创立孔教，也未能成其大功。这大约都与儒学的中庸本性有关。而当佛教传入，道教兴起以后，儒学本着中庸的路线，在高扬人文精神，保持儒学本色的前提下，又融会佛、道，促其合流。受儒学熏陶的知识人士，在佛、道内部把佛、道神学哲理化，因而有禅宗和全真道那样的不拜偶像、不求彼岸、唯以悟道为解脱的宗教教派出现。对于以尊天敬祖为主要信仰的政教族教合一的传统宗教，儒家的基本态度是不热衷、不反对，参与修礼，强调教化。对于民间信仰和宗教风俗，儒家的态度是尊重习俗，反对淫祀，普及儒家道德。作为主流文化的儒学，有如此强烈的人文精神，又有如此宽容的性格，所以使得中国在两千余年里，哲学发达，宗教也发达，儒家与道家哲学同多种本土的及外来的宗教并行不悖，和平共存，又互渗互补，士人多归心哲学，民众多崇尚宗教，信仰呈现多元化而又以儒道互补为主体的局面。

重理想又能面对现实

儒家有自己的社会政治理想，这个理想称之为"道"。有道之君修德爱民，有道之世国泰民安。这个标准是很高的，但必须作为一种目标和原则加以坚持，用来批判现实的政治，规约和引导现实社会，使它朝这个方向发展。孔子重道，把闻道、志道、适道、守道、弘道、行道作为自己奋斗的目标，故云："朝闻道，夕死可矣"（《里仁》），"志于道"（《述而》），"守死善道"（《泰伯》），"人能弘道"（《卫灵公》），"行义以达其道"（《季氏》）。在孔子心目中，道就是尧舜之道，其君为有道之君，其世为有道之世。主政者必须是圣王，既要有仁德，又要能治国安邦，这样的圣王只有尧舜勉强可以相称。当子贡问"博施于民而能济众"者可否谓仁时，孔子回答说："何事于仁，必也圣乎！尧舜其犹病诸！"（《雍也》）可知孔子的圣王标准是极高的，需要在人生修养和社会事业两个方面都达到完美。人生修养可以自己努力，而社会事业则必须客观条件具备，如要掌握治理天下的最高权力，而这是可遇不可求的事，所以历来圣王难得。尧舜虽为有德之君，但尧时洪水滔天而未能治，舜时四凶放逐而未能化，都还不是尽善尽美，只能说比较接近于圣人，后世连这样的准圣人也没有了。有道之世的社会状态如何呢？孔子说："天下有道，则礼乐征伐自天子出"（《季氏》），可见孔子的理想社会是一个中央集权的统一的国家，当然这样的天子应有仁德。关于理想社会，孔子还讲过这样一些话："礼之用和为贵，先王之道斯为美"（《学而》），"道之以德，齐之以礼，有耻且格"（《为政》），"老者安之，朋友信之，少者怀之"（《公冶长》）。概括起来说，有道之世应是圣王在位，德礼治国，国家统一，上下和谐，百姓安宁的世界。孔子认为当时是"天下无道"的社会，他出来评议政治，周游列国，不是要谋取个人的利禄，而是要宣讲和推行尧舜之道，而当时各诸侯国之君王大都非贤明之君，所以谈得拢的时候少，谈不拢的时候多，受任用的时候少，不得志的时候多，于是他到处漂泊，不能在政治上有大作为。他不是没有机会做大官，而是不合乎道的官不愿去做。他当然要为君王做事，但事君有两个条件：一是"以道事君，不能则止"（《先进》）；二是"君使臣以礼，臣事君以忠。"（《八佾》）道义比权力地位重要，君王要礼贤下士。可知孔子之事君，本质上是行道，不是做君主专制的驯服工具。孔子说："君子义以为上"（《阳货》），"不义而富且贵，于我如浮云"（《述而》），"志士仁人，无求生以害仁，有杀身以成仁"（《卫灵公》），"三军可夺帅也，匹夫不可夺志也"（《子罕》）。此处所谓的"义""仁""志"，皆是道的内涵。对于弘道的人来说，不仅不义之富贵不能取，就是遇到了生命的威胁，也不能苟且偷生，宁可以身殉道。由此确立了儒家重道轻势、重义轻利的传统，而且儒者以弘道自任，当仁不让，自觉地担负起以道救治天下的使命，形成一股强大的道义力量。为了守道，不能不特立独行，"道不同不相为谋"（《卫灵公》）；为了守道，不能屈从于权势，只好"用之则行，舍之则藏"（《述而》），"隐居以求其志"（《季氏》），以道决定自己的进退出处；为了守道，不论在位还是在野始终保持对现实政治的批评的权利。孟子更进一步，他把捍卫道统的士人的地位提得更高，把政治权势看得更轻，表现出一种刚健勇猛的大丈夫气概。中国的帝制社会，君权至上，视天下为一姓所有，"普天之下莫非王土，率土之滨莫非王臣"。但君权仍要受两大力量的制约：一是头上三尺有神明，虽说君王可以利用神权，但是天神祖灵对于君王仍有威慑作用，而忠臣良吏也常常借用神灵规劝君王，故董仲舒申明《春秋》大义为："屈民而伸君，屈君而伸天"[1]；二是君权旁边有道统，以有良知的知识分子为代表，或为帝王师，或为帝王友，或

---

[1]《春秋繁露·玉杯》。

为帝王臣，或为在野贤达，他们固守道义，评议时政，给君权以应有的限制。儒学既是君权的维护者，又是君权走向绝对专制和肆无忌惮的抑制力量。孟子的贡献在于唤醒士阶层的独立意识，自觉认识到自身的崇高责任、特殊作用和应有的尊严。第一，他指出士阶层可以超出本身物质利益的局限而守恒常之道，即是"无恒产而有恒心者，唯士为能"（《孟子·梁惠王上》），现代西方有所谓"知识分子是社会的良心"之说，其义可以相通。知识分子拥有知识，进行脑力劳动，制造精神产品，他们能够超脱谋生的需要而思考群体的长远发展问题，探索真善美之所在。这样的知识分子乃是人文知识分子。若不然而只有专业特长，则为技能之士，不是有道之士。第二，他指出高级的士，不仅可以为帝王臣、帝王友，而且可以为帝王师，这是孔子所未能达到的。天下有达尊三：爵一，齿一，德一，朝廷有爵而贤者有德，各有所长，而为国必尊贤，故君王要礼贤下士。孟子说："将大有为之君，必有所不召之臣；欲有谋焉，则就之"（《孟子·公孙丑下》），又说："天子不召师"，"以位，则子，君也；我，臣也，何敢与君为友也？以德，则子事我者也，奚可以与我友？"（《孟子·万章下》）"古之贤王好善而忘势；古之贤士何独不然？乐其道而忘人之势"（《孟子·尽心上》）。道是高于势的，为道之士应该有崇高的身份。第三，在君臣关系上，不仅要求臣贤，还要求君明；君如不君，则臣可以不臣，这又是孔子所不敢突破的。孔子一生事君尽礼，他为君王者讳，明知鲁昭公违礼而曰知礼，奉行着"臣不言君亲之恶"的古训，那么君虽不君，而臣不可以不臣。孟子则不然，他认为臣对君的态度全视君对臣的态度而定，故云："君之视臣如手足，则臣视君如腹心；君之视臣如犬马，则臣视君如国人；君之视臣如土芥，则臣视君如寇仇。"（《孟子·离娄下》）君如有过不听谏，贵戚之卿就可以易其位。君如暴虐似桀纣，则可以伐而诛之，"闻诛一夫封矣，未闻弑君也"（《孟子·梁惠王下》）。这是何等的气魄。第四，在君民关系上，大胆提出了"民为贵，社稷次之，君为轻"的观点，突出民为邦本的主张，降低君的权势。这样，孟子不仅高扬了道义，而且高扬了民众的力量。在孟子心里，天意、民意和道义三者是一致的，而与君意往往不一致，三者都是为了制约君权，不使君权过于膨胀。

为什么孔子和孟子要在政统之外，建立一个道统，使两者形成张力呢？

因为道统是理想主义的又是理性主义的，它代表着一种健康的原则和方向，是思想家冷静思考、深谋远虑的成果，社会需要它的指引才能形成有序稳定的局面，才能向前发展。而执政者不能不首先着眼于利害的计较，不能不应付现实的问题，倘若没有一种纲领和原则，最容易为利益所驱动，出现短期和自私行为，出现非理性举措，给社会造成危害。所以道义的力量是重要的，政治批判意识应加强。

　　但是孔子和孟子绝不仅仅是政治的批判者，他们同时还是政治的参与者，他们随时准备与现实的政治相妥协相沟通，以便改良它。他们并不幻想太平盛世会自然到来，理想的目标只能从"我"做起，从现实做起。这就是孔孟性格的另一侧面：现实主义态度。这也正是孔孟儒家和道家隐逸派不同的地方，后者不满现实社会，便采取避世隐遁的生活方式。孔子也说过"无道则隐"（《泰伯》）的话，孟子也说过"穷则独善其身"（《孟子·尽心上》）的话，但那是不得已的暂时选择，并不是他们的志向，他们的本心是积极参与政治的改良和社会事业的建设，而且在态度上是灵活的实事求是的。

　　当隐者劝告孔子师徒治世无望不如避世的时候，孔子说过一句表明心迹的话，曰："鸟兽不可与同群，吾非斯人之徒而谁与？天下有道，丘不与易也。"（《微子》）他的学生子路也说过一句意味深长的话，曰："君子之仕也，行其义也。道之不行，已知之矣。"（同上）这就是儒家对待社会政治的基本态度：既然天下并不清明，正须我辈参与改良，决不能袖手旁观；事业成功与否，那就要尽人事而后听天命了。至于以何种方式参与社会政治，不必有固定的模式，故云："君子之于天下也，无适也，无莫也，义之与比"（《里仁》），只要合于义，行动方式是不拘一格的。孔子主张改良政治走渐进主义路线，态度相当温和。齐景公问政于孔子，孔子对曰："君君、臣臣、父父、子子"（《颜渊》），孔子并没有提出过分的要求，他只是希望在现有家族政治框架之内，各种人要守其伦常，把自己的责任担当起来。鲁定公问一言是否可以兴邦或丧邦，孔子不说不可能，而是顺着鲁定公的话，巧妙地把兴邦之言解成"为君难"，把丧邦之言解成"唯其言而莫予违"（《子路》），劝告鲁君不要专制独裁，这是煞费苦心的。孔子说："侍于君子有三愆：言未及之而言谓之躁，言及之而不言谓之隐，未见颜色而言谓之瞽。"（《季氏》）说明进言要善于选择时机，不可鲁莽，亦不可延迟。孔子又说："邦有道危言危行，邦无道危行言孙。"（《宪问》）政治清明，可直道而行；政治黑暗，行为要正直，而说话却要谨慎随和，可知处世之不易。有人认为上述言论说明孔子政治上的保守和软弱，岂不知这正是孔子为使理想和现实相衔接而采取的权变之道，是一种政治艺术，其要诀在掌握恰当的分寸。孔子看到，政治不是单凭豪气和勇敢就能做好的，所以要讲究方法懂得智谋，故云："暴虎冯河，死而无悔者，吾不与也，必也临事而惧，好谋而成者也。"（《述而》）这是孔子高于单纯的理想主义者的地方。孔子并不清高傲世，他待价而沽，随时准备出来做官行道，只要有机会，便欲一试，故公山弗扰召孔子，"子欲往"，"佛肸召，子欲往"（《阳货》）。为了游说卫灵公，孔子去见名声不好的南子，惹得子路不高兴。这些地方都可以见到孔子处世的变通态度，为了做点实事，有时不能不委屈自己，与各种人物打交道，不必太拘泥，这就是"无可无不可"的态度。懂得中庸之德，可与适道又可与权的人实在太少了，所以孔子感慨地说："不得中行而与之，必也狂狷乎！狂者进取，狷者有所不为也"（《子路》），不得已只能求其次。理想与现实如何在生活中统一是极困难的事，太偏于理想则不能实行，太偏于现实则随波逐流，一定要两者兼顾，找到恰当的结合点，这就需要人们高度的责任心和智慧。

孟子一生都在寻求与现实政治的连接点，争取在现有政治体制之内，推进社会改革事业，这是孟子性格的又一侧面。孟子游说梁惠王，并不进行生硬的批评，而是委婉劝导：王乐沼池，而讲"与民偕乐"；王好战则以战为喻讲述仁政的道理；与齐宣王谈保民而王的大题目，却从以羊易牛的小事情上说起，谓为仁术，可以推而广之。齐宣王明示自己好勇、好货、好乐、好色，孟子不谴其非，只是要求齐宣王把自己的爱好加以扩充，把小勇变为大勇，把好货变成富民，把好乐变为乐民，把好色变为安民，由近及远，从小道理引出大道理，可以说是苦口婆心，不厌其烦。孟子去齐，三宿而后出昼，尹士批评孟子太"濡滞"，讥其留恋做官。孟子有一个严正的回答："千里而见王，是予所欲也；不遇故去，岂予所欲哉？予不得已也。予三宿而出昼，于予心犹以为速，王庶几改之，王如改诸，则必反予"，"予岂若是小丈夫然哉？谏于其君而不受，则怒，悻悻然见于其面，去则穷日之力而后宿哉?"(《孟子·公孙丑下》)我每读至此,便怦然心动,感到贤者用心之苦,做道家不易,做儒家更难。见世道污浊而毅然离去者非至难也,入世而不同流合污又有所作为者乃至难也。孟子有傲骨而无傲气,这是十分令人敬佩的。孟子评论前代圣贤:"伯夷,圣之清者也;伊尹,圣之任者也;柳下惠,圣之和者也;孔子,圣之时者也",孔子能够做到"可以速而速,可以久而久,可以处而处,可以仕而仕"(《孟子·万章下》),他比其他圣贤高明之处在于不偏执,能够根据不同情况把仁道的原则性和灵活性统一起来,这就是"时中"的精神。

政治上的中庸之道,就是在保守与革命之间实行改良。儒家并不反对必要时的革命,但更热心于改良。这条路有时走得通,有时走不通。孔子孟子要走改良的路,当时走不通,被人目为"迂远而阔于事情"。可是历史上革命的时候少,改良的时候多,社会突变的时候少,渐进的时候多,而且革命和突变要靠改良和渐进的积累,所以由孔子孟子创立的儒家政治改良主义传统,后来还是相当深入人心并且在实际生活中发生重要作用。偏离这一传统的情况也时有发生,或避世而入于道家,或媚君而成为佞臣,都为正统儒家所不取。

儒家传统要在人道与神道之间,道统与政统之间,取得一种平衡,具有进取、稳健和宽厚的品格。它在历史上起过推动社会和稳定社会的巨大作用。民国以来,中国社会进入急剧革命的时代,儒家传统既被保守势力所歪曲,又被革命力量所抛弃,丧失了它的重要社会地位和普遍影响。当中国社会由激烈的革命运动时期转向全面的改革和建设的时期以后,儒家的中庸品格会再度受到重视,改良主义的思潮会得到发展,也许将不再受左右夹击之苦,中国人由此也能变得成熟起来。

(原载于《中华文化论坛》1997 年第 3 期)

从中西文化比较中看儒释道

文化有器物、制度、思想 3 个层面，而思想是文化的内核。在内核结构上中西文化有着显著的差异。大致状况如下：

第一，单一性和多样性的差异。欧美文化是由希伯来文化和希腊文化流衍而成的，前者演为基督教文化，后者演为理性科学与哲学。看起来它是二水并流，恰成矛盾的对立与统一。但在信仰的层面，却只有基督教文化，而理性科学与哲学则具有强烈的工具性，不能使人安心立命。中国文化不同，从春秋末年开始便有孔子、老子二圣并立，儒家、道家的对立与互补；汉末以后，道家衍生出道教，佛教兴起并盛行；迄至清末，中国思想文化内核结构是儒佛道三教鼎立与合流，其外层则有中国伊斯兰教、中国基督教及民间宗教等，它们都能给人提供一种信仰，一种社会人生的价值体系。在信仰的层面上，中国人拥有多项选择的精神空间。

第二，对立性与互补性的差异。欧美人的思维具有一分为二的特点，诸如宗教与人学的对立，科学与人文的对立，唯物与唯心的对立，人类与自然的对立等等，从对立中求进步，通过斗争求发展。中国人的思维则有合二为一的特点，诸如宗教与哲学并行不悖，儒佛道三教合流，儒道互补，天人合一等等，在会通与融合中求得进步与发展。西方的宗教有强烈的排他性，中国的宗教有极大的包容性。中国人讲"和而不同""殊途同归"，所以没有发生宗教战争，相反，人们可以二教或三教并修，社会对此也习以为常。

第三，分散性与一体性的差异。西方人的文化理念与国家民族的理念相对分离，文化强调宗教，国家强调主权，民族强调血统，所以欧洲的文化尽管有共同的传统，政治上却是四分五裂，不能形成稳定的统一国家，民族矛盾也颇为复杂激烈。中国人把文化融入民族的理念之中，所谓夷夏无别不在种族，不在地域，而在文化，即是中国以儒为主导以道佛为辅的传统文化，然后容纳四教、五教等，形成文化多样性的统一，有中心点，有辐射面，有凝聚力，有扩散力。中华民族有此文化传统而始终保持着稳定的共同体，又不失共同体内部各民族文化的丰富多彩，中华民族有此文化传统便能够在政治上保持着统一的国家规模，分裂的时候短，统一的时候长，而且分裂必然走向统一。从民族学上说中国是多元一体，从文化学上说中国也是多元一体，这是中国的特殊性，在世界上是独一无二的。

第四，偏激性与中庸性的差异。西方文化从分的角度把一种要素发展得十分充分，而往往忽略各要素之间的协调、平衡，容易走"物极必反""矫枉过正"的路。例如宗教发展到中世纪无所不包、统治一切的地步，然后才有激烈的无神论兴起，加以纠正发展到极端膨胀的科学主义，然后才有人文主义兴起；征服自然引起全球性生态危机，然后才激起生态学和环境保护的蓬勃发展。中国文化不同，它从合的角度去调节各文化要素之间的关系，力图走出一条中和的路线，使文化得到平稳的发展。儒家讲"中庸""中和""时中"，认为"过犹不及"，在政治和宗教问题上都主张改良主义，在激进与保守之间取其中。佛教讲"中道"，既不执于色，亦不执于空，把出世与入世统一起来。道家亦讲"守中"，主张"去奢、去甚、去泰"，其人生态度收放自如，无为而无不为。在中国历史上，在社会各个领域，总是改良派受到赞美而激进派和保守派均遭批评。近代自从接受西方文化以后，除保守派继续受到批判，激进派起而成为主导，改良派则处处受到贬斥，"中庸之道"从一个具有正面价值的理念变成了不讲是非、折中调和的代名词。随着"斗争哲学"的衰落，"中庸哲学"有可能再度兴盛，改良主义也会恢复它应有的名声。中西文化互有优劣，我们应该通过比较研究推动其良性互补，坚决避免劣性互动，在双向交流中发展中国的社会主义新文化。

（原载于《探索与争鸣》1997 年第 12 期）

儒、佛、道三教的结构与互补

　　儒、佛、道三教是中国中世纪文化的核心内容，决定着中国传统文化发展的主要方向。不了解儒、佛、道三教及三者之关系，就不能全面把握中国历史上的主流思想文化，从而也不能正确认识中国思想史。儒、佛、道三教思想体系博大、发展历史悠久，对中国社会精英阶层的思想品格和民间习俗文化以及各种亚宗教文化和各民族小传统，都有普遍的深刻的影响；因而研究儒、佛、道三教及其相互关系，可以更深切地认识中国人的信仰特征和心理结构，认识中国多民族多宗教文化的多元一体格局。由于儒、佛、道三教是三种不同质的思想文化形态，这实际上就是古代异质文明之间的对话，而且是成功的对话，可以作为一种典范。总结异质文化之间的碰撞、对话和融合的历史经验，继承和发扬"和而不同"的文化精神，可使我们更有智慧地对待正在进行中的东西方的文化交流和文明对话，促进世界和平与发展。

　　儒、佛、道三教之教，非宗教之教，乃教化之称，当然也包括宗教之教化，盖起因于中国古人重视化民成俗，习惯于从社会教育功能的角度去认识和评价儒、佛、道三家学说，并不太看重其中神道与人道的差异，即使是神道，也着眼于"神道设教"，类似于今人的社会学角度，故有三教之称。从三教结构来说，乃是一种多元互动的良睦机制，有以下几个特点：第一，向心性，即三教之中以儒为主干，以佛、道为辅翼，形成有主有次有核心有层次的立体化格局，有巨大的凝聚力和辐射力，避免了散化的状态。以儒为主即是以礼义文化为主，有五大精神：仁爱、重礼、尚德、中和、入世，它符合农业民族的性格和家族社会的需要，自然成为中国传统文化的主干和基础，其他学说和宗教必须向它靠拢，与它相协调，而不能与它的基本原则相违背。第二，多元性，即容许异质思想文化存在和发展，所以，以人文化为特征的儒家和以返璞归真为特征的道家、以慈悲解脱为特征的佛教等三家都有自己合法存在和发展的空间。此外还有中国伊斯兰教文化、中国基督教文化及各色各样的民族民间特色文化。所以三教文化是多元的和开放的。第三，互动性，即不仅和谐共处而且互制互补，相反相成，相得而益彰。其中儒道互补成为中国文化的基本脉络，一阴一阳，一虚一实，既对立又统一，推动着中国文化的发展，同时保持着一种平衡，避免走入极端。在此基础上，有佛教文化进入，形成三教之间的互动，更增强了中国文化的灵性和超越精神。

儒、佛、道三教分属不同的文化系统。儒学属于礼文化系统，佛教属于禅文化系统，道教属于道文化系统。礼文化系统始终保持两个层面。一是宗教的层面，二是人文的层面。敬天祀祖祭社稷的国家民族宗教，乃是礼文化的宗教形态，这一形态自汉代重建以后，以郊社宗庙的制度文化方式延续下来，直到清代末年。但它重祭而轻学，满足于维持中国这样一个家族社会人们敬天尊祖的基本信仰，同时以神道的方式稳定君主专制和家族制度。隋唐以后，它日益走上形式化和礼俗化的道路，不能满足人们安身立命的需要。由孔孟开创，尔后由程朱陆王继承和发扬的儒学，则以人文理性为主，使礼文化向着人学的方向发展，在家族伦理的基础上建构起天道性命的哲学大厦，包括以性善说为主的人性论，以忠孝和五伦为内容的道德观，为政以德、礼主刑辅的政治观，修齐治平的人生观，天下大同的社会理想，尊师重道、因材施教的教育观，文以载道、尽善尽美的文艺观，天人一体、赞助化育的宇宙观。儒学重人轻神，它的人文理性给中国文明的发展提示了前进的方向。印度佛教禅文化进入中国，在知识阶层发展和下层社会传播，便出现两种不同的结果。知识阶层以其理性的同化力，把禅文化哲学化，形成以禅宗为代表的佛学。佛学亦宗教亦哲学，而以哲学为主，它重在开启智慧、提高觉悟、净化心灵，并不在意偶像崇拜，所以佛学实际上是一种哲学。但普通民众离不开鬼神之道，禅文化在民间传播的结果是，保留和发展了印度佛教的多神信仰和祭祀活动，六道轮回、三世因果报应的形象说教在民间深入人心，也使净土信仰大为流行，加强了佛教作为神道宗教的性质。佛教亦哲学亦宗教，而以宗教为主。哲学层面与宗教层面并行互动，推动中国禅文化的发展。道文化也有哲学与宗教两个层面。老庄哲学、魏晋玄学及其以后的道家思想，强调天道自然无为，提出以人合道的宇宙观、无为而治的政治观、返朴归真的人生观，用意在于给人们开拓一个广阔的精神空间，这显然是一种哲学。汉代末年诞生的道教，在其发展的全过程中，也出现过偏向于道家哲学的教派，但始终不离多神崇拜、斋醮科仪、丹道符箓和得道成仙的彼岸追求，因此它是一种神道宗教。道文化的哲学和宗教，也是时而并行，时而交叉，在两者之间徘徊前进。

儒、佛、道三教之间的互动，就儒家人学和佛教、道教神学之间的关系而言，乃是哲学与宗教的互动。就礼文化、禅文化和道文化各自内部而言，仍然是哲学与宗教的互动。中国思想文化亦哲学亦宗教，这就是它特有的精神，它从来就不把哲学与宗教、神道与人道对立起来，只是在知识群体那里多一些哲学，在民间群体那里多一些宗教而已。哲学与宗教互动的结果，既使中国哲学多少带有点宗教的神秘主义，也使中国宗教特别是佛道二教具有较强的哲学理性。冯友兰先生认为理性主义和神秘主义不是绝然对立的，他说："有许多哲学的著作，皆是对于不可思议的思议，对于不可言说者的言说。学者必须经过思议然后可至不可思议的；经过了解然后可至不可了解的。不可思议的、不可了解的，是思议了解的最高得获。哲学的神秘主义是思议了解的最后的成就，不是与思议了解对立的。"① 冯友兰认为通过理性思考而达到超理性的境界（冯先生称为"同天"境界）正是哲学的最高目标。他认为宗教神秘主义与哲学神秘主义的区别在于前者纯靠直觉而后者依靠理性分析。冯先生总结自己的中国哲学研究是用西方哲学逻辑分析方法"使中国哲学更理性主义一些"，他的理想是："未来世界哲学一定比中国传统哲学更理性主义一些，比西方传统哲学更神秘主义一些。"② 冯友兰先生关于未来哲学的理想也许会有争议，但他的思考方式却真正是中国式的，他认为中国哲学具有神秘主义性质也是准确的；只是他没有指明，这种哲学的神秘主义正是来源于中国哲学家喜欢保留或引

---

① 冯友兰：《冯友兰语萃》，北京：华夏出版社，1993 年版。
② 冯友兰：《三松堂全集》11 卷，郑州：河南人民出版社，1992 年版。

进宗教式的思维习惯，而不愿做纯理性的逻辑分析。另外，冯先生认为，既然中国哲学已经包含了神秘主义，已经满足了人们对超道德价值的追求，而且又没有宗教的想象和迷信，所以他满怀信心地认为，"人类将要以哲学代宗教，这是与中国传统相合的"①。看来冯先生低估了宗教的特殊作用，只注意了知识阶层的心态，而忽略了下层民众的精神需求。以哲学代宗教不仅不可能，也不符合中国的传统。中国的传统大约是宗教与哲学的相互宽容、相互吸收和平行发展。哲学用理性消解宗教的偏执和愚昧，宗教用信仰保持哲学的神圣和玄妙，中国思想文化是这样走过来的。

还有一种关于中国文化特质的说法，即梁漱溟先生提出来的"以道德代宗教"之说。梁先生认为中国是伦理本位的社会，中国人可以从伦理生活中尝得人生乐趣、获得精神寄托，那么伦理"便恰好形成一宗教的替代品了"。而周孔之教"是道德，不是宗教"，儒家"把古宗教转化为礼"，"古宗教之蜕化为礼乐，古宗法之蜕化为伦理"；"两千余年来中国之风教文化，孔子实为中心，不可否认地，此时有种种宗教并存。首先有沿袭自古的祭天祀祖之类。然而却已变质，而构成孔子教化内涵之一部分"。此外还有不少外来宗教，如佛教、伊斯兰教、基督教等，然而皆不在中心位置。且都表示对孔子之尊重，"他们都成了'帮腔'"②。所以中国尊道德而缺少宗教。梁先生指出儒学把上古宗教转化为礼，儒学不是宗教而是以道德为教，处在中国文化的中心地位，这些无疑都是真知灼见。但由此认为儒家把传统宗教都包纳了，而且儒学使其他宗教皆不具有重要意义，则有所偏失。中国是一个多民族多宗教的国家，既不能以汉族的情况涵盖整个中华民族，也不能以儒学涵盖中国文化。一方面，佛道二教虽然接受儒学的影响而具有了更多的人文理性和入世精神，但它们并没有丧失其作为宗教本质的出世的信仰和神灵崇拜，而且佛道二教已经进入了中国文化的中心地带，对儒学亦有深刻影响，其文化地位和作用不可低估；另一方面，中国许多少数民族的宗教信仰一向比汉族虔诚而普及，如伊斯兰教在十个穆斯林民族文化中，藏传佛教在藏族文化中，南传上座部佛教在傣族文化中，

---

① 冯友兰：《中国哲学简史》，北京：北京大学出版社，1985年版。
② 梁漱溟：《中国文化要义》，上海：学林出版社，1987年版。

都占有统领的地位，与汉族的情形大相径庭。在中国文化史上，伦理型的儒学只是部分取代了古代宗教，一定程度地影响了其他宗教，但它绝不是独尊的（汉代政策除外）、支配一切的。中国文化是多元和合的文化，宗教与哲学之间、宗教与宗教之间，大致上是和而不同、各得其所。

中国社会既然有了国家宗教和儒家哲学，而它们又有深厚的根基、强大的支柱，为什么还会有道教的产生和流行？又为什么还会有佛教的传入与发展呢？这是因为中国社会的精神需要单靠国家宗教和儒学不能完全得到满足，而佛道二教又能以自身特有的方式填补这片空间。儒佛道三家之间有很强的互补性，彼此不可取代。

祭天祭皇祖祭社稷只能满足上层贵族的精神需要与政治需要，而与民众的精神生活距离甚远。民间祭祖固然维系了民众的家族情感，但不能回应民众生老病死及命运遭际的一系列人生难题。儒学以今生现实为主，讲道德讲礼教讲内圣外王，但不回答人从何来又往何去的问题，如南朝刘宋宗炳《明佛论》所说："周孔所述，盖于蛮触之域，应求治之粗感，且宁乏于一生之内耳"，这就使人不能满足。钱穆先生说："宗教希望寄托于'来世'与'天国'，而儒家则寄希望'现世'，即在现世寄托理想。"[1] 当人们生活在苦难的社会之中，美好的理想不能实现时，必然寄希望于来世与天国，就要到宗教里寻找安慰，儒学无法提供这种安慰。还有，儒家在善恶报应问题上所坚持的"福善祸淫"及"积善之家必有余庆，积不善之家必有余殃"的说法，与生活中福与善不能对应而且往往相反的残酷现实互相扞格。为什么恶人福寿而善人遭殃呢？人们百思不得其解，"家族报应"说亦与历史事实不符。所以儒学诚然是博大精深的，但在回答人生疑难和抚慰苦难者心灵上却显得软弱无力。儒家的空缺恰恰佛教可以弥补。佛教进入中国后，以其超出儒道的恢宏气度和玄奥哲理征服了中国的知识阶层；又以其法力无边的佛性和生动的三世因果报应说征服了中国的下层民众。佛教提出的三千大千世界和成住坏空的劫量说，在空间和时间上大大拓展了中国人的视野，中国哲学"六合之外存而不论"的眼界是无法与之相比的。佛教提出的性空缘起与四谛说，特别揭示现象世界的暂时性虚幻性和

① 钱穆：《中国文化史导论》，北京：商务印书馆，1994 年版。

人生是苦的现实，最能触动苦难重重的民众的心弦，而唤起他们寻求解脱的愿望。佛教提出的佛性说、般若说和涅槃说，启示人们发掘自身本性中的善根和智慧，用一种静默觉悟的方法了断俗情，超脱生死，达到无苦的境地，形成一种崭新的生活态度和生活方式，不失为一种重要的自我精神调节的心理学路数。佛教倡导的慈悲同体、普度众生的社会群体观念，以德化怨、舍己救物的实践精神，其感通力超出儒道，成为社会公益事业的重要推动力量。佛教提出的三世因果报应和天堂地狱说，从理论上比较圆满地解释了现实生活中"杀生者无恶报，为福者无善应"的不合理现象，既用来生遭祸警告了作恶者，也用来生得福鼓励了为善者，从此佛教的三世报应说广泛扩散，成为中国人对待吉凶命运的基本态度。中国的主流社会不把佛教看成儒学的对立面，而是看成儒学的补充和扩大。如宗炳《明佛论》所说："彼佛经也，包五典之德，深加远大之实；含老庄之虚，而重增皆空之尽"，佛教能"陶潜五典，劝佐礼教"。

　　道教能够存在和发展，也自有它的空间。首先，它倡导老庄思想，发扬道家的真朴、洒脱、清虚的精神，使道家文化得以在道教内保存、延续和发展。如葛洪《抱朴子》一书有《畅言》《道意》《地真》等篇，用以阐述道家玄的哲学。唐时之重玄学，金元兴起的全真道之内丹学，皆以崇虚修真为务，极为接近道家。这样，道教在与佛教的论辩时，就能依托于道家，而不会被全盘否定。如南朝刘宋谢镇之说道教种种弊病，"其中可长，惟在五千之道，全无为用"①。明僧绍也说："道家之旨，其在老氏二经；敷玄之妙，备乎庄生七章"②。其次，道教重养生，并欲通过养生而达到长生，这是道教独具的教义，为其他宗教和学说所无。《度人经》说："仙道贵生，无量度人。"道教后来讲性命双修，而命功（即炼养生理）是道教的特长，无命功则不成为道教。佛教讲"无我"，要"破我法二执"，其旨在无生。儒学只重道德生命而忽略生理生命，孔子说"朝闻道夕死可矣"，从不言养生。三教之中只有道教重生，包括形神两个方面，给予生理生命的构造和强化以特别的关注。于是发展出一套内丹炼养之术，发展出健身长寿之道

----

①《与顾道士书》，《弘明集》卷六。
②《驳顾道士夷夏论》，《弘明集》卷七。

和丰厚的道教医学理论与技术。谢镇之在驳顾欢夷夏论时指出："佛法以有形为空幻，故忘身以济众；道法以吾我为真实，故服食以养生"①，他看到了佛教与道教之间的差别，由于有这种差别，道教才得以与佛教平行存在，民众可以从道教养生文化中吸取许多保健祛病的智慧和方法，把心理训练与生理训练结合起来。第三，道教诸神大都从古代神灵崇拜而来，与民俗信仰互相交叉，为民众所熟悉，当民众遇到灾难祸患时，便会向这些神灵祈求护佑，请道士作斋醮祭神仪式，求神消灾降福，这是其他宗教无法取代的。如玉皇大帝、东岳大帝、三官大帝、关帝、财神、城隍、钟馗等，皆是道俗共信，民众对它们有一种亲近感。第四，道士登门为民众做宗教服务有深厚的传统，如驱邪治病、安宅消灾、预测吉凶、超度亡灵等。既然民众有这种宗教的需要，道教便会有相应的服务。道教此类道术源于古代巫术，又把它提高和发展了，使民间广泛存在的分散的低俗的方技术数，有所整顿和规范化，并把它们与道教的神仙信仰联系起来，用以安抚民众的情绪、调节民众的精神生活。在这方面，儒家不屑于做，而佛教又无此特长，于是道教得以发挥其社会功能。

（原载于《南京大学学报（哲学·人文科学·社会科学版）》2003 年第6 期）

---

① 《驳顾道士夷夏论》，《弘明集》卷七。

中国传统文化的社会价值

用时代精神激活儒学的恒在价值

解放书单：《中国文化的当下精神》这一书名，本身就隐含着传统与现代、守望与拓新的相互关系。两者之间，您希望自己扮演什么样的角色？

牟钟鉴：一定是桥梁和渡者。我写作这本书，是希望能够直面当下的问题，尽量以精练、通俗的语言，将中国文化是什么及其当代价值阐释明白，希望有助于大家、特别是年轻人，走进中国文化，懂得中国文化的当下意义。这本书是我近些年思考的一个总结，我并不期于系统完美，却可说它们是从我生命深处流淌出来的，内含着真诚的人生体悟。

解放书单：从这本书中，我们读到了您对儒学的现代命运和发展前景的关注，对国家文化命运的关注。

牟钟鉴：围绕中国文化的当下价值这一主题，我试图阐明以下一些主要问题：孔子、孟子为中华文明做出了什么贡献，儒学在历史发展过程中有哪些经验教训，儒学在当代如何进行理论转型，儒学与社会主义核心价值观的内在联系是什么，儒学在今日社会主要应在什么领域发挥作用和发挥何种作用，儒学怎样推动中西文化汇通和新型国际关系建设，等等。

总之，这些年，或者说我的一辈子，都是在努力用时代精神激活儒学的恒在价值，以实现明体达用的目标。

解放书单：本书论说的重点在于中华传统美德的阐扬，而当下的道德滑坡确让大家心急如焚。

牟钟鉴：重建儒家道德或是救世良方。因为作为社会德教的儒家，具有广泛性、穿透性和开放性。每个人都可以成为儒者，只要他愿意践行"五常八德"，而不必到某一团体去申请登记，取得身份认可。性格温和的儒家所提倡的温和主义，会使各种信仰都温和起来，这样，各种信仰就能以和而不同的精神互相包容，和谐共生，相得益彰。

解放书单：重建儒家社会德教需从哪些方面入手？

牟钟鉴：最要紧的是，儒学自身需要创新。儒学必须有新的理论形态，才能适应当下社会的需要，较好地融入民众的日常生活。近年来持续不退的国学热，说明社会需要儒学，但儒学不能僵化，需要更新。学者要在新的时代精神照耀下，从理论的层面上，多角度地阐释儒家社会德教的真理性、普遍性和现代性。

解放书单：榜样的力量是无穷的，古时儒者往往是一方乡里的道德典范，今天我们重建儒家社会德教，该如何树立道德榜样？

牟钟鉴：儒家强调"导之以德，齐之以礼"，与政府推行的"依法治国"和"以德治国"并重的方略是契合的。推行公民道德建设，其中最重要的工作就是反腐倡廉，有效清除贪污腐败，建设廉洁奉公、勤政务实的官德，为社会树立良好的榜样。

社会需要民间的道德楷模，更需要官场的道德示范。如果官员只会在公众场所谈论道德，却在背地里假公济私、巧取豪夺，不仅其言行毫无公信力，还会败坏道德的声誉，出现更多的假人假言假事，使得社会道德继续滑坡。

官员掌握着权力，尤其高官掌握着巨大的权力，因此要接受严格的监督，取消一切特权，防止权力的滥用。而制度建设的深层目标是在官员中培植廉耻之心，不仅敬畏法律，而且羞于贪渎。《管子》说："礼义廉耻，国之四维；四维不张，国乃灭亡"，要将廉耻提到立国之本的高度。

解放书单：有观点认为，现在是市场经济时代，儒家那一套只适合农耕经济，不适用了。

牟钟鉴：时代确实不同了。

古代家族社会依赖农耕经济，它是儒家德教的社会基础。现代社会不依托于家族体系和家庭农耕，而以发达的工商市场经济为支撑，它是当代儒家德教赖以生存的新的物质基础，而儒商恰恰是将德教与当代市场经济接通的载体。

儒商有三大特征：一是以义取利，诚信为本；二是以企为家，内部和谐；三是取之社会，用于社会。儒商自古就存在，而以近代为繁盛，如晋商、徽商，以及现代中国港台、东南亚华商，皆有儒商可观业绩。大陆儒商起步较晚，在改革开放之后也呈现稳步发展的趋势。

儒商队伍的壮大，儒商文化的传播，能够有效消解市场经济带来的功利第一、人为物役的负面效应；同时又能以企业为后盾，推动道德文化的发展，用事实证明市场经济同时也可以是道德经济，义与利可以统一。唯利是图、损人利己不是市场经济健康发展的道路。企业有信用，才能长久生存和发展。

解放书单：通读您的书，让人感受到，作为两千多年中华思想文化主导与底色的儒学，在经历了近百年西方文化的猛烈冲击，和某段时间中国主流社会排斥、批判，乃至横扫的严冬之后，依然不"死"，依然蓬勃。

牟钟鉴：可谓"野火烧不尽，春风吹又生"，如今虽还不能说是芳菲满园，却也不再是"花果飘零"，而呈现出欣欣向荣的景象。

当然，仍然有些深受反传统的文化激进主义熏染的学者认为，这是一种"文化复古"现象，仍沿用"批孔"的思维模式予以抨击。殊不知这是中华民族文化经历扬弃之后的一次螺旋式升华，是事物发展否定之否定客观辩证运动的表现；而民族文化在新形势下的复兴，乃是中华民族伟大复兴的重要精神支撑。

我们正在经历着中华文化自新文化运动以来又一次历史性的变革，这一变革开创了一个崭新的时代，其深刻性尚有待人们认真反思与觉解，更需要学界从学术理论的高度予以研讨和阐释，使更多的国人尽快脱出文化自卑的心理，实现文化自信和自觉。

（原载于《解放日报》2016 年 8 月 12 日）

儒学是推动世界文明对话的重要精神力量

一

美国政治学家亨廷顿的"文明冲突论"提出之后，受到广泛关注，而批评者居多。他后来出版了一本书《文明的冲突与世界秩序的重建》①，在1997年写的中文版序言中，他承认"在未来的岁月里，世界上将不会出现一个单一的普世文化，而是将有许多不同的文化和文明相互并存"，并申明："我唤起人们对文明冲突的危险性的注意，将有助于促进整个世界上文明的对话。"但亨廷顿并没有提出解决文明的冲突、实现文明对话的理论和方法，相反，按照他书中的内在逻辑，文明的冲突便是不可避免的，他甚至描绘了中美开战的可怕情景。应当说，亨廷顿用文明冲突论解读当代世界政治的理论框架并没有改变，他的思维方式是西方式的"贵斗"哲学。"9·11"恐怖袭击事件和伊拉克战争发生以后，有些人称赞亨廷顿，认为事态证实了文明冲突论的深刻性和预见性。但我并不这样看。

应当说，冷战结束以后，世界政治斗争中意识形态的作用下降了，文化的因素（包括宗教信仰、价值理念、生活方式等等）上升了。但是，第一，意识形态的敌视并未消失，这在美国对伊朗、朝鲜的政策中都有体现；第二，文化的因素对于已经和将会发生的国际性对抗乃至战争并不具有关键性的影响，经济的利益和集中表现经济利益的政治考量，仍然是流血冲突的主要动因。伊拉克战争是美国统治阶层急于称霸中东、掌控石油资源

---

① 亨廷顿著，周琪、刘绯、张立平、王圆译：《文明的冲突与世界秩序的重建》，北京：新华出版社，2002年版。

而发动的，背后则是军火、能源等集团的特殊利益①，并不是基督教和伊斯兰教之间的冲突，因此，美国国内有强大的反对声音，而与美国具有相同基督教文化的法、德等国也不赞成美国的单边行动。由此可见，要正确认识世界政治生活中的对抗和协调，必须全面分析经济、政治和文化3种因素的交错和互动，而不能过分夸大文化的作用，更不宜夸大文化差异引发族群冲突的能量。文化的差异虽不必然引发族群冲突，但可以加重族群冲突并使之复杂化。尤其是不同文化中的极端主义活跃和占上风的时候，他们奉行唯我独尊和排除异己的哲学，就会使差异变成矛盾，使矛盾激化为对抗。而不同文化中的理性主义和稳健派主张宽容与合作，化解对抗、协调矛盾，力促族群和平相处。所以，尽管文化没有政治、经济所拥有的现实的巨大力量，但文化是政治、经济的灵魂，文化理念的得当与否，对于族群冲突的避免和解决，有着非同寻常的意义和作用。

人类社会是一个多民族、多国别、多文明的异彩缤纷的世界。在这样一个多元化的世界里，不同群体之间和群体内部必然会发生各种矛盾和冲突，人类如何看待和处理这些矛盾和冲突，有过各种各样的理论和实践，归纳起来不外乎两种：一是斗争，二是和解；前者产生了"贵斗"的哲学，后者产生了"贵和"的哲学。一方面，人类的历史充满了族群的冲突和流血的非正义战争，直到现在战争仍然是让国际社会焦虑而又无法免除的现实；另一方面，人类的历史又表现为族群的不断融合与各种文明之间的交流与合作。而这两个方面又经常交织在一起，形成和平与战争、冲突与合作交替出现的过程。我们可否这样说，"贵斗"的哲学和不义之战，从根源上说，反映了人性所内含的动物性，特别是动物的野蛮性，而侵略战争所吞噬的生命要超过任何凶猛动物的成千上万倍，因为人类有了杀人的智慧和高效能的杀人武器。当然，抵抗侵略战争的正义战争是以战反战，不得已而为之，目的是实现有尊严的和平。只要战争存在一天，人类就不能说真正脱离了野蛮而进入了文明。而"贵和"的哲学则反映了人类特有的文化性，是人类文明的重要成果，因为它摆脱了"弱肉强食"的生物学规则，体现了人类道德的社会学原则，有了平等团结、互爱互尊的自觉。

---

① 美国哲学家理查·罗蒂说："伊拉克战争是美国军方和工业巨头的共同联盟发动的。"《文汇报》，2004年7月25日。

就人类历史上相继出现的若干大的思想文化体系（包括宗教信仰）而言，如古希腊罗马哲学、基督教、伊斯兰教、儒家、道家、佛教等文化，其本质和主流都是主张博爱、和平，反对仇杀和战争，追求世界大同的。因此在不受其他因素严重干扰的情况下，它们彼此之间互相学习、对话交流、取长补短，并不存在困难。至少彼此之间可以并行而不悖，并不是必然会引发对抗。这在世界文明史上有着大量可以引证的事实。但是，当某些特殊利益集团介入其中，加以利用扭曲以后，情形就完全不同了。利益的驱动，野心的膨胀，思想的偏激，会使神圣变为卑污，慈爱变为残忍。在欧洲中世纪宗教战争的背后，难道不是权势、土地、财富和资源的争夺吗？而所有发动战争的政治集团，他们心中真正奉信的绝不是任何一种文明的宗教或哲学，而是社会达尔文主义，即相信人类社会发展的逻辑是互相争斗、优胜劣汰，而所谓的优胜便是种族优良，能够以实力和武力制服其他族群，其最极端的表现就是法西斯主义。而所有这些都不过是人的动物性的恶性膨胀，同时也是人的文化性的泯灭，使人性从文明倒退到野蛮。所以和平与战争的较量，并不是什么文明之间的冲突，而是文明与野蛮的冲突，这种较量是对人类文明发展的严峻考验，也是对人性能否真正超越动物性的考验。文明之间会有隔膜，也会有差异，但并不必然发生矛盾和冲突；即使发生矛盾冲突，也会以文明的和平的方式加以解决，因为它们在根本方向上是一致的，用《易传》上的话说，便是"同归而殊途"。所谓文明的和平的方式，便是文明的对话和交流。

推动文明的对话，在当前尤有其重要性与急迫性。一个是经济全球化和信息科技的迅猛发展，使人类社会真正成为一个"地球村"，各国各族之间在经济利益上的互相依赖性大大增强，超出了彼此之间的不可两立性，初步形成了"一荣俱荣、一损俱损"的局面。一个是全球性的生态危机，使整个人类面临着要么团结合作，共同保护和改善基本生存环境，使人类能正常生存和发展下去；要么分裂对抗，继续破坏资源和污染环境，使人类很快面临共同毁灭的可怕前景，眼看着大规模杀伤性武器的袭击和核战争的威胁如同悬在人类头顶上的一柄达摩克利斯剑，随时会掉下来危及人类的生存。客观上全人类已经是"风雨同舟"了，而主观上人类中的一部分仍然相互敌视、对抗，并不惜采用极端的手段进行搏杀，这就叫作自取灭亡。理性和怜悯是人性的重要标志，却又容易丧失。在矛盾被激化的情势下，在动物性泛滥的时候，人会疯狂，走上反理性和冷酷无情的道路，霸权主义和恐怖主义便是人的疯狂性的突出表现。如果世界的文明不起来制止这种疯狂的力量，放任这种疯狂性到处传染，世界的和平便没有希望，人类的前途是非常危险的。所以，进行文明的对话，加强人类内部的相互理解，提高人类的文明自觉和道德意识，将是制止暴力和野蛮、冲突和战争的重要方式。参与文明对话的力量越大、范围越广，文化品类越多，世界和平就越有希望。

二

儒学是人类文化性高度发达的产物，它特别注意消解人的动物性，培养人们特有的高尚道德情操和礼仪文明习性，表现在人与人的关系上，便是彰显和谐、互尊、互助的社会群体精神。因此儒学的性格是和平的和宽容的，它曾经在中国历史上多元文化良性互动中发挥过沟通、融会的重要作用，它也会在当代世界文明对话中发挥越来越重要的积极作用。对于儒学的这种本质特色和未来价值，亨廷顿等西方中心论者根本没有看到，一些中国人也缺乏足够的理解和估量，因此，儒学在国际政治生活中的声音还比较微弱。但事实将证明，世界多种文明的对话是离不开儒学及其精神的，儒学精华的发扬将给文明冲突的消解和世界和平事业带来真正的福音。

儒学之所以能够推动世界文明对话，首先在于儒学体现了人类的道德自觉，揭示了人生常道，维护了人类的尊严。人类如果不想堕落，而要摆脱野蛮走向文明，就不能不接受儒学所倡明的仁爱忠恕之道，以维持社会的正常运转。人是一个个体的存在，又是一个群体的存在，因此人性里既有自爱也有爱他。仁者爱人，孔子认为这是人应该具备的起码的感情，孟子称之为恻隐之心，即同情心，从爱亲人推广去爱社会爱天下。孟子说："爱人者人恒爱之"①，因此自爱与爱他是统一的。没有爱心，心变成冷酷的心，视他人受苦受难无动于衷，甚至去危害他人的幸福和生命，中国人称之为"惨无人道"，已经丧失了人的本性，变得禽兽不如，因为禽兽还是有

---

①《孟子·离娄下》。

同类之情的。爱心表现为忠恕之道："己欲立而立人，己欲达而达人"①，即尊重人帮助人；"己所不欲勿施于人"②，即体谅人宽容人。忠恕之道是人类社会道德的基本原则，或称之为普遍伦理。现在的问题是忠恕之道在国家民族内部推行虽有困难，尚可以在一定程度上做到；最难的是将忠恕之道推广到国家与国家之间、民族与民族之间，而只有如此才能真正使它成为普遍伦理。我们在今天国际政治生活中看到的现实往往相反：在国家、民族的冲突中，同一群体把对另一群体的恨视作对本群体的爱，冤冤相报，族群仇恨达到不共戴天的地步，宁可同归于尽，也不愿实行族群和解。而这种情况主要是由强势国家和民族的强权政治所引起的，它的霸道使矛盾激化，使人们在拼杀中丧失理性，而霸权者却总也达不到称霸的目的。一个决心拼命的民族是征服不了的，而一个压迫其他民族的民族也是无法获得自由的。强势民族有飞机、导弹，弱势民族则有人体炸弹，各有各的招数。孟子说："杀人之父，人亦杀其父。"③ 好战者当深思之。

按照儒家"天下为公""民胞物与""四海之内皆兄弟"的理想，人类在"地球村"的情势下，应当比以前更容易克服国家、民族和信仰之间的障碍，使人道主义得到更好的推广。尤其是那些强势族群的领导人，要多一点同情心和平等心，把他国他族的人也当成人，将心比心，事情就好办得多了。

第二，儒学具有贵和的传统，一向尊重其他的文明，承认文化的多样性，所以能够成为沟通各种文明的桥梁。孔子提出"和而不同"④ 的理念，现在知道它的人越来越多，逐渐成为处理一切人际关系和多样性文化的普遍性原理。《中庸》提出"万物并育而不相害，道并行而不相悖"的多样性宇宙观。《易传》提出"天下一致而百虑，同归而殊途"的多样性文化观。在这种文化观指导下，中华文明便是在多样文化多种文明不断沟通、交流中发展的，从百家争鸣到儒道互补，再到儒、佛、道三教并立与合流，再到伊斯兰教、基督教、摩尼教、犹太教的传入与流布，遂使中国成为一个多民族多信仰多宗教的国家。既有以人文理性为主导的儒家仁礼之学，又

①《论语·雍也》。
②《论语·颜渊》。
③《孟子·尽心下》。
④《论语·子路》。

有以神道崇拜为主导的各种宗教，还有大量民间信仰和少数民族传统宗教。各种宗教、学说之间基本上是平等、友好的关系，从未发生由于信仰的不同而引发流血冲突，这在很大程度上要归功于梁漱溟说的在思想领域占主导地位的儒学的"清明安和"①的理性精神和宽容精神。由此才有中国僧人不远万里去印度学佛取经；才使陆地和海上的丝绸之路成为和平友谊之路、经贸文化交往之路；才有郑和率领当时世界一流舰队和平出使南洋各国，实行"讲信修睦"而秋毫无犯；才有近现代中国人纷纷到西方去寻找真理，和知识界提倡的中西文化融合论。这些都是儒家"和而不同"精神的历史体现，它使中华文化丰富多彩、源远流长和具有生命活力。"和而不同"包含四条原理：一是承认文化的差异与多样性；二是彼此平等、互相尊重；三是和谐互补，共同发展；四是协调持中，反对偏激行为。今天的世界，经济全球化已是不可阻挡的潮流；但文化不能趋同，必须走多元化与和谐互补的道路。否则人类的文化会由于失去内在的张力而衰落，或者强行推广某种强势文化而引发冲突，这都不是人类之福，只有实行"和而不同"的伟大原则，实行文明对话与交流，才能繁荣人类的文化，促进世界的和平。联合国教科文组织于 2001 年在巴黎通过了《世界文化多样性宣言》，明确把文化权利作为人权的组成部分，把尊重包括生活方式、共处的方式、价值观体系、传统和信仰在内的文化多样性、宽容、对话及合作，看作国际和平与安全的最佳保障之一。这表明人类正在觉悟，正在走近儒家"和而不同"的理念。

我有理由相信，中华民族将不仅发扬儒家文化仁爱宽厚的精神，使自己的文明与世界各种文明进行更深入更有效的对话和交流，使中国的新文化成为世界多元文化汇聚交流和综合创新的典范；而且中华民族也将以儒学"中和之道"的态度和智慧促进正在发生冲突的各种文明之间的沟通与和解，起到中介和桥梁的作用。在这个过程之中，儒学的精华将放射出更加夺目的光彩。

（原载于《探索与争鸣》2005 年第 1 期）

---

① 梁漱溟：《中国文化要义》，上海：学林出版社，1996 年版。

国际政治需要儒学

20世纪的人类是从苦难中走过来的。前半期经历了两次世界大战，几千万生灵涂炭，大片家园沦为废墟，付出了这样惨重的代价之后，人类才赢得了半个世纪的和平。然而这个和平是紧张不安的。热战刚刚结束，冷战便告开始，剑拔弩张，时有流血，一晃又是四五十年。90年代以来，人类欣欣然，盼望从此步入坦途。好心的人们以为，随着社会生活全球化趋势的加速和地球村的形成，人们会很快抛弃冷战思维，在国际上学会和平共处，通过开放、对话、交流和合作，逐渐解决各种历史遗留下来的争端，建立起国际政治经济新秩序，共同走和平与发展的道路。虽然这些年局部战争和地区性族群冲突不断发生，多数人并未失望，觉得这些不是时代主流，大国的政治家们还是清醒的有远见的。不料科索沃战事突起，南联盟上空响起了北约的轰炸声，到处火光冲天，硝烟滚滚。人们震惊了，愤怒了，世界各地对这种毫无人性的狂轰滥炸发出强烈的声讨。这个事件确实是严重的：一是发生在素有火药桶之称的巴尔干半岛，处在欧洲文明的重要地带；二是代表欧美现代文明的发达国家一致参与，他们要以这种方式领导世界潮流；三是战火如继续蔓延会引起欧洲乃至世界大战，导致人类空前的大灾难。最近以美国为首的北约又悍然野蛮轰炸我驻南斯拉夫联盟大使馆，造成我人员伤亡，馆舍严重破坏，对中国人民犯下一桩滔天罪行，引起中国人民极大愤慨和全世界的同声谴责。这说明在世纪之交，世界仍然极不平静，发展与破坏同在，希望与危机并存，决不能掉以轻心。

西方现代工商文明有一个显著特点，即有强烈的勇猛开拓精神，其利在进取创新，其弊在强权霸道。在国际政治中，西方国家一贯奉行的是斗争哲学和实力政策，以强凌弱，以邻为壑，殖民扩张。20世纪中期受到社会革命的冲击和两大集团力量的制约，西方列强的霸权行径有所收敛，但骨子里并未改变。苏联东欧发生剧变，华沙条约随之瓦解，冷战宣告结束，这些本应成为促进世界和平的契机。可是西方列强无视世界走向多极化的事实，却认为这是建立世界一极化霸权的大好时机，于是北约不仅没有自动取消，反而实行东扩，同时以人权为借口干涉别国内政，以制裁或武力威胁为手段强迫别国接受他们的理念和要求，从防御战略转变为扩张战略。依此看来，北约对南联盟大打出手就不足奇怪了，那不过是他们的新战略的初试罢了。

　　然而这是非常残酷的倒行逆施，反乎潮流，违背人心，如老子所说："不知常，妄作凶"，必然碰得头破血流。第一，世界已经不是一百年前的样子，人们也不是半个世纪以前的心态，中国更不是以往的贫弱状态。亚非拉广大地区的国家已经独立，人们已经觉醒；欧美人民经历了两次世界大战的惨痛，不会允许新的大规模战争发生，也不希望有新的冷战。把大批青年裹胁到疯狂的侵略战争中去的时代已经结束。强权者若执迷不悟，会为此付出政治上道义上巨大的代价，人们不再相信他们关于"人权""人道"的甜言蜜语，失道寡助将伴随而来。第二，西方列强不具有称霸欧洲乃至世界的实力。它们的国力虽然比以前有所增强，但在世界多元发展的格局中，力量的比重相对减弱了，远不足以实现它们的野心。二战以来，还没有哪一个或几个大国单凭武力征服过任何一个弱小的然而有独立意志的国家，哪怕打着联合国的幌子。朝鲜战争、越南战争、阿富汗战争、索马里战争等等，其惨痛教训至今在欧美人们心中记忆犹新。小小的古巴就在美国大门口，独立存在四十余年而美国必欲除之而不能，便是最好的证明。北约领导人患了历史健忘症。南联盟也许一时会被北约严重摧毁，但人民不会被征服。第三，世界经济、政治和生活全球化的趋势不允许再发生洲级以上规模的武力对抗，否则人类将共同承受一场空前的大浩劫。80年代以后，世界已经初步成为"地球村"，国与国之间的共同利益开始超出它们之间的分歧和矛盾，形成一损俱损、一荣俱荣的新格局。任何一个地区的严重危机必将波及其他地区，那种以邻为壑的时代已经过去了。人类还面临着日益严重的生态危机，现代化武器的使用必将大量污染环境，受害者是不分国界族界的。如果有人使用核武器，那么后果更不堪设想。总的说来，霸权主义是损人而不利己的。问题在于，时代已经发生了深刻的变化，而北约领导集团的观念仍然停留在冷战思维的水平上，用霸道的理念作为行动准则，热衷于以力服人。这种观念既陈旧又危险，不应再成为左右世界局势的指导思想。人类迫切需要有一种新思维新观念，各国政治家迫切需要有一种共同认可的政治哲学，用以指导国际行为，以保证世界的和平安宁。我以为，孔子的智慧，具体地说，儒家的仁爱通和之学可以为新的政治哲学提供理论基础。

儒家仁爱通和之学有三个基本理念：一是仁爱，二是感通，三是贵和。仁爱是基础，感通是方法，贵和是原则。

人类既然只有一个地球，又面临共同的挑战，就必须也能够亲如一家，风雨同舟，休戚与共。孔子弟子子夏说："四海之内皆兄弟也"，这种愿望应该成为现实，因为人类内部没有根本的利害冲突；冲突是少数既得利益集团挑动起来的，结果是少数人得益，多数人受害。孔子所倡导的忠恕之道，就是人类仁爱之心在处理人际关系上的体现，它不仅应当是做人处世之道，还应该成为国际关系之道，因为它包含着博爱情怀、平等精神、人权理念，颇适合地球村的新格局。忠恕之道要求"己欲立而立人，己欲达而达人"，"己所不欲勿施于人"，总之要帮助别人，尊重别人。人与人之间应是如此，国与国、族与族之间也应如此。人类的共同利益既然已经开始大于他们之间的分歧和矛盾，就必然是兼相爱则交相利，兼相害则交相损。可是就目前情况看，许多人能爱本国本族，但不能爱他国他族，在发生冲突的地方甚至有人用仇杀他国他族来表达爱本国本族之心。所以当务之急是用儒家推己及人之诚，使仁爱之心突破国家族群的界域，推广到全世界。没有爱心的人是野蛮人，没有爱心的国家是野蛮国家。由野蛮国家的野蛮领导人来决定国际大事，人类便要遭殃。所以国际政治家不仅要有政治谋略，更要有一颗仁爱之心，遵信忠恕之道，这样才不会滥用手中的权力，而能致力于世界和平。若出现冷酷的政治家，全世界都要起来抵制他，不能让他的冷酷政治图谋得逞。

由于地理环境、文化传统、价值理念和社会发展的差异，也由于历史遗留下来的种种纷争，世界各国之间、族群之间普遍存在着隔膜、误解、成见、歧视和对立，也就是说存在着塞而不通的现象，这就需要进行对话、沟通、交流、谈判和合作。人类相爱之道必须经过彼此沟通来实现，不沟通不会有真爱。有些强势国家不去虚心了解弱势国家的国情与民心，单方面把自己的价值理念和生活方式强加给他们，如不接受便要实行经济制裁、武力威胁，给对方造成莫大痛苦。儒家提出的沟通之道与此不同，它是《易传》所说的"感而遂通天下"，一定要感通，硬通是通不了的。感通一要真诚，二要平等，三要理解，四要交流，五要合作，做到心灵和情感的沟通。国与国之间应是朋友关系，真挚、平等而和洽。孟子辨明王道与霸道。王道者以德服人，人们心悦而诚服；霸道者以力服人，虽假借仁义之名，而人们并不心服；至于抛仁弃义，发动兼并战争，滥杀无辜而无悯恤，那就是暴政暴君，罪不容于死。当今之世，很像一个扩大范围了的战国时期，主张仁爱和平的王道和主张武力兼并的霸道正在进行着激烈的斗争。行王道者，感而遂通天下，给世界带来和平和安宁。行霸道者，损人而不利己，给世界带来冲突和战争。何去何从，人类要做出抉择。

孔子说："君子和而不同"，有子说："礼之用，和为贵。"儒家"和"的概念不同于"斗"和"同"。"斗"就是用对抗的办法处理社会人际关系问题。"同"就是要求言论一律，要求人们随声附和，一味顺从。"斗"与"同"都是专横霸道者的心态和哲学。强行一律（即"同"）行不通的时候，便要实行斗争，把对方压服，都是人际关系的病态。孔子"和而不同"的理念是理想与现实相结合的理念，是最健康最合乎理性的思想，它一方面承认和尊重事物的多样性，另一方面又主张并推动多样性事物之间形成和谐互补的关系。把它运用到国际关系上，便是国家之间在交流合作中彼此尊重政治与文化的多元选择，又在多元发展中加强彼此的友谊与协作，以实现共同的进步。目前人类实际生活的全球化和政治力量的多极化是同时存在的两个过程，不论什么国家和集团，实行自我封闭政策或者实行宰制全球政策都是不得人心的反现代化的，只有开放和平等同时并举的政策才合乎时代的需要，只有多样性的和谐才是人类的光明前途。目前发生的科索沃战事，更加说明，国际政治需要儒学，世界政治家需要孔子的智慧。我们应当把儒家仁爱通和之学推向全世界，让孔子的思想成为人类和平与发展道路上一面鲜艳的旗帜。

（原载于《孔子研究》1999 年第 3 期）

是天下一家还是弱肉强食

——儒学天下观的当代意义

一

儒家"以人为本"的人文视野，把个体的道德完善作为出发点，进而推恩于家庭，进而施爱于社会，进而泽惠于天下，最高的目标是"赞天地之化育"。如台湾学者黄俊杰所指出的，儒家认为人的存在是"连续性的"和"有机论"的，个体与社会与宇宙"共生共荣共感"，"互为主体、互为依存"①。孔子说，"修己以安人"，"四海之内皆兄弟也"。孟子说，"老吾老以及人之老，幼吾幼以及人之幼"，"亲亲而仁民，仁民而爱物"。《大学》说：修身、齐家、治国、平天下。儒家所说的"人"泛指一切人，所说的"天下"泛指人类社会，尽管为当时知识所限，他们不知道遥远地域上人群的生活，但概念的指向是普世性的，所以把"国家"与"天下"分开，后者超越了国与族的界限，推及于整个人类。可见儒家是超民族主义，本质上是世界主义的。它考察人的本质从来不把个体孤立起来，而从人类的关系上、整体上去寻找人的真实存在，可以说儒家把人看作是体现网状结构的、在群己关系和天人关系中生存的文化动物。

儒家"能近取譬"，喜欢用人体生命的一体性和家族家庭的亲和性来比

---

① 黄俊杰：《儒家传统与21世纪的展望》，载《儒学与世界和平及社会和谐》，北京：首都师范大学出版社，1999年版。

喻人际关系和天人关系。程颢说："仁者以天地万物为体，莫非己也。"① 所以世界上的人与物同自身是血脉相连、痛痒相关；若有隔阂和冷漠，如同得了瘫痪病，那就是"麻木不仁"，不是个正常的人了。张载说："乾称父，坤称母，予兹藐焉，乃混然中处。故天地之塞，吾其体；天地之帅，吾其性。民吾同胞，物吾与也。"② 老百姓都是我的兄弟，动植物都是我的伙伴，都生活在天地之间这个大家庭里，应当相亲相爱。从这种人我一家、天人一体的宇宙观和社会观出发，在政治的层面上，儒家向来反对国家内部的残暴和争夺，也反对国家之间的征战攻掠，而提倡"政通人和""为政以德"和"讲信修睦""协和万邦"。先进的民族和国家，可以和应该在国际事务上起主导作用，把其他民族和国家联合起来，但不能用强制的、暴力的手段，而应当依靠道义的力量。孔子说，"修文德"来远人。孟子主张"以德行仁"的王道，反对"以力服人"的霸道，甚至认为"行一不义，杀一无辜，得天下，而不为也"，规定了手段必须服从于和平的目的，而不可滥用。这些思想虽然被一些政治实践家认为"迂远而阔于事情"，许多时候不被采用，它自身也存在着忽略实力、把政治泛道德化的缺点，但它仍然成为一种文化基因深植于中华民族的性格之中。在这种文化精神影响下，中国历代的外交政策，基本上是和平睦邻友好的，在强大时也不致力于侵略扩张，这才有和平文化经贸的丝绸之路，才有郑和下西洋而不殖民，才有殖民主义来到之前的东亚无战事，才有儒学和佛教在东亚的和平友好传布，这是不容否定的历史事实。

儒家和平友好的天下观具有强烈的人文关怀和理想主义成分，体现出农业文明和家族社会的求和谐稳定、与邻为善的特质，但不能适应工业文明的时代和殖民强国的入侵。所以中国近代在洋钱、洋货、洋炮、洋舰面前吃了败仗，沦为半殖民地和被欺侮被瓜分的对象。先进的中国人认识到在一个列强争霸、科技发达、竞争激烈的虎狼世界，要救中国单靠传统文化不行了，必须到西方寻找真理，通过学习西方文化使自己富强起来，于是引进工商文明，发展商品经济；引进民主平等，改造社会政治；引进科

111

---

① 程颢：《二程集》，北京：中华书局，1984 年版。
② 张载：《西铭》，载《正蒙·乾称篇》，出自王夫之《张子正蒙注》，北京：中华书局，1975 年版。

技教育，开启理性民智；提倡人权自由，培育公民意识。经过100多年艰难曲折的奋斗，中国终于实现了民族的独立和经济的腾飞，初步做到了自立于世界民族之林。作为西方近代文化结晶的科学、民主、理性、人权、自由、法治等基本价值，虽然在实践的层面上还有待继续落实，而在思想的层面上已为当代中国人所接纳，承认是共同的价值标准。站在时代前列的一批中国思想家，曾一度认为中国传统文化整个陈旧过时，西方现代文化整体先进发达，主张全盘西化。也有一批中国思想家，认为中国文化有长有短，西方文化亦有优有劣，主张中西融合，综合创新。中国人从文化自信到文化自卑，再到文化自觉，经历了漫长而曲折的路，这条路到现在还没有走到理想的境地，但方向已经明确了。例如，在努力从事现代化建设的同时，在内政上推动民主法治建设，确立"以人为本""构建和谐社会"；在外交上，确立和平自主、睦邻富邻安邻、劝和促谈、构建和谐世界。这种治国理念超出了近代启蒙思想，包含着儒家以德治国、天下一家的精义。

二

西方近现代文化给人们一个强烈的印象便是它的二重性。它既给人类带来了发达的科学技术和生产力，从而导致财富迅速积累，生活极大改善，也带来现代公民社会的民主法治体制，在更大程度上保障个人的自由和权利，有利于发展个性和每个人的创造性，它给人类提供了秩序和自由相结合的可行模式。同时，它也给人类带来生态危机、道德危机、族群冲突、殖民主义、帝国主义乃至法西斯主义。它也在不断自我反省和调整，但至今似乎仍然没有找到真正走出上述危机的道路。西方近现代文化是在希腊和希伯来文化传统基础上，经过工业革命和资本主义的洗礼之后形成的，因此在体现人类的智慧和文明进步的同时，不能不带有工业文明的局限和资本主义的残酷。它除了在有产者和无产者之间制造富贫和阶级的差别以外，更要在宗主国和附属国、发达国与不发达国之间保持不平等不合理的秩序，以便最大限度地实现资本集团的利润。在这种情况下，掠夺、欺凌、侵略是很难避免的。有时资本集团和国家之间发生利益冲突，也会引起战争。

二次世界大战以后，西方国家总结了法西斯覆灭的教训，面对日益高涨的民族主义运动，又以社会主义运动为借鉴，对于社会发展、社会管理和国际关系的处理模式，进行了大幅度的调整。例如，为了自身的绝对安全，不再轻易发动世界规模的战争，尤其不能轻易使用毁灭性核武器；对殖民地直接的政治、军事控制，更多地让位给间接的资本输出和跨国公司的经济控制，而允其政治独立；国际关系和民族关系上，取缔种族主义和法西斯主义宣传与活动，承认国家平等、主权尊严和民族和解的重要；反对市场垄断，避免资本集团的冲突发展为对抗，发展各种经济共同体；对内强调人权、平等和自由，并通过立法控制贫富差距，提供社会福利保障，以缓和社会矛盾，等等，应当说取得了一定成功。但是从西方文化的现实表现看，它的转型还不是根本性的。相对而言，国内问题解决得好一些，国际问题表现较差，出现双重标准，为世人所诟病。最大的问题是国家、民族和宗教之间矛盾引发的地区性冲突不断，霸权主义与恐怖主义流行，与全球化进程形成鲜明反差。原因是复杂的，但作为主流的西方国家和西方文化要负重要的责任。西方人不仅要批评其他的文化，尤其要反思自己的文化；中国人不仅要反思自己的文化，也要批评西方的文化。西方文化是主流文化，影响到所有国家；中国文化正在重新成为主流文化和走向世界。尤其在人类成为"地球村"甚至"地球家"的当代，相互的依赖早已超出相互的对立，人们只有在世界范围内形成整体性文化自觉和文化共识，国际政治才能走上正轨，人类才有光明前途。

孙中山先生早在民国十三年发表的《大亚洲主义》中指出："东方的文化是王道，西方的文化是霸道。讲王道是主张仁义道德，讲霸道是主张功利强权。讲仁义道德，是用正义公理来感化人；讲功利强权，是用洋枪大炮来压迫人。"这段话虽说有点简单，仅就东西文化在国际关系上的表现而言，基本上是正确的。

杜维明教授是生活在西方的开明的新儒家学者，他对中西两种文化都有深刻的反思。他指出："现代西方文化一方面创造了很多价值，但同时也把人类带到了不仅是自我毁灭，而且可能把经过亿万年才逐渐发展出来的有利于人类生存的生化环境亦同归于尽。"又说："现代西方文明完全以动力决荡天下，以达尔文的进化论和浮士德精神的无限的扩张、无限的发展、无限的争夺这种心态作为主导，必须重新反思。"① 这是颇中要害的评论。尽管西方盛行各种批判思潮，包括后现代主义，但都不足以纠正其主流文化之偏颇。不仅以核武器为前沿的军备竞赛还在加紧进行，而且由美国发动的局部战争接连不断，民族宗教冲突日益加剧（背后都有西方插手），地区性危机（如伊朗与朝鲜核危机）如处理不当会随时演变为世界性紧张局势，而恐怖主义到处肆虐。西方文化在引导国际形势走向和平的路上似乎是无能为力的，又经常是以暴制暴、暴暴还治的恶性循环。科学家说，地球在宇宙中是孤立无援的，如果自身出了大问题，不要指望外星生命会来救助。笔者敢断言，如果地球毁于人类之手，那么必将是毁于西方文化而绝不是东方文化。

西方文化在价值层面上有几种思想传统值得深刻反思。其一，是在政治层面上的马基雅维利的强权政治论。马基雅维利是文艺复兴时代西方政治学之父，他的政治哲学以人性恶为出发点，强调国家至上，权力神圣，但为了达到目的可以不择手段，为了国家安全统治者可以背信弃义，玩弄权术。其政治学的最大特色是鼓吹强权，摈弃道德，有点类似于中国的韩非之学，或孟子所斥责的霸道。但中国历代政治以儒家德政礼治为主，法家未能成为主流。而西方近代以来，政界却把马氏之学奉为圭臬，把政治作为集团利益的体现和协调，无视道德和正义，奉行"强权就是公理""弱者无外交""政治斗争无诚实可言"的原则。美国在外交上公开宣布国家利益至上，习惯于单边主义，推行实力外交，虽时有收敛和权变，但骨子里的强权政治很难改变。美国为了维持其世界霸主地位，一方面不许它讨厌的国家如伊朗、朝鲜实验导弹，开发核能；另一方面，不仅自己加紧先进核武器和导弹的研制，而且支持印度和日本发展导弹，扩军备战，以遏制中国，其政治的实用性太明显了。霸道很实用，但也经常碰壁，尤其不符合时代潮流，从而成为众矢之的，成为遭恨的对象，不改进也是不好维持的。没有道义等软实力的国家不是真正强大的国家，许多美国人也意识到了这一点。

其二，是在思想层面上的社会达尔文主义。把生物界的生存竞争、适

---

① 杜维明：《杜维明学术文化随笔》，北京：中国青年出版社，1999年版。

者生存、优胜劣汰、弱肉强食的规则，也看作是社会发展的规则，奉行强者为王的狼吃羊的信条，把本民族的生存与发展建筑在损害和压迫其他民族之上，并认为这是天经地义。达尔文主义不仅是生物学上的一次革命性创举，它还开辟了西方人文学科的新阶段，摆脱神学，进入人学。但它是有局限的，它忽略了即使在生物界除了竞争还有相依共生的一面，它也不能解释生物物种的停滞与突变。而人类社会有文化有信仰有道德，在生物学规则之上还有人学的规则，即文明的规则，它要求人类脱离野蛮和残忍，学会和平友好地相处，改善人性，改良社会，提升人生，消除罪恶和苦难，争取人类共同的繁荣和幸福。一切健康的学说和宗教都致力于这个崇高的目标。

社会达尔文主义视社会如动物界，充满了争夺与拼杀，认为以强凌弱、以富欺贫是正当的，为了生存的需要也可以发动战争。以此出发，可以发展出种族主义、帝国主义乃至法西斯主义。社会达尔文主义最大的弊害是种族优越论，视其他民族为劣等，把民族压迫当成常态。在西方国际政治生活中，进化论情结是很深的，民族优越感是强烈的。我们看到的帝国主义、霸权主义、单边主义种种行径，骨子里就是大民族主义，它把本民族视为上帝的宠儿，应当得到世界上的最大利益和最好的生活，为此损害和控制其他民族是不可避免的和正当的。他们相信斗争哲学，相信凭实力说话。我们批判社会达尔文主义，不是否认民族发展有差别、民族之间需要竞争，而是主张竞争必须是和平的公正的文明的，此外民族之间也需要互助与合作。民族之间的比对，既在军事上经济上，也在文化上道义上。狭隘的民族主义和大民族主义不是民族的长处，恰好是民族的污点，说明他们没有博爱的胸怀，还带有野蛮的气息。西方中心论者当他们以全球价值的代表身份到处指责别人的民族主义的时候，不妨对自身的更深度的大民族主义进行严肃的省察，不挖出这条毒根，西方文化难以转型。

其三，是在信仰层面上的基督教的排异性。基督教是西方文化中的信仰价值体系，是社会道德的支柱，是西方人借以安身立命之所，至今仍然如此。基督教宣传上帝的爱和爱人如己，在上帝面前人人平等，人不可做损害他人的事。它的天堂地狱之说、救赎论和灵魂拯救说有利于劝人去恶从善。基督教在其发展历史上，历经改革，从迫害异端、扼杀科学，到主张宽容、协调科学，在很多情况下成为促进和平、宗教对话的积极力量。但基督教传统里的排异性并未彻底清除，尤其它的基本教义派仍坚持旧说不思改革，所以仍存在着它的消极面，在当代多元文化并存中发生着负面作用，这是不容忽视的。基督教一个根深蒂固的理念便是爱上帝高于爱人类，如果崇拜其他神或者主张爱人与爱神合一便不可以得救，所谓的"基督之外无拯救"，这种一神论的独尊性和排他性是一个很大的弱点。正如韩国学者李明汉所指出的："基督教虽然讲的是爱与和平，但只有基督教人的爱与和平才有价值才能进天堂。若是其他宗教的爱与和平入地狱的话，这种爱的根会是恨，和平就会成为战争之母。"① 历史上的十字军东征在观念上是与此相关的。当然现在的基督教大大进步了，对历史有所反省。但"十字军情结"仍在一部分人心中存在，基督教世界不断有人把伊斯兰教妖魔化，加剧与穆斯林世界的对立情绪，这是客观事实。因此，基督教很难承担起引导世界、化解对抗的重任。亨廷顿的"文明冲突论"，就是"西方中心论"和"十字军情结"的再现，这种理论无法为人类的文明找到出路。

基督教独尊性和排异性的另一个理念，便是要把基督福音传布到全世界，并以此作为一项神圣的使命，从而有到各国传教的周密计划，并不遗余力地加以推动。由于缺乏对其他民族信仰的尊重，这种只顾扩大本教不顾其他的传教意识和做法，再加上与霸权主义政治相配合，便容易与其他文明发生冲突，需要基督教主体加以反思和调整。曾任美国《时代》周刊驻北京记者站站长的艾克曼写了一本《耶稣在北京》，透露出西方有人要使中国基督教化的行动方案，所谓"基督教的'羊羔'将驯服中国'龙'"，表现出一种野心勃勃、傲慢自大的文化帝国主义心态。美国有些政治家总喜欢把自己的价值观灌输给其他民族和国家，甚至不惜动用武力来达到目的，这其中就有着基督教的福音情结在作怪。台湾学者蔡仁厚教授指出，西方的"己所欲，施于人"的金律，比不上孔子"己所不欲，勿施于人"的恕道，会给人类带来灾害。他说："西方宗教所表现的'狂热'，便正是'以自己之所欲'，而'强施于他人'，就其初心而言，虽然是一番好意（希

① 李明汉：《从儒学的观点看世界和平问题》，载林安梧《当代儒学发展之新契机》，台北：台湾文津出版社，1997年版。

望他人亦能得上帝之恩宠而赎罪得救），而结果却无可避免地干涉了他人的信仰自由。同时，基督徒又判别人之所信为异端，而加以贬视，加以排斥，于是乃有酷烈地迫害异教徒之惨事。如今，宗教迫害之事虽已革除，但近世以来，西方人挟其强势的军事政治经济力量，直接间接对东方（尤其是中国）强迫推销西方的生活理念与生活方式，其背后的精神，亦仍然是'己所欲，施于人'。这正是'强人从己'，'强人所难'，严重地违背了儒家的'恕道'。"①

现在基督教的自由主义派神学家们努力提倡宗教对话和多样性宗教的和平共处，认真寻求全球性的普遍伦理，已经在改变着基督教的独尊性和排他性。由于传统的强大惯性，基督教要真正变成一个宽容的现代的宗教，还要走很长的路。

我们是否可以这样说，西方文化找到了一个相对合理的管理现代公民社会的基本理念与模式，但没有提供建设现代合理世界秩序的基本理念与模式；前者面对的是有统一制度的民族国家，后者面对的则是无政府状态的多国并存的世界。西方文化现有的处理国际关系的主流理念与模式，即强权政治和霸道文化，是世界动荡不安的重要根源，这是西方文化致命的弱点。

三

看来世界要走向和平与发展，需要一种新的智慧和指路明灯。西方有识之士从孔子和中国文化那里看到了希望。1988 年诺贝尔奖奖金获得者集会巴黎，提出人类要在 21 世纪生存下去，必须回首 2500 年，从孔子那里吸取智慧。② 汤因比说："世界统一是避免人类集体自杀之路。在这点上，现在各民族中具有最充分准备的，是两千年来培育了独特思维的中华民族。"③

---

① 蔡仁厚：《儒家思想对人类前景所能提供的贡献》，载《儒学与世界和平及社会和谐》，北京：首都师范大学出版社，1999 年版。

② 骆承烈：《西方人心目中的孔子——兼议巴黎会议"宣言"》，载《中华文化研究通讯》，2006 年第 1 期。

③ 汤因比：Choose Life（第 2 编第 4 章第 3 节），载《儒学与世界和平及社会和谐》，北京：首都师范大学出版社，1999 年版。

在笔者看来，孔子的智慧和中国文化在国际族际关系之道上的精义便是"天下一家"与"和而不同"，前者以仁为体，后者以和为用，颇能对治当代国际社会面临的挑战。

一、"天下一家"重在爱心的扩展和情感的沟通。人作为一类是一体相关的，不在互爱中生存，就在互恨中灭亡；尤其在"地球村"的今天，相互的依存远大于彼此的矛盾，所以"共荣""双赢"的理念取代了"损人利己""以邻为壑"。互相残杀必然两败俱伤，再没有真正的赢家，更不能齐心去克服生态危机。两伊战争谁是胜利者？巴以冲突谁能得到安宁？世界其实就是一个大家庭，其成员就是所有的民族和国家，彼此没有根本的利害冲突，应当和能够相亲相爱过日子。爱自己民族，也爱其他民族；爱其他民族，也就是爱自己民族。民族歧视和仇恨是当今人类心头一大孽障，必须在心灵上打通这种族群之间的障碍，视天下为一家，视他族为兄弟，人类的精神便会得到一次大的提升。如果说历史上以强凌弱、军事冲突、以邻为壑、四分五裂是常态，而天下一家、和平共处、互助共荣、睦邻友好是理想，那么在全球化、信息化、地球村的今天，族群仇恨、武力对抗、征服世界便成为过时的野蛮的不能有好结果的东西，而族群和解、文明对话、合作交流日益成为时代的主旋律。人类如果不能培育天下一家的情感，地球村是无法维持的。

二、天下一家的理念要求人们在民族之间、国家之间推行孔子的忠恕之道。"己所不欲，勿施于人"的恕道，其精神是体谅人、尊重人。"己欲立而立人，己欲达而达人"的忠道，其精神是同情人、帮助人。人与人之间应当如此，族与族、国与国之间亦当如此。与它相对立的便是霸道和损道，霸道引起反抗，损道招来报复，冤冤相报，无时可休。纵观世界上的民族冲突和国家对抗，出于3种矛盾：一曰利益争夺，二曰信仰扞格，三曰尊严受损。皆不知忠恕乃文明相处之道，其作用是相互的。爱人尊人者，人恒爱之尊之；害人侮人者，人恒害之侮之，这是一条定律。国际政治生活中常见到的现象，一是强势国家用最后通牒式的语言向弱国说话，而不能放平身份；二是自认为先进的国家到处指责别国而无自知之明。这些国家的政治家们要改变一下传统的作风，学会关心人尊重人，把博爱平等的理念推广到国际事务中去，这是当务之急。大国领导人要认识到，今后国际交往只有"共赢",没有"单赢","仇必和而解"是唯一的出路。

三、天下一家的理念要求人们承认和尊重世界的多样性,实行"和而不同"的原则。经济的全球化并不等于世界的趋同化,更不等于世界的西方化。每个国家和民族的历史文化不同,其现代化的道路和模式也必然各异。从政治制度、经济制度,到文化特色、生活方式,多样性和差异性是普遍存在的,世界因此而丰富多彩。而多样性和彼此的比照互补,是文明发展有生命活力之所在。无论是苏联式的输出革命,还是美国式的输出价值,都是一种冷战思维,其背后都有强同排异的文化观作怪。强同不成,便施之以斗,于是野蛮便取代了文明。政治霸权主义必然伴随文化霸权主义,这是世界长期动荡的重要根源。多样性的和谐共存,如今不仅仅成为体现现代文明的文化理念,也成为体现现代文明的人权理念和政治理念。尊重每个国家和民族的制度选择权和文化传统,不干涉他国内政,不包打天下,才能和平共处。

四、天下一家的理念,要求大国强国以德服人,不要以力欺人,实行王道,抛弃霸道。孔子孟子看重大国强国的地位和作用,具有联合群国、开辟局面的举足轻重的权威。但孔孟希望大国以仁德率令天下,不要以武力征伐天下。孔子称赞齐桓公"九合诸侯,不以兵车",主张"远人不服,则修文德以来之";孟子更主张"以德行仁者王","仁者无敌",反对侵略战争,"善战者服上刑"。虽然在国际政治中,经济军事实力是后盾,倘若大国不行仁义,专以残暴,亦不能行之久远,德日法西斯的覆灭便是实证。所以孟子的"得道者多助""失道者寡助"至今仍是至理名言。美国因萨达姆侵占科威特而发动的海湾战争和反对毁灭文化的塔利班而发动的阿富汗战争,虽然不符合儒家反战的宗旨,毕竟有其合理性,得到联合国授权和国际舆论的支持,所以进行得顺利。而美国发动攻打伊拉克的战争,不考虑法理和道义的依据,一意孤行,虽然暂时赢得军事胜利,却没有取得政治的成功,使伊拉克成为第二个"越南",陷溺其中,难以自拔。霸权主义导致自我孤立,证明孔孟关于大国以德行仁的思想并没有过时,值得大国政治家借鉴。看来,实力加道义才是大国成功之路。

(原载于《探索与争鸣》2007年第1期)

学习儒家协调智慧，树立当代
新型国际观

西方以社会达尔文主义为主导的国际观造成族教冲突不断、集团对抗加剧，不适合地球村时代。孔子儒学提出的天下观即国际观充满协调智慧，它以仁爱和谐为基础，认为天下是一家，具有中和理性，相信人类能够友爱共处。为了发扬儒家协调智慧，破解文明冲突危机，人们必须认识时代的变化，即人类已真正成为命运共同体，如不能团结，必将导致全球灾难；要破除冷战思维，用中和理性抑制各种极端主义，让温和主义流行起来；大国要抛弃强权意识，学会尊重他者，用道义引领世界潮流；国际社会要学会用和而不同的智慧协调彼此利益，推动文明的交流与互鉴，从"利和"入手，进而实现"法和""文和"，并最终达到"政和"，建立现代新型国家关系。中国有深厚的"和"文化传统，历史上坚守文明大国"协和万邦"、不侵略扩张的国际观，新中国成立以来奉行独立自主的和平外交政策，走和平崛起之路。西方的实用理性如能吸收儒家的协调智慧及其中和理性，必将有益于树立新型国际观，共同推动世界摆脱纷争，走向和平。

当代人类处理族群关系上要超越文明冲突论

近代以来，国际社会的国家关系中占优势的指导思想是社会达尔文主义，它认为别的国家是自己的敌人，弱肉强食是公理，结盟也只是彼此利用。它的最大弊害是把动物世界"物竞天择、优胜劣汰"的丛林法则搬用到人类社会族际关系上，已经造成两次世界大战，其极端表现便是法西斯主义的种族屠杀、种族灭绝。二战结束后，西方国家有鉴于法西斯主义反人类罪行的浩劫和覆灭的教训，不再轻易发动世界规模的战争并警惕法西斯的复活，倡导和创建联合国，建立世界贸易组织，在国际事务中更多地使用硬实力与软实力相结合的手段处理问题。但西方国际观中占主导的社会达尔文主义并没有从根本改变。因此，半个多世纪以来，国际社会有长期的冷战，有接二连三的局部战争。苏东剧变后，霸权主义仍在肆虐，冷战思维还在继续，文明冲突论颇有市场，军事结盟在发展，军备竞赛在加剧，集团对抗和冲突时而激烈化，民族宗教极端主义也有新的发展，暴力恐怖主义成为国际社会的公敌。在日本，有军国主义思想的右翼势力企图为法西斯罪行翻案并使之死灰复燃。这都说明具有野蛮性的社会达尔文主义仍然没有退出历史舞台，还在折磨着人类，威胁着地球村的安宁和持续发展。虽有有识之士提出文明对话，但却成效不大，人类在处理国家关系上尚缺少应有的智慧。

其实，在人类文明史上，2500 多年前的孔子已经提出了文明程度很高的天下观即国际观的雏形，闪耀着早熟的协调智慧，其后的儒学不断对其进行充实发展，又在中华民族对内对外关系上加以实践，形成反映人类共同体整体利益的东方式文明关系原理。其信念是：相信天下乃是一家，共生共荣应是公理，人类能够友爱相处。这种文明关系原理和协调智慧代表着人类文明前进的方向，最能适应人类成为命运共同体之后的全球化时代。但是由于中国近代以来经济社会发展落后，不仅未能在国际舞台展示其化解冲突、建设和谐世界的积极作用，反而被侵略、被欺侮，其协调智慧被挤压、被抛弃，似乎强权才是公理，和解乃是软弱。然而，历史总是走着否定之否定的道路。当全球化的进程已经使得人类真正成为命运共同体，共同利益超出了彼此的差异的时候，发达国家囿于其传统模式，面对族际关系的紧张，拙于应对，提不出新型国家关系准则，仍然迷信军事干涉与威慑、政治结盟与对抗、经济制裁和文化扩张，其效应常常是损人而不利己。由此看来，当代人类处理族群关系时要超越文明冲突论，就需要回过头去向儒家学习，增强协调智慧，才能破解国际纷争困局。

孔子儒学协调智慧的主要理念和内涵

基于普遍人性的仁和之道。儒学认为人不是单个的存在物，人的本质是由社会关系构成的，人人都有仁爱之性，即关爱他人和互相关爱，中国人称之为"良心"或"良知"，它是与生俱来的。人在群体中成长，从小即爱父母、亲人，随着成熟和生活空间的扩大而爱朋友、社会，进而爱人类和万物。孟子说："亲亲而仁民，仁民而爱物"，这是人性的正常发展轨道。但爱心又容易丢失，因为人在具有群体性的同时又具有个体性，往往膨胀个体需求并把个体需求放大为某种集团族群的需求，从而损害他人或他族。所以人还需要有道德理性的自觉，通过教育和修身，把存在于人性中的善端发扬起来，把由于后天不良积习而丢失的善性寻找回来，孟子称为"求其放心"，然后形成道德自觉，养成道德习惯。按照儒家的逻辑，"爱人者，人恒爱之"，因此仁爱是相互的，利人与利己是统一的，反过来，损人必害己。由此引出忠恕之道，即"己欲立而立人，己欲达而达人"，"己所不欲，勿施于人"，既要关心人、帮助人，又要体谅人、尊重人。由于有忠恕之道，儒家的仁爱便是互尊、平等的爱，而不是单向、强加的爱，从而避免了那种"己所欲，施于人"的强迫的爱所引起的把爱变成怨恨的弊端。由此可见，不仅利己主义的贵斗哲学会导致冲突、对抗、战争等灾难，就是从救世出发的爱也会由于其单向性而达不到爱人的效果。讲忠恕之道的仁爱，处理与他人、他族、他教的关系，必然采取尊重差异、包容多样的态度，这便是"和而不同"的伟大智慧，它是保证人类多彩文明和谐相处、健康发展的永恒的真理。全部世界文明史都证明，凡是实行"和而不同"的时段和地方，那时和那里就有文明、安宁、快乐的生活；凡是实行"斗而不和"的时段和地方，那时和那里就发生野蛮、战争、苦难的悲剧，文明遭到破坏。

　　基于命运共同体的天下一家观。孔子儒学视人类和宇宙为生命共同体，族群之间血脉相连，痛痒相关，唇齿相依，彼此关系如同兄弟姐妹，共同生活在天地之中，没有根本的利害冲突，应以和为贵，不应相斗。儒家的天下观就是它的国际观，不强调民族国家之间的间隔和对立，而强调相互依存、友好相处。"讲信修睦"和"协和万邦"是儒家国际观的中心理念，都强调和平共处的原则。由于儒家在历史上长期占据社会意识主导地位，中国作为文明先进的大国一直坚守睦邻友好的外交方针，实行防御型国防政策，在它最强大的时候如汉唐盛世，也没有成为穷兵黩武的国家，却是与外国进行文明交流的典范。唐代玄奘法师西去印度取回佛经，明代郑和带领舰队七下西洋传播和平与友谊，以及儒学、佛教、道教以和平的方式传到朝鲜、日本和越南，都是最好的证明。如果不幸发生战争，儒家也主张要"化干戈为玉帛"，早日实现和平和礼尚往来。历史上崛起于漠北、以游牧文化为背景的善于骑兵征战的蒙古族军事统帅成吉思汗，曾领兵占据中原并西征，打到中亚和东欧，沿途多有杀掠。其早期的战争野蛮性缘于尚未受到中华核心文化儒佛道的熏陶。当时的全真道大师丘处机，应诏西行，历尽艰辛，不远万里到达成吉思汗驻地雪山（今阿富汗境内兴都库什山），用儒家"敬天爱民"和道家"清心寡欲"的思想劝诫成吉思汗，要他尊重生命、制止杀戮。丘处机的所作所为得到成吉思汗的尊重和认可，并因此改变了游牧文化好战的传统，使其子孙掌政的元朝回归中华仁和的主流文化。丘处机重生爱民的思想与行动是跨越民族与国家的，他要拯救的生命是"人民"的生命，并不限于特定的民族国家的人民，因而后世赞颂他是大仁、大慈、大勇的人。天下一家观要以尊重生命、爱护生命为第一要义，因此它必然是反对侵略战争、保卫世界和平的。

基于普世伦理的中和理性。当今世界是一个多民族、多国别、多文化的世界，人类既生活在同一个地球上，利益主体又呈现多元化；在根本的长远的利益相一致的同时，在局部的眼前的利益上又会产生各种纷争与摩擦。然而互斗则互损，因此国与国和平共处需要有一种合情合理的态度与方法来协调矛盾，使各方的核心利益得到维护，同时，彼此又能做出必要的妥协，从而达到互利共赢，这就要树立中和理性，抛弃极端思维。儒家的协调智慧就是它的中和理性，具有持中、稳健、包容、调和的特色。孔子说："中庸之为德也，其至矣乎！民鲜久矣。"又说："过犹不及。"他看到一般人的思维好走极端，再加上个人或小集团利益驱使，在思想行为上容易偏激、"唯我独重"，不容他者。中和理性要求照顾所有相关方的利益，采取大家都能接受的方式调和矛盾，从而避免冲突带来的灾难，这是一种很高的道德行为，不容易做到，但要努力去做。不这样做，矛盾便不能真正化解。中和理性要求：第一，要排除极端化思维，倾听不同的意见；第二，要顾及各方的利益和诉求，不能损人利己；第三，要用温和包容的态度集思广益，异中求同，同中存异；第四，要在人情与公理之间取得平衡，做到合情合理。由此可见，中和理性不是无原则的姑息和讨好，它是以仁义为准则，以大局为重的，故有"和而不流"的提法，既强调和谐，又不随波逐流。《中庸》还讲"时中"，即中和理性没有凝固化的标准，它主张根据不同时期、不同情况，采取灵活的态度和方法来对社会矛盾实行协调和平衡，以便取得最好的效果。在中和理性影响之下，中国人很早就懂得用文明的态度和方式处理多元文化之间的关系。《中庸》提出"万物并育而不相害，道并行而不相悖"。《易传》提出"天下同归而殊途，一致而百虑"。儒家、道家、佛家都尚中贵和，彼此不断接近和融合。各种外来学说与宗教在中国只要爱国守法、导人向善，都有正常的生存空间。人文与宗教、宗教与宗教互补共进，形成多元通和的生态模式。温和主义是主流，极端主义便难以流行。

发扬儒学协调智慧，破解文明冲突危机

人类首先要充分认识时代已发生了根本性的转换：由民族国家群雄角逐、彼此自身利益大于共同利益的时代，进入了全球化加快、共同利益大于彼此分歧的时代，人类真正成为命运共同体；已往长期被主流国家奉为指导国际关系原则的丛林规则和贵斗哲学将不得不退出历史舞台，和平与发展成为时代主题，儒学的协调智慧与中和理性将大放光彩。人类面临着共同的全球性生态危机，而且形势已相当严峻。例如海洋江河的污染、大气中二氧化碳的过量排放、土壤的沙化和退化、森林和生物物种的快速消失、地下资源的过量开采等，都在急剧地恶化着数亿年形成的自然生态。当此之时，人类若还热衷于彼此厮杀而不能团结一致，必将迎来生态危机的大爆发，那时任何国家既无法单独应对，也不能单独幸免。再如数量可观的核武器，时刻威胁世界的安全，核恐怖平衡能持久吗？冷战时期人类曾几度濒临核战争的边缘，何况还有恐怖主义利用核武核能袭击的问题。全球化的加快使地区和各国经济连为统一的共同市场，相互依赖度空前加深，经济制裁和贸易保护主义已不可能不伤害到自己。而21世纪以来的几场战争，除极少数军工企业巨头获利以外，被战争蹂躏的国家，平民大量伤亡，国家元气大亏；而主战国也民怨沸腾，债台高筑，因而主战的声调

锐减，主和的舆论日盛。除非人类甘愿共同灭亡，否则必须从现在起就要学会用新的协调智慧应对国际纠纷，不使其再度陷于冷战，更不能发展为热战。英国著名历史学家汤因比说："世界统一是人类避免集体自杀之路。在这点上，现在各民族中具有最充分准备的，是两千年来培育了独特思维的中华民族。"

其次，要用中和理性抑制极端主义（包括国家极端主义与民间极端主义），破除冷战思维，让温和主义流行起来。中和理性不是特定的哲学形态，而是指合乎人情事理的思维方式。温和主义也不是特定的信仰，而是指对待自身信仰与信仰间关系的平和、平等的态度。中和理性是温和主义的哲学，温和主义是中和理性的体现。它既能使各种信仰自身坚守中道不偏的义理，又能以平等的态度尊重信仰的他者。它的宗旨是向世界提供多样性文明、多态性民族国家之间和谐共处的智慧，因此它不仅不会威胁任何一种文明，却能够使文明更好地摆脱野蛮，促进文明间的对话与和解，给世界带来和平。由于历史和现实的原因，国家之间、文明之间，积累了很多的怨仇，价值观的不同再加上利益的摩擦也会形成新的对抗和冲突。出路只有两条：一条是冤冤相报，对抗到底；另一条是"仇必和而解"，总结历史教训，创建新型关系，开辟美好未来。前者是灾难之路，后者是光明之路。而避免灾难、走向光明，必须使中和之道大力发声，必须抑制各种极端主义，使温和主义在世界上成为主流思潮。极端主义源于自我中心主义和贵斗哲学，包括国家强权主义、民族与宗教极端主义、种族排外主义、意识形态冷战思维，它们的共同特点是好斗用狠，强调对立面的斗争你死我活，不可调和，采用各种非人道的残酷手段，置对方于死地，宁可伤害大批善良的平民而在所不惜。霸权主义是一种国家形态的极端主义，它所造成的战争恐怖会让千百万人丧生。民间极端主义（包括宗教极端主义）所导致的恐怖主义，丧失理性、滥杀无辜，走上反社会反人类的暴力犯罪道路。从思维方式上说，极端主义就是偏执狂，目无他者，把自身的观念和利益无限膨胀，使之成为绝对的、唯一的存在。从情感心理上说，极端主义视他人生命如草芥，没有恻隐之心，丧失了起码的人性，心中只有自我和小团体。极端主义是真正的魔鬼，只要它掌控了政权、族权、教权，便会把民众拖入相互残杀的深渊。因此，我们要反对各种形式的极端主义。如果说欧洲历史上的启蒙运动用理性主义取代了宗教的绝对主义，使人类的思想得到一次解放，那么今日世界需要一次新的启蒙运动，要用中和理性取代贵斗的理性主义和社会达尔文主义，避免它走向极端主义，其精要是对生命的尊重、对他者的尊重，实行"己所不欲，勿施于人"的恕道，使人类的思想获得一次新的解放，以便建立适应地球村时代的贵和的普世伦理。所谓温和主义，就是能够包容和平等地对待他者。我们要努力在相互尊重的前提下，使宗教有神论温和起来，也使科学无神论温和起来；使社会主义温和起来，也使资本主义温和起来，其关键就是学会互相尊重。中国人类学家费孝通先生指出："时至今日，世界上极端主义和以暴制暴所造成的种种事端，依然摆脱不掉'以我为中心'的影子"，人类必须有"跨文化"的心态，吸收中华文明"和而不同"的智慧，对自身文明和他人文明的优缺点做实事求是的反思，实现人类新的文化自觉，在"各美其美"的同时，学会"美人之美"，这样就能达到互补共进的目标，这就是"美美与共"，如此便可以"天下大同"了。费先生关于文化自觉的宣示，值得全世界关注文明转型的人们深思。

第三，抛弃"强者无敌""强权就是公理"的传统理念，转而相信"仁者无敌""有德者众望所归"。孔子儒学承认国家之间有大小强弱之别，认为大国应发挥引领天下的作用。但是在如何引领上，儒家有自己独特的见解。孔子说："远人不服，则修文德以来之，既来之则安之。"他主张大国要把自己国家的文教德政建设好，用礼义文明的感召力把远方的民众吸引过来并使他们安居乐业。他赞赏"桓公九合诸侯，不以兵车，管仲之力也，如其仁，如其仁！"不赞成大国挟持军事力量结盟。孟子更是主张"以德行仁"的王道，反对"以力服人"的霸道，提出"仁者无敌"的著名论断。他的理由是大国"不嗜杀人"就能博得民心，实现"人和"；而"以力服人"者并非心服，不会长久。所以"得道者多助，失道者寡助。寡助之至，亲戚畔之；多助之至，天下顺之"。老子《道德经》说"兵强则灭，木强则折"，大国与小国相处，"大者宜为下"，即应采取谦下的态度而不要盛气凌人。孔子儒学和老子道学所提出的大国应以道义的力量联合他国的国际观是一种文明型国际观，从短期看它似乎不切实用，从长远看它符合人类文明发展的趋势。在人类历史上，一味迷信武力、恃强称霸、到处侵略扩张的帝国，都是其兴也勃、其衰也速，没有能够长久的。成吉思汗军事帝国横跨欧亚大陆，不也存在了几十年就分裂了。拿破仑帝国以军事力量横扫欧洲，远征俄国，大败而归，最后于滑铁卢完全失败，前后不过十数年。德、日法西斯分别称霸欧亚，因其种族屠杀、罪恶滔天，遭到反法西斯正义力量的联合抵抗和反击，遂在七八年间彻底覆灭。而后西方列强不再单凭武力，对于以往实行的帝国主义、殖民主义政策有所调整，仍以军事为后盾，同时更重视政治、经济、文化的综合实力，在硬实力之外还强调软实力，其交往理性比之过去要温和许多。随着民族独立解放运动的普遍兴起，发展中国家现代化事业的巨大进展，世界人民普遍的觉醒，一国或几国支配国际事务的局面有很大改观，联合国的作用日益加强，超级大国或强国集团为所欲为的时代已经结束。但是，由于惯性的作用，超级大国美国往往沿袭"强者为王""唯我独尊"、彼此抗衡的旧传统，再加上亚伯拉罕系统一神教原教旨主义"耶稣以外无拯救"的情结，和"美国是上帝拣选的民族"的特殊优越感，它与别国仍然没有真正建立起平等、互信、合作的新型关系，不仅经常给其他国家带来痛苦，也常常使自己陷于孤立和被动。实力仍然强大的国家必须清醒地认识到，自身的安全不应以损害他国的安全为代价，那样便互不安全，真正的、长远的安全乃是各国之间建立起平等、友好、和谐的关系。如果美国等西方大国能够逐步放弃以实力制人的方针，取消军事结盟，不再挑起别国内部冲突，转而以互尊、促和、扶弱为对外事务导向，那么不仅局部战争可以大大减少，世界逐步走向安宁，而且大国也可以摆脱国内外民众的怨恨和指责，获得各国的称赞，真正提高其国际声誉，发挥引领世界和平潮流的作用。

第四，用"和而不同"的智慧，协调各国的利益，推动文明之间的交流与互鉴。儒家"和而不同"的协调智慧不仅在于尊重差异、包容多样、互相信任，还在于它要在异中求同、消除隔阂、促进亲和。一些民族国家间积怨为时已久，互相猜忌提防，又有诸多现实利益冲突，缓解彼此矛盾极为艰难。不妨先易后难，从当代共同市场形成的工商业密切来往入手，多找物质利益层面的互依性与共同点，不纠缠和扩大政治意识形态与信仰之间的差异，初步形成"利和"，打通商贸之路，合作发展现代化事业，促进各国的经济繁荣、民生改善，为国家之间的和解争取民意的支持，并创造友善的氛围。例如建设"丝绸之路经济带"和"21世纪海上丝绸之路"就是很好的设想，用经济的纽带把各国连在一起，共享发展成果，积累合作的能量。其次是"法和"，把已经成为多数国家共识的体现人类共同利益和道德底线的社会公共生活规则，作为国际来往的行动依据。如《联合国宪章》《世界人权宣言》《世界文化多样性宣言》《世界贸易总协定》等，这些国际性规则凝结着历史教训和人类智慧，并经过艰苦协商谈判而得来，理应得到各国政府和各界人士的遵守。再就是"文和"，加强民间文化交流，包括宗教文化交流，与政治权力和市场交换保持适当距离，着重于真善美的多态成果之间的对话、会通，这种文化交流容易跨越地区、民族、国家的界域和利益的计较，消解傲慢与偏见，拉近异域人们之间心灵上的距离，在欣赏自我文化的同时学会欣赏他族的文化，推动文明之间的交流与互鉴，这有益于焕发人类文明的生机，促进世界和平与进步。各种宗教的共同底线是劝人为善、爱护生命，因此应当在反对战争、维护和平的目标下较快地联合起来，推动国家、民族间的和解，而不应成为民族冲突加剧的要素。这是可能的，历史至今，佛教成为中、日、韩三国之间的黄金纽带，便是证明。比较困难的是"政和"，即政治谈判，解决国家现实利益之间的冲突。这种谈判有的时断时续，多少年没有结果，甚至转而诉诸武力，发生流血，使和解更加困难。"政和"的一个重要智慧是要学会必要的妥协，互谅互让，而不能僵硬到底。儒家有"以权行经"之说，主张在坚守原则的同时要有灵活性，才能处理好复杂多变的问题。国家间冲突，要达成政治解决，必须在相互尊重核心利益的前提下适当照顾对方需求，即"执两用中"，而不是一味强人从己，这既是政治智慧，也是基于普遍伦理，因妥协而和解可以避免战争造成的生灵涂炭，这是政治家的责任。可见，增进国家之间的互信与友谊可以全方位、多渠道进行，需要政府、企业界、文教界、宗教界、民间人士通力合作，采取灵活多样的方式，推进文明之间的交流、对话、沟通、互鉴，扬己之长与人共享，取人之长补己之短，"见贤思齐，见不贤而内自省"，那么以文明和谐为旗帜的现代新型国家关系是能够建立起来的。

中国以"和而不同"的协调智慧与中和理性，确立独立自主的和平外交政策

中国受儒家"和"文化的长期浸润，不仅在历史上坚守文明大国睦邻友好、不侵略不殖民的优良传统，而且在现代摆脱半殖民地悲惨地位、实现独立并逐步强大以后，继续运用"和而不同"的协调智慧与中和理性，确立了独立自主的和平外交政策，强调国家不分大小一律平等，中国强大后绝不把自己遭受侵略的痛苦经历再加到他国人民身上，不懈地为消弭战争、劝和促谈而努力奔走，成为维护亚洲和世界和平的重要力量。中国于20世纪50年代即率先提出"和平共处五项基本原则"，支持不结盟运动；后来又经过艰苦努力，实现了中美、中日邦交正常化；通过耐心求实的谈判，与周边多数国家划定了边界线；运用协调智慧，与英国、葡萄牙达成和解，实现了香港与澳门的和平回归，邓小平提出的"一国两制"的方案与实施乃是"和而不同"的中和理性在当代的伟大实践；中国加入世贸组织，积极参与联合国维和行动，受到世界广泛赞扬。新世纪以来，随着中国经济实力的迅速增强，"中国威胁论"的声调似乎有所增大。这其中既有别有用心者的故意散布，也由于有些人对中国文明的和平特质不了解而造成的误解。古老的中华文明早就给中国人的血脉里种植了和平、和谐、交融、太平的文化基因，因此有中华民族的多元一体格局，有儒佛道三教的合流，有睦邻友邻的深厚传统，唯独没有称霸世界的心态。多年来，海外华人与所在国人民友好相处，致力于发展当地工商经济，从不介入民族宗教的纷争和政治斗争，却常常是这类斗争的受害者而不得不避难。他们的最高诉求是得到应有的尊重和保护，这就是中华"和"文化熏习所致。中国改革开放30多年来在经济社会发展上取得的巨大成就，其发展速度在大国中是前所未有的，如此成就不是靠侵略掠夺，恰恰得益于国内和谐稳定的社会环境，得益于国际和平合作的历史机遇，所以它走的是和平崛起的道路，因而珍惜和平。事实已经证明，和平崛起这条路是走得通的。中国的强大和中华文明的传布不会加剧世界的冲突，只会带给世界更多的爱与

和解，因为道德和正义是它的民族之魂。当然，它的道德精神强调的是自尊与互尊相统一，具有"刚健中正"、不卑不亢的品格，不能忍受被欺辱，也能将心比心，理解和尊重别的民族国家。

西方国家有发达的实用理性，体现为科技的飞速进步和市场经济的充分发育，为人类创造了巨大的物质财富，其以个人为中心的权利意识和人文价值，如民主、自由、竞争、人权、法治等理念，包含着普世价值，值得中国人加以学习和吸收。但它的道德理性不足，人类一体意识不强，国家间平等观念薄弱，也需要向儒家学习。儒家的协调智慧及其中和理性乃是基于道德理性。西方的实用理性如果包纳道德理性，会帮助它克服只顾眼前自我、不顾长远大局的缺点，树立互利共赢、全球安全的意识，把利己与利他统一起来。中国的道德理性如果吸收实用理性，也会帮助自己克服不善竞争、重义轻利、重仁轻智的偏向，树立以智行仁、以富践德的理念，建设公平竞争、繁荣富强的社会。现在东西方社会和国家，已经在协调彼此关系使之趋于和谐的方向上，积累了很多成果。例如在核不扩散问题上，在保护环境和资源问题上，在新能源开发问题上，在全球市场共同规则上，在维护基本人权和文化多样性问题上，在共同打击暴力恐怖犯罪问题上，已经取得许多共识，中美首脑之间也达成建立新型大国关系的一致意向，这些都是冷战结束以后国际关系上的巨大进步，说明人类的理性正在文明交流合作中不断升华。现在的问题是要使已有的共识认真落实到行动上并不断向前推进，还需要在文化理念的深层次上提升到符合当代文明转型的高度，将已经过时的、妨碍团结合作的自我中心主义自觉地加以清理，其中也包括各种极端思想。在联合国教科文总部楼前石碑上镌刻着一句话："战争起源于人之思想，故务需于人的思想中筑起保卫和平之屏障"，而要做到这一点，改变错误理念是一条根本的出路。只有根除霸权主义、军国主义和一切极端主义的思想，才能根除战争。当代人类在反思历史、建筑思想上保卫和平之屏障的过程中，认真学习孔子儒学的协调智慧及其中和理性将是大有裨益的。

（原载于《中国民族报》2014 年 10 月 28 日、11 月 11 日）

共同体：人类命运　中国经验

习近平主席在多次国际场合提出：我们要树立人类命运共同体意识，建立新型国际关系。人类已经进入"地球村"时代，共同利益远大于彼此的分歧，地球人面对经济全球化及生态危机、核武器威胁、极端主义，真正成为风雨同舟、荣辱与共的共同体。但目前尚未能形成与之相适应的共同价值观和普世道德规范，很多国家政治集团仍被"弱肉强食"的社会达尔文主义及"他者是敌手"的冷战思维所捆绑，热衷于对抗和挑动战争，所以世界很不太平。当此之时，中国需要并能够依靠自身成功的历史经验和东方智慧，向人类不断发出友善和解的声音，并用实际行动推动地区与世界的合作事业，逐步改善国际关系。

一

中国是一个地域广阔、人口众多、民族与宗教多元并存的国家，五千年文明绵延博深未曾中断，虽然也经历过战乱、分裂、衰微、被侵，但统一、和谐、和平发展是主流，中华民族多元一体的基本格局没有动摇，当代又正在衰而复兴、和平崛起，这在世界几大文明共同体中是仅见的。中华民族共同体血脉流长、纽带坚固的中国经验要点可归纳如下：

第一，源自农耕文明的早期黄帝尧舜之道确立了民本、重德、贵和、创新的中华发展方向，成为中国文化之根。作为远祖信仰主流的五帝崇拜，将祖源认同与文化认同合为一体，超越了血统和邦国的局限，使中华民族中不同地域不同民族有共同的心理归属，夏商周三代又将其扩展充实。《尧典》说尧"克明俊德，以亲九族；九族既睦，平章百姓；百姓昭明，协和万邦"，其共同体以明德为首，包纳各族，协调众邦，讲求和睦。三代为不同民族所建，但沿革有统，至周代制礼作乐，使中华民族成为礼义文化的共同体，较早摆脱野蛮，进入文明行列。尔后敬天法祖成为中国人基础性信仰：敬天而不迷天，"皇天无亲，惟德是辅"；法祖而重教化，"慎终追远，民德归厚矣"。于是家为本位，家国同构，家庭伦理扩而为社会伦理，形成以天下为一家的深厚意识，于是中国人既四海为家，又寻根问祖，不忘家国。

第二，孔子孟子集三代之大成，阐发仁者爱人、义者利人的做人治国之道，形成以仁为首的"五常"（仁义礼智信）、以忠孝为核心的"八德"（孝悌忠信礼义廉耻），成为两千多年中国社会的基本道德规范，也是中华民族共同体的价值追求和精神家园的底色。由于孔孟儒学起主导作用，中华民族具有发达的道德理性，强调道德教化，政治上为政以德、民生为本、礼主法辅、用贤纳谏，经济上见利思义、惠农扶商、开源节用，伦理上亲慈子孝、诚信为本、礼义廉耻，外交上讲信修睦、礼尚往来、仁者无敌，民俗上因俗而治、神道设教、华夷一家，国格人格上自强不息、厚德载物、刚健中正，人生上修己安人、仁智勇兼修、以天下为己任。儒家思想的熏陶，使中华民族的文化具有重德性重社会的遗传基因，从而保证了这个大共同体的延续和发展，不因暂时政治分裂而崩析。

第三，以儒家为主导的中华文化具有包容性开放性，强调"和而不同""有容乃大"，能使中华共同体不断扩展，容纳各个单元民族及其文化，兼顾不同地域的民俗和文化，接受外来宗教与文化，使共同体不因民族与信仰不同而导致分裂，恰恰使共同体由于包容多样、多姿多彩而富有向心力，得到各民族的一致认同和维护。在民族关系上形成多元一体格局，历史上不同民族执政，皆认同中华文化，不影响大共同体的延续。在思想信仰上以儒为主，佛、道为辅，形成三角间架的内核，同时诸子并存，伊斯兰教、基督教、萨满教和各种民族民间信仰在爱国守法前提下皆有正常生存空间。佛教是请进来的，然后成功使之中国化，说明中华文化既有自信力，又有主动向外学习并加以会通的精神，因而其文化共同体的精神空间巨大，能吸引各种不同信仰的人们参与它的文化开新，如《易传》所说："富有之谓大业，日新之谓盛德"。近代以来，中国人意识到落后要挨打，主动向西方学习富强之道，引进科学技术和市场经济，参与世界现代化进程。又引进社会主义，推动和完成民族独立解放事业，走中国特色社会主义道路，推进着民族复兴的伟大事业。由于注重历史传承，中华共同体百折而未曾断裂；由于注重兼收创新，中华共同体总能衰而重盛。当代中国社会主义者运用"一国两制"的智慧，使港澳回归中华，也必将以中华文化为纽带实现两岸和平统一。

第四，中华的家国情怀、忧患意识、坚守正义节操和坚韧不拔的浩然正气，培育了一代又一代仁人志士，在民族危难时刻挺身而出捍卫民族主权和尊严，成为中流砥柱。日本明治维新后，脱亚入欧，成为新兴帝国主义国家，发动甲午战争、发动"九一八"事变，发动卢沟桥事变，妄图吞并中国。中华共同体遇到前所未有的生存危机。中华民族在危难中觉醒，奋起抗战，国共合作，发动民众，英勇坚强，又争取国际支援，付出巨大牺牲，终于打败日本法西斯，也使中华民族获得新生，并重新得到世界的尊重，抗日的英烈永垂青史，他们的精神化为实现中华民族伟大复兴的巨大动力。

第五，汉字作为表意文字的最高成就，由形音义三要素构成，自周秦"书同文"以来有局部的调整而无根本的变异，是中华文化重要载体和生存形态，使五经以来的各种文化典籍传承不绝，今人依靠历代注释即可读懂以往古书，这就使得汉字成为中华共同体绵延不绝的最牢固的纽带之一，成为中国沟通各种方言族语最通用的文字。当代中国，汉字以其变通性而能顺利实现从文言到白话的跨越，如今又突破了现代化信息技术处理的关隘，成为全球化时代人们从业、交往的重要信息工具，它不仅是联结中华共同体的文化公路，而且是受到世界各处欢迎的兼表意与审美双重功能的文化符号，被誉为"神奇的汉字"。

二

中国的历史经验和现实成就都可以为建设人类命运共同体提供一系列重要智慧。

第一，"天人一体"的宇宙情怀。面对全球性生态危机，地球人应有宇宙责任，把自然界与人类社会看作是一个大生命体，痛痒相关，休戚与共。中华哲人提出"赞天地之化育""仁者以天地万物为一体"的大生态观，指出人应有生态情感与生态责任，树立敬畏自然的信仰，保护好人类共有的生活家园，既反对"征服自然"，也反对只顾本国、输出污染的"生态帝国主义"，而要团结一致共同应对气候变化、资源保护、环境整治一系列挑战。人类只有一个地球，人类的长远发展取决于人与自然的和谐，没有一国可置身事外，自然界留给人类调整发展模式的时间不多了。为此必须建设人类命运共同体，化解争斗，携手合作，一起致力于全球生态建设，时不我待，任务急迫。

第二，"天下一家"的人类情怀。儒家的天下观是整体性、关联性的，超出种族、国家的局限，而把关怀投向全人类。孔子讲"四海之内皆兄弟"，孟子讲"亲亲而仁民，仁民而爱物"，都主张把家庭亲人之爱推向社会，推向所有的人，视天下犹如一个大家庭，所以儒家天下观本质上是世界主义的。《大学》讲"修身、齐家、治国、平天下"，其"天下"泛指人类，"平天下"是说要天下太平。张载讲"民，吾同胞；物，吾与也"，民众都是我的兄弟，动植物都是我的伙伴。中国自秦汉以来就建立了统一的大型国家，由于接受五经的"讲信修睦""协和万邦"和孔孟关于"修文德，来远人""以德行仁，不以力称霸"的思想影响，对外强调睦邻友好、礼尚往来，不热心侵略扩张，这才有和平的经贸文化的丝绸之路，才有郑和七下西洋而不殖民，才有儒、佛、道三教在东亚的和平传播。近代中国是受欺凌的，独立以后却不把自身遭受的苦难加到别国头上，反而真诚而尽力地去帮助发展中国家的人民，从而得到友情的回报。新中国的建立和发展使中国人站立起来并走向富强，同时秉承中华平等贵和的外交传统，中国反霸也不称霸，提倡和平共处，在平等基础上发展与一切国家和民族的友好来往，反对战争，化解冲突，成为维护世界和平的重要力量。中国正在推动建立相互尊重、合作共赢的新型国际关系，实践着"天下一家"的理想追求。有这种全球一家情怀的人多了，人类命运共同体的建设就会加快。

第三，"中和之道"的协调智慧。世界各国各族人民之间没有根本的利害冲突，但人类是多民族多文化多宗教的社会，加上局部利益有矛盾，少数势力集团从中利用，于是出现各种纷争，甚至发生对抗。处理不当就会导致战争，造成灾难。人类迫切需要中和理性和协调智慧，取代社会达尔文主义的丛林规则，以文明方式恰当及时化解矛盾、协调关系，而这正是儒家哲学的优势所在。儒家讲"中和"，就是"和而不同"，要点是：其一，承认各族各国之间是平等的，"万物并育而不相害"；其二，承认文明是多样的，各有自己的价值，"道并行而不相悖"；其三，彼此要尊重和包容，"己所不欲，勿施于人"；其四，破除极端化思维，兼顾各方意愿，善于妥协平衡，提倡温和主义，执其两端而用其中，相信"仇必和而解"。为此，必须克服强势集团唯我独尊、经济制裁、以武力相威胁和暴力介入的行径，吸取两次世界大战、冷战和近年局部战争无胜者的教训，学会尊重他族他国的核心利益与特色文化，远离各种形式的极端主义，积累协调国际关系的经验，这对整个人类都是一次重新学习和考验。中和理性和协调智慧都建立在道德理性的基础上，吸收实用理性而发挥作用，其核心在于树立"尊重他者"的理念。为了建设人类命运共同体，人类应把发展的智慧与协调的智慧结合起来，才能使共同体早日自觉实现。

中国有"大同"理想，以"天下为公"为原则，向往富裕、公平、诚信、友爱、太平的世界，这是一个多元又和谐的世界，如费孝通所说："各美其美，美人之美，美美与共，天下大同"，它体现了各民族的自尊又互尊，互帮互学而共生共荣。人类命运共同体以经济利益共同体为基础，进而成为求同存异、互信互爱的文化共同体，它才能得到巩固。中国正在通过自身在世界上不结盟、不惹事也不怕事、劝和促谈、联合反恐、建立各种合作伙伴关系的行动来实践中和之道，并积极参与国际政治、经济、军事、文化交流，共享发展的红利，发挥中国智慧促进人类和平与发展事业的巨大作用。

（原载于《光明日报》2015 年 12 月 14 日）

儒家文化与社会主义核心价值观

——牟钟鉴先生访谈录

牛廷涛（以下简称"牛"）：牟先生，您好！非常感谢您能在百忙之中接受我们的采访。这次采访的主题是"儒家文化与社会主义核心价值观"。2014 年 2 月 12 日，《人民日报》《光明日报》《解放军报》《中国青年报》等主流报纸和媒体发布了社会主义核心价值观的基本内容，即富强、民主、文明、和谐，自由、平等、公正、法治，爱国、敬业、诚信、友善，并在学术界引发了广泛的讨论。您作为一位研究中国哲学的资深学者，对于社会主义核心价值观基本内容的发布有什么看法？

牟钟鉴（以下简称"牟"）：社会主义核心价值观基本内容的公布是我党的重大举措，也是值得全社会关注的重要事情。它的提出有一个过程。早在 2012 年 11 月召开的中国共产党十八大会议上，它的雏形就已经提了出来。胡锦涛同志在十八大上所做的报告中指出，要加强社会主义核心价值体系建设，深入开展社会主义核心价值体系学习教育，用社会主义核心价值体系引领社会思潮、凝聚社会共识。

"倡导富强、民主、文明、和谐，倡导自由、平等、公正、法治，倡导爱国、敬业、诚信、友善，积极培育社会主义核心价值观"①。2013 年 12 月，中共中央办公厅印发了《关于培育和践行社会主义核心价值观的意见》，就培育和践行社会主义核心价值观的指导思想、基本原则、基本要求

---

① 胡锦涛：《坚定不移沿着中国特色社会主义道路前进　为全面建成小康社会而奋斗——在中国共产党第十八次全国代表大会上的报告》，北京：人民出版社，2012 年版，第 31—32 页。

等提出具体意见。2014年2月12日，用24字高度概括的社会主义核心价值观的基本内容在主流报纸和媒体正式发布。回顾社会主义核心价值观基本内容的提出过程，我们可以看出，它是我党在经过长期的思考与酝酿，并广泛征求了社会各界的意见与建议后才正式提出来的，这是深思熟虑的结果，也是全国人民所期待已久的事情①。

牛：您认为这24字对社会主义核心价值观基本内容概括得如何？

牟：2013年5月22日《人民日报》刊登了一篇文章，名为《深刻理解社会主义核心价值观的内涵和意义》，其中提到，社会主义核心价值观的基本内容可以分为三个部分："富强、民主、文明、和谐"，是我国社会主义现代化国家的建设目标，也是从价值目标层面对社会主义核心价值观基本理念的凝练，在社会主义核心价值观中居于最高层次，对其他层次的价值理念具有统领作用。"自由、平等、公正、法治"，是对美好社会的生动表述，也是从社会层面对社会主义核心价值观基本理念的凝练。它反映了中国特色社会主义的基本属性，是我们党矢志不渝、长期实践的核心价值理念。"爱国、敬业、诚信、友善"，是公民基本道德规范，是从个人行为层面对社会主义核心价值观基本理念的凝练。它覆盖社会道德生活的各个领域，是公民必须恪守的基本道德准则，也是评价公民道德行为选择的基本价值标准②。从总体上讲，这24个字的基本内容，实际上是在充分吸收社会主义基本理论与中国传统文化精华的基础上概括出来的，是时代精神与优秀传统文化相结合的结晶。

牛：您刚才提到，社会主义核心价值观的基本内容充分吸收了中华优秀传统文化，您能不能就这一点详细谈一谈？

牟：这一点实际上是非常明显的。最近几年来，习总书记有一系列关于中国传统文化的论述，充分显示我们党和国家领导人对优秀中国传统文化的重视，而这24字的社会主义核心价值观基本内容，也充分体现了这一点。据2014年2月25日《人民日报》报道，中共中央政治局2月24日下午就培育和弘扬社会主义核心价值观、弘扬中华传统美德进行第十三次集

---

① 参见郭建宁主编：《社会主义核心价值观基本内容释义》第一章，北京：人民出版社，2014年版。
②《深刻理解社会主义核心价值观的内涵和意义》，载《人民日报》2013年5月22日。

体学习，习总书记发表了重要讲话，其中就提出了"培育和弘扬社会主义核心价值观必须立足中华优秀传统文化"。讲话中还指出，"要认真汲取中华优秀传统文化的思想精华和道德精髓，大力弘扬以爱国主义为核心的民族精神和以改革创新为核心的时代精神，深入挖掘和阐发中华优秀传统文化讲仁爱、重民本、守诚信、崇正义、尚和合、求大同的时代价值，使中华优秀传统文化成为涵养社会主义核心价值观的重要源泉"①。习总书记提到的仁爱、民本、诚信、正义、和谐等，都是中国传统文化的根本精神。

牛：我们知道，中华传统文化内容丰富、博大精深，汉以前有儒、墨、道、法等诸子百家，汉以后又有儒、释、道三教鼎立，社会主义核心价值观的基本内容主要吸收了其中的哪些因素呢？

牟：虽然中国传统文化内容极为丰富，可以说是学派林立、思想多元，但无论汉以前还是汉以后，对中国传统文化影响最大的都是儒家。从某种意义上讲，儒家文化是中国传统文化的主体。儒家文化有不同的形态，有先秦儒学、两汉经学、宋明理学乃至当代新儒学等，但孔子是儒家学说的创立者，他的思想对于中华民族成为牢固的文化共同体起了凝聚中心和导向的作用，正是从这一意义上，我曾在一篇文章中提到"孔子是中华民族的精神导师"②，这一说法能很好地概括孔子在中国传统文化中的地位。今天，我们谈社会主义核心价值观，离不开儒家文化，离不开孔子精神。因此，我认为，以上24字的社会主义核心价值观的基本内容，对孔子的精神吸纳最多，习总书记提到的仁爱、民本、诚信、正义、和谐等，这都是孔子的思想。

牛：正如您所说的，您对孔子有高度的评价，称其为"中华民族的精神导师"，这一点我也非常赞同。但孔子对中国传统文化到底有哪些贡献呢？

牟：孔子集五帝三代之大成，在整理阐释五经的基础上，创立仁礼之学，为中华民族的发展确立了仁和之道的人本主义精神方向，为社会人生提出普适的道德价值标准，形成民族的文化血脉、基本性格和文化基因，

①《把培育和弘扬社会主义核心价值观作为凝魂聚气强基固本的基础工程》，载《人民日报》2014年2月26日。
②牟钟鉴：《孔子是中华民族的精神导师》，载《光明日报》2014年12月9日。

所以它在百家中脱颖而出，成为显学，后来成为中华文化主导思想，形成中华民族的核心价值，即中国人所说的"道"：用两个字表述，是"仁和"；用三个词表述，是"仁义、民本、贵和"；用四句话表述，是"天人一体，仁爱忠恕，和而不同，礼义诚信"；用五个字表述，是"仁、义、礼、智、信"；用六短句表述，是"讲仁爱，重民本，守诚信，崇正义，尚和合，求大同"。孔子把尧舜时代治国理政优良传统如"克明俊德""协和万邦""民惟邦本，本固邦宁"（《尚书·五子之歌》），和夏、商、周三代尤其周代的好传统如"皇天无亲，惟德是辅"（《尚书·蔡仲之命》）、"明德慎罚"等继承下来，用仁和之学加以提高，又经过孟子、荀子和汉儒的加工，遂形成"五常""八德"的基本道德体系。五常即仁、义、礼、智、信，乃人生常道，人人须臾不能离。八德即孝、悌、忠、信、礼、义、廉、耻，它是五常的扩展，而以忠孝为核心。"五常八德"不同时期有不同解释，但本质属性是永恒的。表现在人生态度上，就是"修己以安人"（《论语·宪问》），以天下为己任，"富贵不能淫，贫贱不能移，威武不能屈"（《孟子·滕文公下》）。表现在治国理政上，就是"导之以德，齐之以礼"，"为政以德"（《论语·为政》），民生为本，正己正人，礼法合治，德主刑辅，用贤纳谏，廉洁奉公，政通人和，居安思危。表现在经济生活上，就是见利思义，诚信为本，富民均平，重农扶商，开源节流。表现在国防军事上，就是仁者无敌，义兵必胜，智勇双全，足食足兵民信，有文事者必有武备。表现在国际外交上，就是协和万邦，讲信修睦，礼尚往来，近悦远来，化干戈为玉帛。表现在文化和文艺上，就是和而不同，文以载道，尽善尽美。表现在民族宗教上，就是华夷一家，因俗而治，敬鬼神而远之，神道设教。表现在教育上，就是有教无类，因材施教，仁智勇兼修，学思并重，教学相长。表现在人与自然关系上，就是敬畏自然，天生人成，赞天地之化育，与天地万物为一体。表现在社会理想上，就是小康大同，天下为公，选贤与能，四海一家①。

牛： 社会主义核心价值观有哪些是吸收了儒家文化或者说是孔子精神呢？

---

① 牟钟鉴：《孔子是中华民族的精神导师》，载《光明日报》2014 年 12 月 9 日。

牟：若仔细分析一下，24 字的社会主义核心价值观基本内容几乎都与儒家文化或者说孔子的精神有关，只是有的关系直接一些，有的关系间接一些。在富强、民主、文明、和谐中，民主、文明与和谐与儒家关系极为密切。民主与民本有内在的关联，文明是儒家一贯的追求，其话语见于《易传》，提倡和谐、以和为贵则一直是孔子或儒家的基本精神；在自由、平等、公正、法治中，平等、公正与儒家关系较为密切，孔子的"恕"道，强调尊重人、体谅人，颇具平等精神。他还第一次提出了"有教无类"的思想，实现了教育上的平等。儒家五常之道中的"义"，其基本的意义就是公正；在爱国、敬业、诚信、友善中，这四个方面都是儒家所提倡的，尤其是其中的诚信与友善，更是儒家根本精神的体现。孔子思想的核心是仁或仁爱，而爱人就要"成人之美""与人为善"，只有一个具有仁爱之心的人，才能真正以友善的态度来处理人与人、人与社会以及人与自然的关系。从广义上说，公正、平等、诚信、和谐等都要建立在仁爱的基础上。

牛：牟先生您说得太好了！当刚看到社会主义核心价值观的基本内容时，我还在想，作为中国传统文化主体的儒家，最提倡仁爱的精神，怎么没有在里面体现出来呢？经过您的以上解释，我总算明白了。实际上，友善讲的就是仁爱，只是换了一种不同的说法，其实质是一样的。那么，您能不能谈一谈孔子仁爱精神的当代价值？

牟：我曾经把儒家仁学划分为仁爱之道、仁恕之道、仁和之道三个方面，下面就分别来谈一谈这三个方面的当代价值。其一，仁爱之道。孔子仁学的根本宗旨是"仁者爱人"，但孔子的仁爱与基督教的博爱不同，它不把爱人视作神的教诲，而归结为人的善性。人人生活在群体之中，彼此同情和关心是世代传承的文化本性，这种本性儒家又称作良知。推行仁爱最切实可行的方法是从自己做起，发现和培育良知，自己拯救自己；从身边做起，由近及远，爱父母亲人，爱社会他人，爱天下人类，爱宇宙万物。其二，仁恕之道。孔子仁学的忠恕之道给儒家的仁爱信仰植入了平等、互尊的要素，从而具有了摆脱等级制度的力量，也能够超越文化征服的局限，为当今多元文化实现和谐共生提供了最合理的文明路径。忠道就是尽己之心帮助他人，恕道就是以推己之心体贴他人。孔子讲过："己欲立而立人，己欲达而达人"（《论语·雍也》），"己所不欲，勿施于人"（《论语·颜渊》)。孔子仁学的现代价值在于，己所欲是欲他者自立，欲他者发达，而不把自己的价值观念和生活方式强加于人；强调将心比心、体谅人和尊重人，不赞成强迫的爱，而提倡互尊、自愿的爱，信仰的真爱靠感动别人来传播，正义的信仰应当有这种自信。其三，仁和之道。孔子仁学的"中和之道"体现了儒家处理社会矛盾的基本态度和风格。"中和之道"的基本要求是尊重多元、包容差异、行事稳健，它能保持和推动人类文化生态的多样性、丰富性、交融性的健康进程，可以避免文化威权和极端主义带来的灾难。孔子的伟大不仅在于他为文明人确立了修仁德、安百姓的人生追求，为文明社会确立了行礼义、均贫富的理想，还在于他为文明人类确立了协和万邦、共致太平的目标，在族群和文化关系上提出具有普世价值的"和而不同"的文明原则。这是一种为当今人类所缺乏的伟大智慧，人类要想真正摆脱野蛮、避免互相残杀、全面步入文明，只有向伟大的孔子学习，用"和而不同"的文明原则协调彼此的关系，才能建立友爱的新型国际秩序，实现许多思想家提出的博爱的理想。以上三个方面体现了建立在儒家仁爱基础上的友善原则，只有用友善的态度去处理人与人、人与社会、人与自然乃至国家与国家、宗教与宗教等之间的关系，才能最终保持人类的和谐共生与世界的和平发展。人类已经是命运共同体，而有些利益集团仍在损人互斗不已，危害着世界的和平与发展，儒家"友善、互尊、和谐"之道正是人类命运共同体所需要的普遍性道德原则①。

牛：您刚才谈到了和谐，社会主义核心价值观基本内容中恰好就有和谐，那么，儒家的和谐精神具体体现在哪些方面呢？

牟：儒家思想的发展，贯穿着一条红线，便是贵和的哲学，主张多样性事物之间应当和谐相处、互补共进，不应当对抗冲突、你死我活，人与人之间、人与自然之间皆当如此，因为宇宙和人类是一个整体，天下如一家，社会如一身，彼此痛痒相关、休戚与共。多样性事物之间的差异和矛盾当然是普遍存在的，但对待和解决矛盾的态度与方式应当是包容的文明的，即共生共处、合作两利。儒家赞成包含着多样性、协调性的"和"，反对单一化、一言堂的"同"，因为"同"不符合客观事物的本性，是行不通

① 牟钟鉴：《孔子仁学与当代文明》，载《人文天下》2014 年 10 月刊，总第 33 期。

的，也会带来争斗和破坏。《国语·郑语》说："夫和实生物，同则不继"，这是从发生学上肯定了"和"的哲学意义。春秋时期晏婴将"和"的哲学从烹调、音乐推到社会政治，认为君臣关系不仅是命令与服从，还应有不同意见的相异而相济，这就是"和"，由此才会有良好的政治。到了孔子，总结以往"和同之辨"，明确提出了"君子和而不同，小人同而不和"（《论语·子路》）的命题，"和而不同"于是成为一个社会文化的伟大原理。它的内涵至少具有以下要义：一是承认事物的多样性和差异性；二是承认每一种事物都有其特殊的属性和价值；三是人们之间要互相尊重；四是避免冲突与对抗，实行和平共处之道。"和而不同"的原则可以有多种体现，不同事物、不同意见有时可以并行不悖，有时可以相异相成，有时也可以相反相成。由此可知，"和而不同"的理念是理性的人道的开放的宽容的平等的，因而与现代文明精神完全能够相通，它是一种大智慧，对人类社会的发展有重要指导意义。

孔子弟子有若说："礼之用，和为贵"（《论语·学而》）。乐合同，礼别异，但别异之礼以和谐人群为贵，不是要割断不同族群之间的密切联系。《中庸》说："和也者，天下之达道也"，认为"和"是社会发展的普遍真理。它还说："君子和而不流"，"万物并育而不相害，道并行而不相悖"。"和"是有原则的，人们不能与歪风邪气同流合污，而各种健康的生命和文明的理念都可以共生共进。《易传》提出："乾道变化，各正性命，保合太和，乃利贞"（《周易·乾卦·象传》），认为阴阳之道在于使万物各尽其性、各得其所，从而相依共成一体，这就是"太和"的理想状态。它还提出"天下同归而殊途，一致而百虑"（《易传·系辞下》），坚信人类社会可以经由不同的道路最后走向大同世界，"同归"与"殊途"、"一致"与"百虑"是相辅相成的，这就把多样性与一体性统一起来了，从而形成宽容的文化战略，给予诸子百家以广阔的发展空间。其后宋儒提出"理一分殊"的思想，从哲学的高度概括了中华文化多元一体的格局。近代则有谭嗣同提出"仁以通为第一义"①，强调上下通、男女通、内外通、人我通，把经济、政治、文化的交流沟通作为实现国内外和谐发展的必由之路，这就是

① 《谭嗣同全集》（下册），北京：中华书局，1980年版，第291页。

"通和"的思想。我国近现代许多学者，在儒家"仁爱通和"思想指导下提出"贯通古今、融合中西"的文化战略，这是孔子"和而不同"思想的当代发展，它说明中华民族有着兼收并蓄的气概和综合创新的能力，能够在开放中走和平发展的道路。

牛：那么，提倡与弘扬儒家的和谐精神，对于我们当前社会来说，又有什么价值呢？

牟：今天我们提倡儒家的贵和哲学，发扬孔子思想中的和谐精神，主要有以下五个方面的时代价值：

其一，有助于促进人与自然之间的和谐。儒家的宇宙观从开始就是天人一体、宇宙一家的，它是一种早熟的生态哲学。儒家习称"自然"为"天"，孔子赞美"唯天为大，唯尧则之"（《论语·泰伯》）；孟子提倡"亲亲而仁民，仁民而爱物"（《孟子·尽心上》）；《易传》说"夫大人者，与天地合其德，与日月合其明，与四时合其序"（《周易·乾卦·文言》）；《中庸》提出"能赞天地之化育，则可以与天地参矣"；程颢说"仁者，以天地万物为一体，莫非已也"[1]；张载认为"民吾同胞，物吾与也"[2]，人生的最高理想是"为天地立心，为生民立命，为往圣继绝学，为万世开太平"[3]；朱熹说"天便脱模是一个大底人，人便是一个小底天"[4]；王阳明说"大人者，以天地万物为一体者也"[5]。总起来说，儒家的天人观是整体性的大生命观，宇宙是一个超型大生命，人是宇宙的产物，他应该像爱护母亲和家园一样爱护自然，像爱护兄弟姊妹一样爱护万物；要自觉担当"天地之心"的责任，做事天、助天的事，不做逆天损天之事；人与自然不仅是朋友，而且是亲人，人对自然的依存度是很高的。我们如能培育和增进儒家这样的天人智慧和博爱情怀，必将大大促进我国生态环保事业的蓬勃发展，从而不仅造福于当代，而且延福于子孙后代。

其二，有助于促进国家与国家之间的和谐。儒家的人类观是天下一家。孔子认为"四海之内皆兄弟"，他所提出的"忠恕之道"与"和而不同"，

①《二程集》（上），北京：中华书局，2004年版，第15页。
②《张载集》，北京：中华书局，1978年版，第62，376页。
③《张载集》，北京：中华书局，1978年版，第62，376页。
④《朱子语类》第四册，北京：中华书局，1999年版，第1426页。
⑤《王阳明全集》（下），上海：上海古籍出版社，1992年版，第968页。

不仅适用于一国一族之内，还可推之于国际、族际，成为世界普遍性人际原理。现在最难也最迫切的事情是突破国家和民族的界限，把平等、宽容、互尊、互助实现于国家关系和民族关系之中，而实现这一突破的关键是强势国家和民族抛弃大民族主义观念，把弱势国家和民族真正当成亲人和兄弟，推己及人，将心比心，尊重别国别族对自己发展道路的独立选择。儒家经典早就强调国家对外的方针要"讲信修睦""协和万邦"，如有冲突要"化干戈为玉帛"，实现和发展平等友好往来。儒家一向反对"以邻为壑""乘人之危"，认为"和则两利，斗则两损"。儒家的这些思想在人类相互依存性空前增加的今天，更显现出它的真理性和价值。儒家也看到国家、民族之间发展的不平衡性及大国强国的主导作用，但认为大国要得到尊重和安定天下，不能仅凭军事实力，还要拥有道义的力量，实行"以德行仁"的王道，则"得道多助"，天下心悦诚服；反之，实行霸道，一味以力欺人，则"失道寡助"（《孟子·公孙丑下》），导致众叛亲离。二战期间德、日法西斯的覆灭，当代霸权主义的碰壁，都在从反面证明儒家的世界和平之道才是光明之道。

其三，有助于促进社会各阶层关系的和谐。儒家在历史上受宗法制度的限制，在其礼学中有等级观念，表现出贵族意识，如强调君权、族权和夫权，这是应该加以剔除的。但儒家也有非常可贵的民本思想，虽然不能与当代民主思想等同，却应该视作在中国实现民主的重要资源。孙中山的三民主义就是古代民本主义和近代西方民主主义的结合。孔子主张"为政以德"（《论语·为政》），其重要表现便是惠民富民，"博施于民而能济众"（《论语·雍也》），"节用而爱人"（《论语·学而》）。孟子进一步提出"民为贵，社稷次之，君为轻"（《孟子·尽心上》），要"保民而王"（《孟子·梁惠王上》），实行仁政，重视民生，为民兴利除害。荀子把君比为舟，把庶人比为水，"水则载舟，水则覆舟"（《荀子·王制》），故治国者要"刑政平，百姓和"（《荀子·王制》）。儒家经典《尚书》中早就提出"民惟邦本，本固邦宁"，把民众的信任看作国家政权的基础。历代凡是能重视民生民意的政权，便发达兴旺；反之，凡是虐民困民的政权，必然发生危机以至于灭亡。儒家还很重视纳谏采风，以实现政通人和。孟子说"唯大人为能格君心之非"（《孟子·离娄上》），提倡下对上的直言批评；并主张在用人时要尊重民意调查，"左右皆曰贤，未可也；诸大夫皆曰贤，未可也；国人皆曰贤，然后察之，见贤焉，然后用之"（《孟子·梁惠王下》），撤换和惩处官员亦复如是，民之所好好之，民之所恶恶之，这样可以保证上下一心，社会和谐有序。我们今天进行民主与法制建设要有一个过程，要逐步扩大各阶层和广大民众参与政治活动的范围和程度，加强自下而上的民主监督。凡事皆要有助民生，顺应民意，广采民智，则政治文明会有较快的进步。在这个过程中，认真吸取先人的政治智慧是十分有益的。

其四，有助于促进不同文化之间的和谐。中国自古就是一个多民族共生互动的国家，古代文明是多元起源，又不断向中原地区汇聚，再从中原地区不断向四周辐射，这样一种反复进行的创造过程。它既是多元的，又有凝聚的中心。作为中华民族集合核心的华夏族和后来的汉族，它本身就是多民族融合的产物。儒家推崇的圣人，许多是出身于少数民族，如舜生东夷、禹出西羌、周文周武源自西戎，只要能代表先进文化，便为中华民族共同尊崇。费孝通先生把中华民族的格局称之为"多元一体"①是十分精辟的。所谓"多元"，是指民族众多、文化各异；所谓"一体"，是指多种民族有共同的文化基础，有共同的族群认同，有共同的历史命运，相互渗透和依赖，不可分割。从古到今，各民族都为中华民族的统一和繁荣做出了贡献。在文化上，由儒道互补，进到儒佛道三教鼎立与合流，形成中华民族传统文化的核心。三教文化以其强大的辐射力，影响到各民族的信仰和文化，各民族又以各自独特的信仰和文化丰富了中华民族的传统文化。由于儒家"厚德载物"的宽厚品格，中华民族不仅在历史上不断吸纳了众多的外来文化，使中国成为一个世界文明的重要交汇之地，而且近代中国落伍以来，中国人又以开放的心态到西方去寻找真理，努力学习各种先进文明。经过几百年的努力，现在中华步入迅速复兴之途，现代化事业取得巨大成功。中国成为东方传统优秀文化、西方现代文化和社会主义文化交相辉映的国家。中国特色的社会主义社会，在思想文化上绝不是一个清一色的社会，而是文化多元和谐的社会。在政治上坚持社会主义方向，维护国家法律法规的统一性和尊严；在文化上实行"百花齐放、百家争鸣"的

---

① 费孝通主编：《中华民族多元一体格局》（修订本），北京：中央民族大学出版社，1999年版。

方针，把主导性与多样性、先进性与广泛性结合起来，给各种民族特色文化和外来健康文化提供广大宽松的环境，使中国成为集人类文化瑰宝之大成的多姿多彩的"百花苑"和文明对话的胜地。而民族传统文化是根本，返本开新，综合创造，不仅造福于中国，亦将造福于世界。

其五，有助于促进家庭内部的和谐。俗话说："家和万事兴"，家庭和谐是人生的幸福，也是社会和谐的要素。重视家庭和亲情是中国文化的传统，更是儒家的传统。儒家把婚姻家庭看作两性生命的结合与族群生命的延续；家庭作为整个国家民族的基本单位，又担当着培育人才、传承文化、稳定社会的功能，所以家庭的意义是重大的。儒学的婚姻家庭观有许多精华，值得我们继承和发扬。具体说来，一是重视亲情，在两代人之间提倡父（母）慈子（女）孝，互相关爱。父母慈爱子女不仅出于天性，又有传统的深厚积累，看来无须提倡。子女孝顺父母是传统美德，但容易减弱和丧失，需要培养和提倡。现代社会中父母往往不缺吃穿，而缺少与子女的团聚，空巢家庭越来越多，老人的亲情需求得不到满足。一曲《常回家看看》得到社会热烈的欢迎，说明人们在呼唤孝道，尤其呼唤精神情感方面的孝道。二是重视夫妇之情，强调夫妇同体，百年好合，互敬互爱，互相忠诚，白头到老。夫妻是家庭得以成立的基础，有夫妻然后有父子，家庭可以无子女，不能无夫妻。现代社会受到时代潮流的冲击，夫妻关系越来越不牢固，离婚率不断攀升，婚外情经常发生，单亲家庭日益增多，造成许多社会问题。恋爱自主、感情第一、男女平等、离婚自由，这些都是社会进步的表现。但结婚匆忙、感情不专、离婚轻率也不是好现象，不仅给双方带来痛苦，也给子女造成心灵创伤。按照儒家传统观念，夫妻之间不唯有情，还有恩义，班昭《女诫》说："义以和亲，恩以好合"，"夫妇之道，参配阴阳，通达神明，信天地之弘义，人伦之大节也"，因此应当严肃对待。夫妻以情合，成立家庭，生育子女，便有恩义积累，便有责任在肩，不能由浅薄的感情变化去喜新厌旧。如果缺乏道德责任感和恩义之心，便不要成立家庭，否则一合一分，会给对方造成极大伤害。

牛：习总书记在视察山东发表的重要讲话中提到了儒家的君子人格，您也在相关文章中多次强调，要培育和践行社会主义核心价值观，每个人都必须严格要求自己，养成儒家式的君子人格。您能不能就这一问题再谈一谈？

牟：习近平同志在山东讲话中说："儒家推崇君子人格，讲'君子喻于义''君子坦荡荡''君子成人之美''君子义以为质''故君子莫大于与人为善'等等。"这段话很重要。孔子是至圣，是万世师表，如司马迁所云："虽不能至，然心向往之。"对于多数人而言，比较现实的做人目标应当如孔子所倡导的那样，争做新时代的君子，而不要做小人。君子是有德者，既有益于社会和他人，也使自己过得有尊严有意义。根据孔孟论君子人格的言论，我概括为"君子六德"：一要有仁义，立人之基："君子以仁存心"（《孟子·离娄下》）、"君子义以为上"（《论语·阳货》），即心地善良，关心别人，而且行为端正，见利思义，如孟子所说："居仁由义"（《孟子·尽心上》）。心要有温度，不要变冷，更不能变黑。二要有涵养，美人之性："君子尊德性而道问学"（《礼记·中庸》），"君子道者三：仁者不忧，智者不惑，勇者不惧"（同上），"文质彬彬，然后君子"（《论语·雍也》），即要以修身为本，知书达礼，人格健全，忠厚待人，气质高雅，行事有度。三要有操守，挺人之脊："君子和而不流"（《礼记·中庸》）、"临大节而不可夺……君子人也"（《论语·泰伯》），即要坚守正道，是非分明，矢志不移，不与歪风邪气同流合污。四要有容量，扩人之胸："君子和而不同"（《论语·子路》），"君子尊贤而容众"（《论语·里仁》），"君子以厚德载物"（《周易·坤卦·象传》），即要心胸宽阔，尊重他人，讲究恕道，包容多样。五要有坦诚，存人之真："君子坦荡荡"（《论语·述而》），"君子必诚其意"（《礼记·大学》），即要诚信做人，表里如一，直道而行，光明磊落。六要有担当，尽人之责："君子以自强不息"（《周易·乾卦·象传》），"仁以为己任"（《论语·泰伯》），即要有责任心和使命感，立志远大，勇挑重担，为中华民族伟大复兴做出贡献①。

（原载于《孔子研究》2015 年第 5 期）

---

① 牟钟鉴：《弘扬君子之德》，载《人民日报》2015 年 4 月 30 日。

孔子仁学与当代文明

——兼谈儒耶对话

　　孔子不仅是伟大的思想家，而且是很有历史穿透力的思想家，文明越现代化越能展示其思想的光辉。孔子学说体系中最具生命力和普世价值的内容是仁学。仁学以爱人为主旨，以孝亲为起点，以忠恕之道为路径，以中和之道为处世原则，以和而不同为文明关系，以博施济众为社会目标，以赞天地之化育为终极关怀，乃是儒学中的精华；又经过历代仁人志士的创新和实践，不断得到补充、发挥、深化、会通，成为中国人最可宝贵的思想财富。仁学的内涵铸造了中国之魂，树立了中华民族向往和平、追求正义、天人一体、重生贵德、温柔敦厚、刚毅诚信、包容天下的精神方向和文化传统，是中华民族生生不息的内在活力、取之不竭的智慧源泉和实现伟大复兴的强大动能。

　　当今世界，一方面经济全球化迅猛，民族、地区、国家之间的相互依赖程度空前增大，人类在很大程度上成为命运共同体，不仅已经是"地球村"，而且是儒家话语中的生活一体的"大家庭"。然而另一方面又是地区、国家、民族、宗教之间的冲突不断，局部战争时有发生，暴力恐怖与各种犯罪流行，经济危机、道德危机、生态危机日趋严重，人类仍然四分五裂。是及时觉醒，和谐共生呢？还是一味拼斗，互残俱亡呢？人类要做出及时果断的抉择。人类面临的种种危机，根源在于存在着为少数权贵者服务的资本控权、政治霸权、军事强权、文化威权，它们背后有斗争哲学主导着思想观念和实际行为。而各种正义的信仰、和谐哲学与进步文化未能充分发挥其真善美的合理价值，并且未能真正联合起来，它们所拥有的力量尚不足以消解人们的敌对心理，无法有效制止强权与暴力；相反，有些信仰由于自身的狭隘性而被权力集团所利用，走上极端化的道路，成为争斗的工具，失掉正义的方向。国际形势要求文化界的有识之士做出深刻的反思，克服自身的弱点，彰显信仰的善德，推动文明间的对话，发出正义的强音，在各种信仰之间率先实现和谐共处，并运用和谐的智慧和信众的力量去化解族群和宗教间的对抗，尽量减少世上的不公和犯罪，对战争势力形成强大的制约。由于种种复杂的原因，当代文明向更高阶段的转型尚处在艰难曲折之中，亟须向孔子和儒家仁学吸取思想营养。人们发现，孔子的仁爱温情更容易在不同信仰之间架起精神沟通的桥梁，世界上有越来越多的人不仅视孔子为中华文化的代表，同时也视孔子为人类摆脱困境、实现持续发展的伟大启示者。中国需要孔子仁学，世界也需要孔子仁学。孔子仁学的精要可以疏解为以下四道：

一、 仁爱之道

孔子仁学的根本宗旨是仁者爱人，这是它与基督教及世界各大宗教的共性。但孔子仁爱与宗教之爱又有所不同：它不把爱人视作神的教诲，而归结为人的善性；人们都生活在群体之中，彼此同情和关心是世代传承的文化本性，称作良知，只是它会被恶习所遮蔽，从而丢失。因此，推行仁爱最切实可行的方法是从自己做起，发现和培育良知，自己拯救自己；从身边做起，由近及远，爱父母亲人，爱社会他人，爱天下人类，爱宇宙万物，而爱是没有民族、宗教界域的，"四海之内皆兄弟也"，人类本来就应该是一个大家庭。仁学相信人的基于爱的道德理性力量，它同时保留了对天神的敬重，而敬神的第一义仍然在于行善爱人。孔子和儒家有"敬鬼神而远之"和"神道设教"之说，对古代宗教表示了敬意，对宗教的道德教化作用给予肯定，这就使后来采用孔子儒学为治国之道的王朝，实行温和包容的宗教政策。但神道要为人道服务，不能有脱离仁爱的偏向。儒家信奉"皇天无亲，惟德是辅""民之所欲，天必从之"，因此敬神的要求必须是爱人，从而避免了以神的名义做损人的事情。中国宗教史上伟大的宗教家丘处机祖师，为了拯救战争中的受难民众，超越民族和信仰的界限，艰苦跋涉数万里，远赴中亚的雪山，会见征战中的军事统帅成吉思汗，以道教徒的身份，用儒家"敬天爱民"和道家"清心寡欲"的理念规劝成吉思汗，制止战争中残杀生命的野蛮行为，取得很大的成功。基督教最大的诫命是爱神和爱人，人们要彼此相爱、爱人如己，因为爱是从神来的。如果爱神的导向是爱人，那么对神的虔诚信仰就能激发信众的爱心，推动慈善事业的发展，这是基督教的优势所在。如果爱神与爱人相分离，认为只有信基督的人才能得拯救，那么不信基督的人就可能被视为异端而遭受迫害，就会引起不同信仰间的冲突，友爱的宗教会变成仇恨的宗教。历史与现实生活中发生过这样的悲剧。有鉴于种种教训，中国当代基督教领袖丁光训强调"爱是上帝的第一属性"的理念，上帝的爱是对全人类的。这样，各种宗教之间、信教与不信教之间的界限就被穿越了。现代文明中的真爱必定是护养一切生命包括不同信仰者生命的爱，不会容忍任何以信仰的名义做残害生命的恶行。现代文明中的宗教应当是和平的维护者，绝不能成为战争的挑动者。由于全球性生态危机的加剧，人们已经改变了人类中心主义征服自然的观念，致力于保护生态环境，做大自然的朋友。儒家仁学早就提出"仁者以天地万物为一体"的理念，要求人们敬畏自然，亲近自然，爱护自然，做自然界的代言人和守护者。对当代人而言，这是一种先见之明。

二、 仁恕之道

　　孔子仁学的忠恕之道给儒家的仁爱信仰植入了平等、互尊的要素，从而具有了摆脱等级制度的力量，也能够超越文化征服的局限，为当今多元文化实现和谐共生提供最合理的文明路径。忠道就是尽己之心帮助他人，恕道就是推己之心体贴他人。孔子讲过："己欲立而立人，己欲达而达人"，"己所不欲，勿施于人"。基督教《圣经》则说："我们希望别人怎样对待我们，我们就必须怎样对待别人。"两者都倡导平等互爱，因此可以联合起来致力于普世伦理建设。不过，原教旨主义在经典解释上的固陋会导致重大偏失。例如，基督教的"己所欲，施于人"，如果所欲者是和善，施于方式是互信，会有益于多元文化的友好接近。如果认为己所欲者是唯一真理，施于方式是强人从己，那么爱会转化为恨，必然引起不同信仰间的冲突。精神世界的丰富多彩是文明发展的重要特征，信仰与价值观的单一化是历史的倒退，文化征服乃至伴随军事的征服已经成为当今世界的公害。孔子仁学的现代价值在于，己所欲是欲他者自立，欲他者发达，而不把自己的价值观念和生活方式强加于人；"己所不欲，勿施于人"强调将心比心、体谅人和尊重人，不赞成强迫的爱，而提倡互尊、自愿的爱，信仰的真爱靠感动别人来传播，正义的信仰应当有这种自信。孔子说："远人不服，则修文德以来之"，孟子反对以力服人的霸道，主张以德服人的王道，有德者以其模范行为的吸引力使人心悦诚服。如果各种信仰都在仁爱的践行上下功夫，而不是竭力排斥异己、扩展自己的地盘，那么在这种和平的竞赛中最大的受益者将是广大民众。

三、 仁和之道

孔子仁学的中和之道体现了儒家处理社会矛盾的基本态度和风格。"中"是中庸，不偏激、不保守，不极端、重协调，具有改良主义、温和主义的特色。"和"是和谐，多样性事物间的协调。"和而不同"是一种文明关系原则，与之相对的便是"同而不和"，强调单向服从。前者认为文化和真理是多样性的互补，后者认为文化和真理是一元性的趋同。在实践过程中，前者导致各种文化间的和谐与良性互动，后者导致各种文化间的争斗替代。前者体现人类文明的进步，后者体现人类野蛮的劣根。"中和之道"的基本要求是尊重多元、包容差异、行事稳健，它能保持和推动人类文化生态的多样性、丰富性、交融性的健康进程，可以避免文化威权和极端主义带来的灾难。在中国文化史上，受孔子思想影响，主流社会形成了文化和谐的认知传统，从孔子的"中庸""和而不同"，《易传》的"天下一致而百虑，同归而殊途"，中间经过佛教的"中道""一多互摄"，宋明理学的"中和新说""理一分殊"，全真道的"守中致和""三教一家"，到近现代的"融会中西""综合创新"，文化和谐论始终是一条主线，文化生态形成多元通和模式，不同信仰间的关系以和谐为主旋律，各种信仰以温和主义为主流，有矛盾和摩擦，但没有发生因信仰不同而引起的长期流血战争，宗教极端主义不易滋生。在中国人看来，如果一种文化自认为优越，必欲取其他文化而代之，甚至诉诸武力，导致大量民众的死伤，则这种文化就不是文明而是野蛮。孔子的伟大不仅在于他为文明人确立了修仁德、安百姓的人生追求，为文明社会确立了行礼义、均贫富的理想，还在于他为文明人类确立了协和万邦、共致太平的目标，在族群和文化关系上提出具有普世价值的"和而不同"的文明原则，我称之为协调理性。这是一种为当今人类所缺乏的伟大智慧，人类要想真正摆脱野蛮、避免互相残杀、全面步入文明，只有向伟大的孔子学习，用"和而不同"的文明原则协调彼此的关系，才能建立友爱的新型国际秩序，实现许多思想家提出的博爱的理想。舍此，人类便走不出当前的困境。各种信仰不应被极端主义所绑架，要使宽容的温和主义成为主流，那么文明对话就能顺利进行，不同信仰间必定是和谐的。现在国际上和平学流行，它研究历史经验教训，研究和平的本质和实现和平的条件与途径，孔子的中和哲学可以为它提供启示和营养。中国社会学泰斗费孝通提出文化自觉十六字箴言：各美其美，美人之美，美美与共，天下大同。这是对孔子"和而不同"文明关系原则的当代解释和话语表述，它兼顾了自信与互信、自爱与互爱、自尊与互尊，最适用于多元文化的和谐相处，希望会有更多的人知道它，喜欢它，实行它。

四、 仁通之道

孔子仁学的仁通之论颇适合当代多元开放的社会，它是当代仁学的创新之论。仁通之论是近代中国改革思想家谭嗣同在孔子仁学基础上，接续《周易》感通哲学，综合吸收道家"道通为一"之说、墨家"兼爱交利"之说、佛教"无相、唯心"之说、基督教"爱人如己"之说，站在中学与西学会通的高度，提出的新仁学。他在《仁学》一书中，运用"通"的理念创造性地解释"仁"的内涵，认为"仁以通为第一义"，"通之象为平等"，通有四义："一曰中外通"，"二曰上下通"，"三曰男女通"，"四曰人我通"。他解释说：仁固然要博爱，不通则不能博爱，爱在闭塞障蔽之中是无法实现的。新仁学的"通"，包括通学、通政、通教、通商，全面实现国家、教育、产业、群体之间的开放与沟通，这样的社会必定会工商发达，民生改善，平等共处，和谐互惠，这也就是相仁互爱之道。显而易见，谭嗣同的新仁学给传统的仁爱精神注入了公民平等、社会开放的新鲜血液，从而具有了现代形态。冯友兰称谭嗣同为"一个代表时代精神的大哲学家"（《中国哲学史新编》第六册）。就当前国际社会发展的状况而言，工商通、科技通、信息通、交往通已经初步实现，但制度通、价值通、民族通、宗教通尚有许多阻隔，相斗相碍之道仍在流行，而且敌对心理以巨大的惯性支配着人们的行为，化解起来非常艰难。然而有两大危机在逼迫人们改变"斗争到底"的观念：一是日益严重的共同生态危机把人类挤压在一起，不团结起来应对便无法渡过难关；二是不断增加的核能与核武器威胁把共同毁灭的前景展现在人类面前，族群对抗持续下去将引发空前大灾难。有人说，在国际交往中，没有永远的朋友，只有永远的利益。现在可以改为：由于人类有永远的利益，所以必须成为永远的朋友。人类已经错过了冷战结束后彼此和好的时机，目前又处在全球经济危机阴影之下，许多人已经体验到相互之间兴衰与共、利益攸关的真理，这给地球村的村民用互利共赢取代互损俱伤创造了新的机遇，人类和解不能再拖延了。从危机到转机的关键在于打通价值观和信仰之间的障碍，克服妄自尊大、排斥异己的狭隘意识，使各种正义的信仰在相互理解、平等包容、互学互补中不断接近，在心灵上沟通，在情感上交流，在观念上取得更多的共识，形成文化的合力，便可释放出巨大的能量，这种能量足以改变世界。

　　儒学是中华文化的主干和底色，基督教是西方文化的主干和底色，两者的历史背景、信仰的内涵、特点及社会作用差异甚大，在相遇之后发生种种碰撞是难以避免的，但两者都是导人为善的信仰，都以爱人为宗旨，因此对话和沟通是可能的和应该的。在当今文明冲突时有加剧的情况下，儒学与基督教这两种宏大信仰体系的对话对于当前推动世界多种文明对话有着不言而喻的重要意义。两者在历史上曾有过和平交往的经验。利玛窦在中国进行过天主教与儒学相会通的有成效试验。不少西方传教士把儒学介绍到欧洲，给予启蒙思想家伏尔泰等人以积极的影响。当然，两者之间也存在着隔膜和紧张。但有识之士并没有停止过探讨两者交融的步伐。国际著名天主教神学家孔汉思推动宗教间对话产生巨大影响，在他起草的《走向全球伦理宣言》中，提炼出两条基本原则：一是"每个人都应受到符合人性的对待"，二是"己所不欲，勿施于人"，在这里孔子的恕道被视为普世伦理的黄金规则，得到世界普遍的认同。当代美国基督教开明派学者保罗·尼特认为"耶稣的特殊性就是向上帝的普遍性开放。因而，耶稣是向其他道路开放的道路"。他对基督教原教旨主义做了深刻反省，指出："任何宣称拥有'唯一的和仅有的'或者'最后的或优越的'真理的宗教……容易导致暴力"，"这是可怕的危险的傲慢"，他希望中国基督教要"成为他们佛教、道教、儒教朋友们的好邻居"（《全球责任与基督信仰》）。当代中国儒家学者贺麟明确提出：儒家要"吸收基督教之精华，以充实儒家之礼教"，包括吸收其"精诚信仰，坚贞不二之精神"，"博爱慈悲，服务人类之精神"，"襟怀旷大，超脱现实之精神"（《儒家思想的开展》）。另一位新儒家学者唐君毅肯定"原始佛教与基督教都先对人性中的罪恶有深切的自觉"（《宗教精神与现代人类》），认为"在兼通天地人的意义下，孔子是可以涵摄耶稣、释迦与科学之精神的"（《人文精神之重建》）。当代中国基督教神学家赵紫宸用儒家思想讲解基督教的伦理化神学，提出："我们讲仁义的中国人，含有深邃宗教性的道德，亦是耶稣纯粹的道德的宗教"（《更大的工作》）。另一位健在的基督教神学家陈泽民提出"和好神学"，认为"爱便是基督教精神的全部"，"认全人类为同胞兄弟姐妹"（《真理与生命》），肯定基督教与中华文化有共同的价值："真理、正义、仁爱，这都是千古不变的"（《靠主坚立不移》）。还有一位健在的基督教神学家汪维藩提出"生生神学"，他把《易传》"生生之谓易"和孔孟"仁者爱人"吸收到基督教神学中，认同"上帝的创造生命、维系生命；基督的拯救生命、成全生命；以及人的保护生命、扶持生命，直到个人修养上的自强不息，生生不已"（《中国神学及其文化渊源》）。香港基督教圣公会法政牧师何世明著《基督教儒学四讲》，比较儒耶同异，从多层面阐述儒耶融会的可能性与现实性。儒耶对话还有广大的空间，应当继续予以推动。

孔子仁学和儒家新仁学本质上是一种爱的学说，它的用意不在于向世人推行一种特别的信仰，而在于向世人提供一种普世的道德理性和相互关系的文明准则，相信人人心中都有爱，相信正义的信仰会激发人们心中的爱，克服人性的种种弱点，使爱跨越民族与宗教的界限，普及于全人类。孔子仁爱思想的亲和性与包容性，使他在今天多元文化的世界上受到各地区各族群人们的欢迎和尊敬；曾经较多停留在理想层面的儒家仁学，具有了空前的社会需求，获得了对现实生活的引导作用与可操作性。我坚信，真理在仁爱之中，文明在仁爱之中。仁爱通心，至诚如神，善终究能消解恶。人类是追求真理、向往文明的，只要正义的力量团结努力，人类内部的狠斗可以被制止，全球一家的理想能够逐步实现。

（原载于《晋阳学刊》2013 年第 5 期）

孔子的文化观及其现代意义

孔子是对中国文化影响最大的古典思想家。他的伟大贡献在于他把周公制定的礼乐制度加以系统的理论说明。提出"仁"的理念。高扬仁爱与和谐的思想。用以提升和深化已有的礼乐文化，使礼乐文化进一步成为礼义文化，即成为既重外在行为规范又重内在道德自律的文化。在这种文化影响之下，中国成为讲文明、守信义的礼义之邦。由于有仁爱的思想，礼义文化便具有了人道主义精神；由于有贵和的思想，礼义文化便具有了伟大的平等和宽容的精神。孔子的精神为中华民族内部多民族文化的蓬勃发展和不断融合，为中国文化与外国文化的大规模交流和互补，奠定了良好的思想基础。中国文化能有后来那么丰富多彩的内容和博大精深的境界，与孔子仁爱贵和思想的引导是分不开的：

一、 "和而不同" 的理性精神

孔子文化观的最大特色之一是主张多样性文化之间的和谐。孔子说："君子和而不同，小人同而不和"（《论语·子路》）。"和而不同"这一理念的最初要求，是在有道德的君子之间建立一种彼此尊重个性和意见的健康关系，后来便扩大运用于一切人际关系和各种文化相互关系之中，成为一个普遍性的原理。它随着儒学地位的提高，对中国文化的发展产生了重大的实际影响。

（一）从"和同之辩"到"同归殊途"

"和"的概念以及它与"同"的概念的区别，在孔子之前已经有思想家论述过，并且是当作一种哲学概念看待的。《国语·郑语》记载西周末年史伯的话说："夫和实生物，同则不继。以他平他谓之和，故能丰长而物归之，若以同裨同，尽乃弃矣。故先王以土与金、木、水、火杂成百物。"任何事物都是众多的成分以某种方式结合在一起而形成的，只有一种成分，便不可能产生新事物，这就是"和实生物，同则不继"的意思。"以他平他"的"平"乃指平衡，不同性质的事物之间形成一种平衡，这就是"和"。"和"是多样性的统一，所以它是丰富的具有生命活力的。而单一的事物相加，即"以同裨同"，事物既不会发展，也不能持久。人们在日常生活中使用的众多器具，都是金、木、水、火、土以各种不同的方式互相结合而制成的。史伯在这里强调了"和"的两个规定性：一个是事物的多样性，一个是多样性之间的互补。《左传》记载齐国政治家思想家晏婴在讨论君臣关系时再一次阐述了"和"与"同"的区别，指出"和"必须是多样性事物之间形成的和谐，而不是简单类同，如同美食，必有多种原料和调料，加以烹调而成，彼此"济其不及，以泄其过"，就是补充味道之不足，冲淡味道之过强，达到适度可口。"和"又如同音乐，必须有"五声、六律、七音"以相成，"疾徐、哀乐、刚柔"以相济，才能形成富于变化、优美动听的乐章。君臣之间，应该是"君所谓可而有否焉，臣献其否，以成其可。君所谓否而有可焉，臣献其可，以去其否"。臣对君不能一味服从，要有批评有建议，使正确的主张更为完备，使不正确的主张及时纠正，这才叫君臣之和。若是臣对君只能言听计从，就好比"以水济水"，不会有美味，又好比"琴瑟之专一"，不会有音乐，所以简单的同一是不好的。（《左传·昭公二十年》）

从史伯和晏婴的"和同之辩"中可以看出，在孔子之前中国的思想家已经明确从宇宙观上肯定了事物的差异性和多样性，但不强调多样性事物之间的对立和斗争，而强调它们之间的互补与和谐，这是中国贵和文化的特色。

孔子正是把前人"和同之辩"提炼为"和而不同"的做人原则。他还说过："君子周而不比"（《论语·为政》），"君子矜而不争，群而不党"（《论语·卫灵公》）。"和而不同"与"周而不比""群而不党"有相通的含义，都要求君子在坚守自己的道德原则的前提下与别人团结相处。"同"

"比""党"三者有一个共同的性质，就是不讲是非，言论一律，这是宗派主义集团具有的特点。《中庸》还讲过"君子和而不流"，要求有道德的人实行有原则的人际和谐，不与歪风邪气同流合污。总括起来说，孔子"和而不同"的理念，包含如下四个原则：第一，自立原则，每个人都要坚守自己的信念和个性；第二，差异原则，要承认人们的思想观点总是千差万别的，这是常态；第三，互尊原则，要尊重别人的意见，理解其中的合理因素；第四，和谐原则，事情可以相异相成，或者相反相成，也可以并行不悖，尽量避免冲突和对抗。由此可知，"和而不同"的理念是理性的、文明的和开放的，它与文化专制主义所表现出来的"唯我独尊""强人从己""舆论一律""排除异己"是格格不入的。

受孔子"和而不同"思想的影响，《周易·系辞下》就学术文化上百家争鸣的现象做出新的理论概括。它说："子曰：天下何思何虑？天下同归而殊途，一致而百虑。"《系辞》作者坚信人类终有一天会实现没有压迫、剥削、战争、犯罪和各种不合理现象的普遍幸福太平的大同世界，但是各地区各民族选择的道路可以是多种多样的。俗话说，"条条道路通罗马"，也就是殊途同归的道理。在思想界，看起来众说纷纭，那么多学派和理论，其实基本原则是相通的，这就是所谓的"一致而百虑"。反过来说，也不要由于目标一致而抹杀道路的多样性，也不要由于基本原理可以相通而取消思想文化的多样性，因为只有殊途才能同归，只有百虑才能一致，在这里，"一"与"多"、"统一"与"差别"是相反相成的，这就是我们现在所说的真理的普遍性和特殊性之间的统一关系。《周易》的上述思想，在西汉被史学家司马谈引用作为指导思想来总结春秋战国以来所形成的六大学派，即：阴阳、儒、墨、名、法、道六家，指出六家各有所长，亦皆有所短，不可互相取代，它们皆"务为治者也，直所从言之异路，有省不省耳"。（《史记·太史公自序》）就是说六家之要旨都是为了治国兴邦，不过各有自己特殊的思路，就看人们能否真正理解它们罢了。东汉时班固作《汉书·诸子略》，在六家之外又列出纵横、杂、农、小说四家，共成十家，亦引《易传》殊途同归论，认为诸家"其言虽殊，辟犹水火，相灭亦相生也"。从此以后，殊途同归论就成为开明人士对待不同思想文化的基本态度，形成一种宽容的文化传统。

（二）"和而不同"来于仁爱忠恕之道

"和而不同"的理念不是孤立的，它是孔子仁爱忠恕之道的表现和重要组成部分。孔子提倡仁爱，人应先从爱家庭做起，推而广之，爱他人，爱社会。他希望实现一个"老者安之，朋友信之，少者怀之"（《论语·公冶长》）的理想社会，使天下成为一个大家庭，"四海之内皆兄弟也"（《论语·颜渊》），彼此团结友好地相处。为了落实仁爱的原则，必须实行忠恕之道，即一方面要"己欲立而立人，己欲达而达人"（《论语·雍也》），这便是忠；另一方面要"己所不欲，勿施于人"（《论语·颜渊》），这便是恕。忠恕之道即是主张帮助人关心人和尊重人体谅人，它是人类一切道德行为的基本原则。

每个人都是在爱中诞生和成长的，人的幸福离不开彼此的关爱，所以爱心是人性的一部分。孟子说："爱人者，人恒爱之"（《孟子·离娄下》），墨子说："兼相爱，交相利"（《孟子·兼爱中》）；反之，害人者，人恒害之，兼相害则交相损。虽然人与人之间、群体与群体之间同时存在着利益和观念的矛盾，但这些矛盾是局部的和暂时的，从根本上长远上说，人类的利益和目标是一致的。但是，只有忠道，即关心人、帮助人，够不够呢？孔子认为不够，还必须有恕道，即体谅人、尊重人。因为人群是千差万别的，有等级、族别、国家、性别、辈分、职业、信仰、性情、年龄、爱好等等诸多的差别，每个人和别人都有所不同。个人和群体的合理愿望与思想都应当得到尊重，而爱是不能单方面强加于人的。凡有真爱的人，不仅有爱他人的炽热感情，而且还要有理解他人、平等待人的理性态度。"和而不同"的原则是忠恕之道在人际关系中的体现，一方面要提倡人之间的和谐、和平、合作、协调、团结，反对互相伤害；另一方面要承认差别，彼此尊重求同存异。优势互补，不强人所难，不整齐划一，这是人际关系的良性状态。

从根本上说，孔子和儒家的仁爱忠恕之道与和而不同的理念，都是来自博大宽厚的天人合一的宇宙观。《周易·乾卦·象》说："天行健，君子以自强不息"。《坤卦·象》云："地势坤，君子以厚德载物"，人要效法天地的榜样，像天地那样，生养、包容、负载万事万物。《乾卦·文言》说：

"夫大人者，与天地合其德"。《系辞上》说"易"的道理"范围天地之化而不过，曲成万物而不遗"。天地之道有阴阳、刚柔、四时、五行的变化运动，而人们对天地之道的认识往往是"仁者见之谓之仁，智者见之谓之智"。各有其合理性又各有其片面性，所以有德者应该有综合包容之心，才能全面体察宇宙的真理。《中庸》说，孔子"祖述尧舜，宪章文武"，"辟如天地之无不持载，无不覆帱，辟如四时之错行，如日月之代明。万物并育而不相害，道并行而不相悖，小德川流，大德敦化，此天地之所以为大也。"孔子和儒家总是在追求如同大地那样广大无边的精神境界，认为这种大地境界是最高的，认为万物的存在和发展都有它各自的位置和价值，各家的观点也都有它各自的合理性和作用。世界是多姿多彩的，真理也是多种多样的，不可能趋同，也不应该对抗，良性的关系只能是和平相处，互容互补。这种宇宙观对中国人影响是十分深远的。

（三）"和而不同"来于多元一体的民族文化格局

孔子提出"和而不同"的理念，有一个重要的民族史背景，即中国自古以来就是一个多民族共处和互动的国家。当代社会学和人类学家费孝通教授提出"多元一体"的理念①，用以表述中华民族的民族格局，是十分深刻的，有着重要的理论价值和现实意义。所谓"多元"，是指民族众多，文化各异，社会发展极不平衡；所谓"一体"是指各民族之间有共同的文化基础，有共同的历史经验，相互渗透和依赖，不可分割。这个理念不仅是现代的，也符合中国的古代史。考古学和历史学都证明了，中华民族的古代文明是多元起源，又不断向中原地区汇聚，又从中原地区不断向四周辐射的过程，它既是多元的，又是有中心的。历史学也说明了，夏、商、周三代以来，中国社会就是在多民族互相接触、混杂、冲突和交融中发展的。作为中华民族这个集合体核心的华夏族，它本身就是多民族融合的产物。尔后的汉族仍然不断吸收各少数民族的成分，才会形成人口众多、散布于全国各地的庞大族群，在各民族间起了凝聚和联络的作用。华夏族以农业为主，它的农业文明和礼乐文化推动了少数民族的社会发展；而少数民族

---

① 费孝通主编：《中华民族多元一体格局》，北京：中央民族大学出版社，1999年版。

的游牧文明也给华夏族社会注入新鲜血液，使之不断更新。孔子虽然注意"夷"（指当时少数民族）和"夏"（指当时处于主导的华夏族）的区别，然而这个区别并不在血统，而在文化。只要能推行当时先进的礼乐文化，便属于"夏"，拒绝礼乐文化便是"夷"。儒家推崇的圣王并不一定是华夏族，如孟子所说："舜生于诸冯，迁于负夏，卒于鸣条，东夷之人也。文王生于歧周，卒于毕郢，西夷之人也"（《孟子·离娄下》），大舜和周文王原是少数民族，他们由于推行礼乐教化，被儒家推尊为圣人。孔子先人是宋国贵族，乃殷人之后，他却以复兴周礼为己任。所以中国古代文化是多民族共同创造的，民族协和的观念占主流，民族仇恨的情绪不容易发展起来。

再者，孔子的时代，与民族相联系的地区性文化正在形成。例如邹鲁文化、燕齐文化、荆楚文化、巴蜀文化、吴越文化等，各有不同特色，彼此又不断交流吸收，相得而益彰。孔子所在的鲁国保存周礼最多，而老子所在的楚国则巫史文化比较发达，管仲则在齐国开创了德、法并重，义利兼顾的东方文化。

民族和地区之间有冲突有战争，但共处和融合是主流。中国人长期生活在多民族文化和多样性地区文化的不断交流、沟通、互动之中，习以为常，它为孔子"和而不同"的文化观提供了社会历史根据，使这种文化观易于被人们接受，易于传承和推广。

（四）孔子文化观中的消极因素

任何人都有时代的局限性，孔子也不例外。孔子虽然眼界开阔，虚心好学，然而他那个时代的主流文化仍然是周礼文化，而他又恰好生长在周礼最为发达的鲁国，从小受周礼的熏陶，对周礼产生一种特殊尊崇的感情，不免把周礼作为衡量文化优劣的主要标准，这就使孔子的文化具有某种狭隘性。孔子说："周监于二代，郁郁乎文哉！吾从周"（《论语·八佾》），他认为社会和个人要达到完美必须"兴于诗，立于礼，成于乐"（《论语·泰伯》），礼就是立国之道，成人之则。凡是与周礼不合的文化形式，他都是加以排斥的。例如郑国的音乐比较自由、新颖，他就说："恶郑声之乱雅乐也"（《论语·阳货》），所谓雅乐就是正统音乐如《韶》《武》一类。孔子还说："非礼勿视，非礼勿听，非礼勿言，非礼勿动"（《论语·颜渊》），因此他的教育主要是礼教，不赞成在尧舜之道以外去寻找学问，所以说："攻乎异端，斯害也已。"（《论语·为政》）他提出"异端"的概念，用以与仁礼之道相区别，认为钻研异端邪说，必有祸害。由此可知，孔子虽然主张文化包容，但不等于无所不包，他有自己的是非标准，这本来无可厚非。可是若把礼教作为唯一的是非标准，而拒绝其他的学说，便有可能通向文化专制的道路。

孟子一方面继承和发展了孔子思想中"匹夫不可夺志"（《论语·子罕》）的人格独立精神，提倡"富贵不能淫，贫贱不能移，威武不能屈"（《孟子·滕文公下》）的大丈夫气概；另一方面他淡化了孔子文化的宽容精神，反而放大了孔子排斥异端的思想，以孔子之道的捍卫者自居，把当时与儒家同时流行的墨家和杨朱学派看作是异端邪说，加以猛烈攻击，说："杨氏为我，是无君也；墨氏兼爱，是无父也。无父无君，是禽兽也。"（《孟子·滕文公下》）他对杨、墨两家的批判显然是偏激的，不合实际的，而且为后来儒家后学树立了一个"独尊孔子、排除异己"的典型形象，消极影响也是巨大的。

二、 孔子文化观的历史实践

孔子所创立的儒家学派在战国后期成为显学，在汉代及其以后，它成为中国文化的基础和主干，不单支配着民间社会的精神文化生活，而且成为官方学说，对国家的文化政策产生重大影响。所以孔子的文化观不仅仅是一种文化思想，在很长的历史时期中，它也是一种历史实践，是活生生的实际经验。我们可以用历史来检验孔子文化观的成败得失，使我们对孔子文化观的长处和不足有更为透彻的了解。

（一）"黄老之治"与"独尊儒术"

汉初文帝、景帝时代，国家推崇黄老思想，文化环境比较宽松。所谓黄老思想，就是兴起于战国、发展于汉代的一种新的道家思潮，其最大特点如司马谈所说："因阴阳之大顺，采儒墨之善，撮名法之要"（《史记·太史公自序》），也就是能容纳各家学说，特别是能吸收儒家的思想。在黄老思想指导下，汉初的文化界比较活跃，各家思想均能正常流行，最典型的表现便是《淮南子》一书的出现。该书是淮南王刘安主编，由众多不同学派的学者集体分工合作写成的，书中有道家、儒家、法家、墨家、阴阳五行家等诸家的思想，它是汉代学者对古代文化的一项大规模的汇集和总结。其《齐俗训》提出一种博大宽容的文化观，认为"物无贵贱，因其所贵而贵之，物无不贵也"，它认为天下万物，各有其性，各有其用，不可替代："天地之所覆载，日月之所照誋，使各便其性，安其居，处其宜，为其能。故愚者有所修，智者有所不足"。如"马不可以服重，牛不可以追速"，应该"各用之于其所适，施之于其所宜"，使其各得其所。对于不同地区不同民族的风俗习惯，应当予以尊重，"入其国者从其俗，入其家者避其讳，不犯禁而入，不忤逆而进，虽之夷狄徒倮之国，结轨乎远方之外，而无所困矣。"《淮南子》是如何对待诸子百家的呢？《氾论训》认为"百川异源而皆归于海，百家殊业而皆务于治"。这其实就是《周易》提出的殊途同归论的思想。《要略》用历史的眼光分析秦以前文化史上诸子百家产生的社会背景及各自不同的作用，肯定各家皆有其特定的价值。它认为《淮南子》的宗旨是"统天下，理万物，应变化，通殊类"，不能"循一迹之路，守一隅之指"，而必须"与世推移"，适应变化了的时代。可知《淮南子》是主张在文化上既综合前人的众多成果，又进行开拓创新，是相当开明的。

　　但是好景不长。汉王朝在武帝统治时期日趋强盛，文化政策也随之发生变化。一个强大而统一的中央帝国实行君主专制政体，需要有一个集中统一的思想作指导。而《淮南子》主张松散而开明的君主政体显然不符合汉武帝加强中央集权的意愿，所以刘安将《淮南子》献给武帝，武帝并不采用。不久，大儒董仲舒应武帝之问而对策，说："《春秋》大一统者，天地之常经，古今之通谊也。今师异道，人异论，百家殊方，指意不同，是以上无以持一统；法制数变，下不知所守。臣愚以为诸不在六艺之科、孔子之术者，皆绝其道，勿使并进。邪辟之说灭息，然后统纪可一，而法度可明，民知所从矣"（《汉书·董仲舒传》），这就是著名的"罢黜百家、独尊儒术"的文化政策，这一政策体现了孔子孟子排除异端、唯行礼教的思想，为汉武帝采用，儒学从此登上官方学问的宝座，成为全社会独一无二的指导思想。儒学所阐述的礼治之学，强调君臣、父子、夫妇的主从关系，符合宗法等级社会稳定秩序的需要；儒学所阐述的忠、孝及五常之德，也是家族社会最基本的道德，具有普遍意义；儒学所确定的内圣外王、修身、齐家、治国、平天下的社会人生目标，给那个时代多数知识分子提供了一种既切近现实又崇高远大的理想信念，所以儒学能够成为官学，被定为一尊，有其历史的必然性和合理性。但是国家的统一和稳定，社会道德的加强和理想信仰的建立并不必然要求思想文化上单一化、政治化。儒学成为官方学问，固然借助于政治力量，扩大了影响，同时也由于政治的过分介入而功利化；并且由于"百家争鸣"的结束，缺少了学术的竞争、比较、批评和挑战，儒学的学术生命也容易萎缩，而这一切在东汉末年都发生了。儒学获得了至高无上的外在权威，却逐渐丧失了人们内心的敬仰，因此"独尊儒术"的政策不能够再维持下去。

（二）"夷夏之辨"与儒、佛、道三教合流

印度佛教于两汉之际（即公元前后）传入中国，而兴起于汉末三国时期。道教孕育于两汉，亦兴起于汉末。其重要的原因之一便是儒学的相对衰落而腾出了巨大的社会精神生活空间，使佛、道二教得到了空前的发展机会。而儒学的衰落正是"独尊儒术"所造成的恶果。以儒学为正宗的中国政治家和思想家，在进行文化战略的思考时又重新回到孔子"和而不同"和《周易》"殊途同归"的思路上。当然，政治界、思想界的看法是不一致的，尤其在对待外来佛教文化的态度上有截然相反的两种评价。一种强调文化的民族性正统性，坚持"夷夏之防"和维护正统、排斥异端的观点，主张反佛、排佛；一种强调文化的多样性和开放性，阐扬孔子和儒学的"和而不同"的宽容精神，主张敬佛、容佛。这两种态度都与儒家的传统有关，问题在于应当发扬哪一种传统，淡化哪一种传统。这是历史上中国文化与外国文化第一次大规模的交会，它考验着中国文化的包容性和吸收能力。

魏晋南北朝时期，中国思想界就佛教问题展开激烈的讨论。反佛的一方提出"夷夏论""神灭论"和"害政论"批判佛教。夷夏论者认为佛教乃"夷狄之术"，它提倡弃亲出家，追求涅槃成佛，不符合尧舜周礼之道，背离孝道，违背礼制，不适用于中华的民风习俗，因此应当加以拒绝。这

显然是一种狭隘的民族文化观。神灭论者认为人的灵魂附属于肉体，"形存则神存，形谢则神灭"（《梁书·儒林·范缜传》），没有不死的灵魂，因此佛教所说的三世（今世、来世和后世）轮回和因果报应是不可能发生的。这是从理论上批判佛教，认为它的说教是不真实的不可信的。害政论者认为佛教不遵守中国的礼乐法度，不纳税不服兵役，不务农桑，消耗资财以建佛寺神像，有害于国家政令的统一和社会的稳定发展，所以应当加以禁绝。这一派夸大了佛教的消极社会作用而否定它有积极社会作用。

拥佛的一方主要不是印度僧人，而是中国的佛教信徒。他们认为大道不分夷夏；儒学乃一国之教，而佛教乃世界之教；儒学是入世治国之教，道教是练形全生之教，而佛教练神，超出生死，是最高的真理。南朝宋代宗炳写《明佛论》，指出："彼佛经者，包五典（指儒家五经）之德，深加远大之实；含老庄之虚，而重增皆空之尽"，佛教在道德上超过儒学，在玄学上超过老庄，能"陶潜五典。劝佐礼教"（《弘明集》卷二），所以不要把佛教和儒学、道家对立起来。他们还认为人的精神是高超神妙的，它不会随着粗糙的肉体一同灭亡，而且儒典中有着祭祀祖先的条文，肯定鬼神的存在，所以儒家的有神论与佛教相通。他们还指出，佛教看起来有许多地方与中国传统礼教不同，但它是修善之教，有助于巩固王权。东晋何充说："五戒之禁，实助王化。"（《弘明集》卷十二）名僧慧远指出，佛教能够拯救世人的堕落，"内乖天属之重而不违其孝；外缺奉主之恭而不失其敬"，可以"协契皇极，大庇生民"（《弘明集》卷十二）。北魏文成帝认为佛教可以"助王政之禁律，益仁智之善性"（《魏书·释老志》），即佛教可以辅助法律的实行，改善人们的道德品性。

在这场辩论中，儒家的"和而不同"论与"殊途同归"论发挥了重大作用。容佛一派都用文化宽容和多样性互补的观点来说明佛教与儒、道的关系。慧远说："道法（指佛教）之与各教，如来之与尧孔，发致虽殊，潜相影响；出处诚异，终期则同"（《弘明集》卷五）。宗炳说："孔老如来虽三训殊路，而习善共辙也"（《弘明集》卷二）。北周道安说："三教虽殊，劝善义一，途迹诚异，理会则同"[①]。殊途同归论开阔了人们的心胸，帮助

---

① 道安：《二教论》，载《广弘明集》卷八，出自《四库全书》，台湾：商务印书馆，1986年版。

人们克服民族、国别、地域造成的心理障碍，以理性的态度去比较儒、佛、道三教的异同，求同存异，以异互补。经过讨论和实际考察，中国多数政治家和思想家在孔子贵和思想指导下，看到儒、佛、道三教之间在理论上有相通之处。在功能上都能劝善化俗，而且各有特色，可以做到优势互补。既然人们可以在中国范围之内包容诸子百家，为什么不能在更大范围内包容外国的优秀宗教文化呢？于是容佛派战胜了反佛派，主导了多数人的思想，不仅佛教的研究和传播进一步扩大，而且儒、佛、道三教之间的吸收和融合成为社会思潮的主流。许多王公、大臣、名士兼修儒、佛、道三教，成为一种社会风气。例如名士谢灵运、范泰、郑鲜之、颜延之等皆笃信佛法，又精于儒学。名道士陶弘景兼信佛、道二教，又习儒学，著《孝经集注》《论语集注》。学者徐孝克在钱塘讲学，"旦讲佛经，晚讲《礼传》，道俗受业者数百人"（《陈书·徐陵传》）。从此，中国思想文化的核心结构由两汉的"独尊儒术"转变为儒、佛、道三教鼎足而立，以儒为主，以佛、道为辅，在互动中融合。这样一个有印度佛教参与的新的中国文化，内容上更加丰富广博，形式上更加多姿多彩，使中国人的理论思维和形象思维能力及文化创造能力大为提高，民众信仰选择的空间也扩大了。

（三）文化专制主义与文化开放政策

中国历史上的传统社会，是一个君权至上的社会。当君王不满足于政治、经济、军事领域的权威而要干预思想文化的发展时，或者说当王朝用行政强制手段推行某种信仰、取消某种信仰时，政治专制主义便成了文化专制主义。例如"三武一宗灭佛"的事件便是如此。但这样的极端政策都没有维持太长的时间便宣告破产了。因为它违背了和谐和宽容的传统，而这个传统的力量是强大的。不过经常有不和谐不宽容的声音特别是反佛的声音出现，但都不能成大的气候。其中有代表性的是唐代文学家韩愈，他写了《原道》一文，主张用行政手段消灭佛教，提出"人其人，火其书，庐其居"（《韩愈全集》卷一）的极端方案，幸运的是他的主张没有被采纳。

唐代以后，历代政权大体上都采取儒、佛、道三教并奖的政策，鼓励儒学，支持佛教和道教。同时也允许传入中国的伊斯兰教、摩尼教、琐罗亚斯德教、犹太教在中国合法流行。由于社会环境的宽容与和谐，宋以后传入中国的犹太教竟在不知不觉之中消弭于无形，这在世界犹太教传布史上是唯一的特例。

在开放的文化政策的带动下，儒、佛、道三家互相吸收，在理论上出现了三个高峰。佛教吸收儒家的入世精神和道家的自由精神，形成具有中国特色的禅宗。儒学吸收佛教的主体哲学，形成宋、元、明时期的理学、心学和气学。道教吸收佛教的缘起性空说和儒家的性理之学，形成全真道的内丹学，它们在哲学理论上都达到很高的水准。三教各有所长，儒学之所长在成德治国，佛教之所长在出世解脱，道教之所长在养生长寿，互相不可替代。明代一位名僧德清说："为学者三要，所谓不知《春秋》（儒家经典）不能涉世；不精《老》《庄》（道家经典）不能忘世；不参禅（佛教修行）不能出世"（《憨山大师梦游全集》卷三十九），表现出典型的三教合作的思想。

在三教合流思潮的影响下，中国人特别是汉族民众，其思想信仰往往是三教共信或三教混杂的，其生活习俗之中，既有儒家敬天、祭祖、孝亲、尊师的礼仪，也有佛教拜佛斋僧、超度亡灵的风气，还有敬仙学道、养气画符的习惯，佛教寺庙中供养神仙、俗神和道教宫观中供养佛陀、菩萨是所在多有的。明、清两代的通俗文学作品，如《西游记》《三国演义》《水浒传》《红楼梦》《聊斋志异》等名著中，都有儒、佛、道三家的思想文化营养，人们读起来习以为常。三教合流的思潮影响所及，近现代许多思想家和学者也往往三教或两教兼修。如清末改良运动代表人物康有为所设计的大同世界，寄寓着儒家的大同理想，也融入了佛教的净土理想和道教的神仙境界。谭嗣同提出新仁学，糅合孔孟、老庄和佛教唯识学于其中。其他重要学者如梁启超、章太炎、熊十力等，都是儒、佛兼综的学者。

（四）儒学与近现代中外文化交流

中国与欧美文化正式接触应该从明末利玛窦来中国传布天主教算起。在此之前，唐代已有大秦景教（罗马基督教聂斯脱利派）传入中国，唐武宗灭佛，祸及景教，遂致灭绝。元代复有基督教传入，称"也里可温"，于元末消亡。基督教这两次进入中国，都影响不大，而且未能流传下来，也未曾带来西方更多的文化品类。16 世纪末利玛窦来中国时，中国社会与文化渐趋衰落，正在寻找革新之路；而欧洲经过文艺复兴运动正在向近代工业文明急速迈进，科学技术水平明显超出中国。所以天主教进入中国，不仅带来了一种全新的西方宗教文化，而且也以宗教为载体，带来了西方较先进的科学技术成果，使中国人的眼界大为开放。虽然由于文化心理的冲突和文化传统的保守惯性，许多中国人对天主教采取排斥和戒备的态度，使天主教的传布遭遇曲折和风险，可是由于中国文化悠久的宽厚包容传统，由于有一批颇有影响的中国天主教徒为之辩护，也由于利玛窦采取了"天主教儒学化"的策略，天主教终于能够在中国稳定下来，流传下去。当时明王朝礼部尚书徐光启作《辩学章疏》，指出西方天主教徒"皆务修身以事天主，闻中国圣贤之教亦皆修身事天，理相符合，是以历苦艰难，履危蹈险，来相印证，欲使人人为善，以称上天爱人之意"。（《徐文定公集》卷五）徐光启是儒者出身，他所说的修身事天的圣贤之教即是儒学，他认为天主教也是修身事天之教，以爱人为宗旨，劝世人为善，在原理上与儒学是相通的。毫无疑问，这就是"殊途同归"的文化观点。当然，中西文化交流是一个互动过程。西方文化东渐以传教士为中介，而中国文化典籍也通过传教士的翻译介绍传入欧洲，给予当时的启蒙思想家孟德斯鸠、伏尔泰等人以重要的影响。

鸦片战争以后，西方列强用武力打败了中国，逼迫中国签订了一系列不平等条约，使中国沦为半封建半殖民地国家。中国对欧美列强的失败，不仅是国家实力的失败，从深层说是农业文明对工业文明的失败。西方工业文明不仅以其迅速发展的强大市场经济和科学技术战胜了东方，显示了比农业文明高得多的巨大优越性；而且在文化理念上，西方倡导的民主、自由、人权、平等、法制、理性以及后来发生的社会主义学说，成为一种新的时代精神，主导了世界思想潮流，对东方和中国人产生了巨大的吸引力。所以先进的中国人怀有矛盾的心情，一方面反对西方列强的殖民主义政策与行为，争取中华民族的独立和解放；另一方面又不能不转而到西方去寻找救国救民的真理，通过学习西方的长处，达到富裕自强的目的。19世纪后期出现的洋务运动和维新运动，都是在西方文明影响下的社会改革运动，前者着重发展工业，后者着重政治改良。20世纪初，孙中山领导的辛亥革命，以西方的民主共和国为理想模式，成功地推翻了两千多年的帝制社会，建立了中华民国；尔后发生的"五四"新文化运动，提倡科学、民主与社会主义，使欧美自由主义和俄国传来的共产主义在中国思想界形成主流。儒学由于不能及时自我转换和创新，用儒学改良社会的努力又遭失败，在西方思想的冲击下，它退出了中国文化的主导地位，成为一种边缘学说。儒学是暂时衰落和萎缩了，但是它所蕴含的"自强不息"与"厚德载物"的中华精神，它所论述的忠恕之道以及仁、义、礼、智、信的五常之德，却已经渗透到民族心理与性格之中，成为国民性的重要组成部分，它们是不会灭亡的。从另一个角度说，正是儒学及道家所积累的深厚文化资源，才能成为中国吸收消化西方思想营养的内在基础；正是孔子"和而不同"和《周易》"殊途同归"以及老子"有容乃大"的思想，造就了中国人开放、包容的博大胸怀，为大规模引进西方文明成果，创造了必要的思想条件。中国共产党以俄为师，又独立创造和经过艰苦卓绝的斗争，终于使中华民族于20世纪中叶摆脱了依附外国的状态，获得了真正的独立。最近20多年，中国总结了"文化大革命"的惨痛教训，放弃了"以阶级斗争为纲"的路线，恢复了对孔子和儒学应有的尊重，强调和合，和谐和团结，又实行改革开放路线，以更加积极的态度吸收和借鉴西方现代文明成果和先进经验，大力进行社会改革和市场经济建设，中国经济取得迅速发展，各项社会事业也在蓬勃开展，中国面貌正在发生着日新月异的变化。这一切都在证明，中华民族有着开放的传统，有着兼收并蓄的魄力和气概，能够克服狭隘和偏激，走向世界，走上健康的理性的发展道路；同时也能进行综合创新，使中国社会和文化保持自己的特色。

中国文化一向是丰富多彩的。以宗教信仰而言，现存的五大合法宗教，除道教是土生土长的宗教以外，佛教、天主教、基督教、伊斯兰教，都是从国外传入的。各教之间也有摩擦和争辩，不过大体上是能和平相处的，没有发生过大规模流血的宗教战争，这与中国文化宽厚能容的大环境是分不开的。中国社会目前有三大文化体系汇聚：社会主义文化、中国传统文化和西方欧美现代文化。三大文化已经克服了对峙状态，开始了良性互动的过程，新的中国文化将在这良性互动中诞生。未来的中国文化将具有三大特点：它是现代的，又是民族的，还是异彩纷呈的。它将是孔子"和而不同"的伟大理念的又一次伟大实践。

三、 孔子文化观的现代意义

在高科技的带领和现代信息产业的推动下，世界的经济正在加快全球化的过程，产业运作的全球化，市场规则的全球化，科技运用的全球化，地区和国家之间经济发展的相互依存性大大加深了，世界逐渐变成一个"地球村"。在这种形势下，各国各族的文化要不要也随之全球化，还是保持它的多样性？这是人类面临的一个重大的现实问题和理论问题。我认为正确的提法应当是：经济全球化、政治多极化、文化多元化。

现代市场经济和科学技术是没有国界的，只有利益的冲突。经济全球化是必然的趋势，公平竞争则是经济健康发展的保证。政治多极化有利于国际政治军事力量的制衡，有利于发展国际上双边和多边的合作关系，对于保持世界和平、避免战争是十分必要的，而文化的多元化则体现世界各民族人民各自独特的信仰、价值观和文明的创造力，多元的文化保证了人类文明的多姿多彩，在互动中赋予人类社会持续发展的动力。文化的单一化和趋同不仅是可怕的，它将使人类社会失去色彩，失去自由选择的空间，而且也是难以做到的，因为文化的差异是普遍和永久存在的。人们应当互相尊重各自的选择。文化上强制推行一种模式，无疑是一种损害人权的行为：面对着一个互相依赖日益加深，矛盾和冲突又普遍存在，价值体系又千差万别的人类社会，人们应当如何相处呢？无非有两种选择：一种是以强凌弱，用实力推行同化政策，将自己认定的价值观和生活模式强加于人，甚至以武力相威胁和不惜发动战争来实现世界同一的目的；另一种是平等相待、互相尊重、求同存异、取长补短，在和平共处中求得共同的发展，就是将孔子"和而不同"的理念加以扩展和运用。前一种选择将不断地导致对抗和危机，损害世界的和平与发展：两次世界大战和战后的长期冷战及局部战争都证明，被侵略的民族固然遭受巨大损害，却也没有被征服；而侵略者和强权推行者也都是以损人开始，以害己告终，德日法西斯的强横与灭亡就是最好的证明。后一种选择将促进世界的和平与发展，推动世界健康新秩序的建立，造福于全人类。由于孔子"和而不同"的理念包含着平等精神、宽容精神和多样化原则，它既是古典的，又可以与现代文明相衔接，是一种可以常驻常新的原理。国际社会能在多大程度上接受这个原理，将决定人类未来的命运。当代中国哲学家冯友兰先生说过："在中国古典哲学中，'和'与'同'不一样。'同'不能容'异'；'和'不但能容'异'，而且必须有'异'才能称其为'和'。"又说："'仇必和而解'是客观的辩证法。不管人们的意愿如何，现代的社会，特别是国际社会，是照着这个客观辩证法发展的"，并说："这就是中国哲学的传统和世界哲学的未来。"① 冯先生把"和而不同"看作代表中国哲学的传统和世界哲学的未来，他深知这一哲学思想的普遍价值和现实意义。人类社会比以往更复杂高级，也比以往更脆弱危险，不仅再也经受不起世界大战，也经受不起冷战，冯先生相信理性的人类会做出正确的选择。

"和而不同"的理念用于国际政治生活，便是国家之间关系的和平共处原则，即互不侵犯，互不干涉内政，互相尊重领土、主权，平等协商合作，和平共处。尊重每一个国家人民所选择的社会制度、生活方式和宗教信仰，不因意识形态、价值理念和信仰不同而影响国家之间平等友好关系。这一国际关系准则符合联合国宪章的精神，得到越来越多的国家的赞同，在国际政治中发挥着巨大的作用。

"和而不同"的理念用于世界文明发展，便是承认价值的多元性，主张文明之间的对话，而反对文明之间的冲突。美国政治学学者亨廷顿提出"文明冲突论"② 以后，受到东方许多学者的批评，在美国也有人不赞成。后来他对自己的理论有所修正，肯定世界文化的多样性，但仍然认为东方的儒家和伊斯兰文明将是对欧美文明的一种威胁。这是根本错误的。世界不同文明之间有差异有矛盾，但其主流是互相交流互相促进。如果发生对抗和战争，那是集团实际利益在背后驱动造成的，并不是文明本身要互相对立。尤其是儒家文明，它一向具有和平、宽容的性格，它提倡仁政德治，反对侵略和苛刑，它提出"协和万邦"的和平外交原则，把"为万世开太平"作为奋斗目标。儒家文明的复兴和传播，不仅不会威胁任何其他的文明，而且会促进各种文明之间的健康互动，给世界带来和平。

---

① 冯友兰：《中国现代哲学史》，广州：广东人民出版社，1999 年版。
② ［美］亨廷顿：《文明的冲突史》，载 1993 年美国外交事务季刊夏季号。

当代德国哲学家哈贝马斯提出"沟通行动理论"和"沟通理性"，认为人际间真诚沟通，才能显出人类存在的意义，共享美善生活。这一理论的意义是：人的理性的努力不在于去寻找一种最完善的信仰理念，而在于在多元文化中求同存异、互相理解，并在这样的基础上达到社会行为的相互协调与合作。[①] 这一思想同孔子"和而不同"的理念在精神实质上是一致的，可以看作是"和而不同"的一种现代诠释。19 世纪末中国改良派思想家谭嗣同著《仁学》一书，提出"仁以通为第一义"的思想，认为沟通是实现仁爱的途径，这是对孔子仁学的重大理论发展。要达到孔子所说的"和而不同"的理想，一是要有博爱的情感，二是要沟通对话。只有对话才能沟通，只有沟通才能理解，只有理解才能彼此尊重与合作，真正实现"和而不同"。

市场经济的价值观和斗争哲学仍然在支配着现实世界人们的社会行为，个人、集团、民族与国家的眼前和局部利益，往往成为人们行为选择的决定性力量，难免以损人利已为信条，所以世界极不安宁。而"地球村"的现实又加强了人群之间的相互依赖，使得人类之间的共同利益超出彼此之间的对立；世界性的生态危机更把人类的命运联系在一起；人类从来没有像今天这样迫切需要团结与合作。人类应当用新的和谐哲学去取代以往的斗争哲学，以保障"地球村"的安宁与发展。为此我们不但要传播"和而不同"的原则，还要为仍然四分五裂的人类创造出有利于沟通、协商与合作的渠道与机制，以避免战争与灾难，使"和而不同"的理念逐步变成人们生活的现实。

（原载于《黄河科技大学学报》2002 年第 1 期）

---

① [德] 哈贝马斯：《关于沟通行动的理论》，参考高宣扬：《当代社会理论》下册"沟通行动的社会理论"，台湾：五南图书出版社，1998 年版。

重铸君子人格　推动移风易俗[①]

重建道德中国，推动移风易俗，必须造就大批新时代的君子去参与去带领。君子文化曾长期被冷落，而今又逐渐升温，其顽强生命力来源于：一是合情合理，二是文明需要。志愿者队伍的壮大滋养着君子群体。君子与小人的主要差别，一是"君子喻于义，小人喻于利"，二是"君子和而不同，小人同而不和"，而君子与小人的差别又是动态的可以转化的。梁启超有《论君子》之作。今日新的君子之论把君子道德人格概括为"六有"：有仁义，立人之基；有涵养，美人之性；有操守，挺人之脊；有容量，扩人之胸；有坦诚，存人之真；有担当，尽人之责。我们要突破"君子不器"的局限，改曰"君子能器"，呼唤各行各业都有大批君子出来肩负重任。全国道德模范的不断涌现，山东威海倡导"君子之风，美德威海"的成绩，都增强了我们重建礼仪之邦的信心。

一

孔子儒学确立了中华民族核心价值观和基本道德准则，这就是以人为本的"五常"（仁义礼智信）、"八德"（孝悌忠信礼义廉耻）。在全面推进建成小康社会和融入全球化事业的今天，它仍然是中华民族的精神纽带和道德基石，当然要有所损益和创新。长期以来，由于反传统的文化激进主义连续不断地猛烈冲击，孔子儒学离我们渐行渐远，传统美德被丑化被丢弃，成了游魂，而功利主义大行其道，使得社会散乱无序，精神家园荒芜

---

① 本文是 2015 年 9 月 27 日作者在第七届世界儒学大会上的发言稿。

杂沓。经过痛苦的历史教训和深刻的反思，主流社会重新认识到传统美德在现代社会的重要性，它乃是文明社会的精神支柱，也是经济社会健康发展的道德保证。科学、民主很重要，但都取代不了民族基础道德，而民族振兴恰恰需要它的支撑。

现在的问题是：如何重建礼仪之邦？如何重建道德中国？三件大事要抓住：一是抓好教育，立德树人；二是建好乡社，移风易俗；三是反腐倡廉，清整官德。然而这三件大事都需要一批道德精英去参与去推行，没有他们，美德还是游魂，落不到实处。办好家庭教育、学校教育，都要求家长教师言传身教。改善民间风气，需要有社会贤达垂范引领。建设政治道德，需要有清官廉吏作则带动。而这些道德精英便是孔子儒学着力表彰的君子。这就是孔子所说的"人能弘道，非道弘人"①，孟子所说的"使先知觉后知，使先觉觉后觉"②。如果不能造就一大批新时代的君子，道德建设是不能成功的。

"君子"从"君"而来。《仪礼·子夏传》："君，至尊也"，注曰："天子诸侯及卿大夫有地者皆曰君。"《说文》释"君"："尊也，从尹发号，从口"。《汉字图解字典》释"君"："会意字，从尹从口，像手执权杖，发号施令。""君"字的本意是有权位的人，古典称之为"国君""君王""君主""储君""平原君""商君"等。"君"加"子"则用以称呼"男性""丈夫"，如《诗经》"窈窕淑女，君子好逑"③，"未见君子，忧心忡忡"④。孔子是中华民族的精神导师和道德大师，他用仁学把周代礼乐制度文化提升为礼义德性文化。在此过程中他创造性地阐发"君"这一语词中的"尊贵"之义，将其意蕴从指向社会地位转而指向道德品质，从而确立了"君子"这一理想人格范式，把中华美德凝结在人的文化生命之中，使"做人"成为中华思想的主题，造就出礼义之统，影响中国两千多年，其功绩是伟大的。先秦时期，孔子、孟子、荀子和《易传》《礼记》，对君子之德都有大量论述。汉魏以降，直至近代，士林学人推尊君子人格者所在多有，又

共同体：人类命运　中国经验

①《论语·卫灵公》。
②《孟子·万章上》。
③《诗经·周南·关雎》。
④《诗经·召南·草虫》。

普及于民间，遂成为久传不绝的民族集体意识。

由于长期以来反孔批儒，当代中国社会讲论君子已经不多了，"君子"成为一个比较陌生、有时成为嘲讽的词汇。但是生活里仍常有正面形象的君子从人们言谈中流露出来，如说："不要以小人之心度君子之腹"，"君子一言既出，驷马难追"，"不要做伪君子、真小人"，"要有君子协定"。虽然人们痛感"小人得志，君子吃亏"，却在内心里仍然珍重君子、嫌弃小人。21世纪以来，君子话题不断升温，昭示着民族文化新的自觉。为什么君子文化有顽强的生命力？至少有两个原因：一是合情合理，二是文明需要。对于个人而言，要获得幸福感，除了生活富裕舒适，还要过得有尊严，既有自尊又能被尊，这就要做有德君子，不能做缺德小人。小人由于损人利己，得不到别人真心尊重，表面上会有人吹拍，那是势利驱使，背后总是挨骂，其人也难免有所感知，只不过是虚荣心一时的满足而已，不会有内在的快乐。因此人的向善本性和内在尊严感必然鄙夷小人而向往君子，只是被不良风气压抑了这种追求。对于社会而言，要形成良好风气，道德教化必须有层次的差别，标准太高不接地气，标准太低不能引导。古人懂得这个道理，所以设计做人标准是有差序的。顶层是圣人或圣贤，人伦之至，万世师表，社会公认的是至圣孔子、亚圣孟子，还有若干大贤；圣贤是做人最高目标，虽不能至，然心向往之。中上层是有德君子，严于律己，关心他者，受人尊敬，一般人须要努力才可以成为君子，放松自己又会滑落下来。中下层是普通好人或称众人，保有爱心，不突破做人底线，同时不事修身，难免有些不良习性。下层是缺德小人，处处计较眼前私利，时常自觉不自觉损害到他人和公共利益，但不至于严重违法，主要在道德舆论上受到责备。最底层是罪人，既无德又犯法，如偷窃、抢掠、欺诈、杀人、绑架、作乱，必须绳之以法、齐之以刑。如以圣贤要求多数人，失之太高，与生活距离太远，不起作用，或出现伪善。如以好人作为道德标准，失之过低，激励作用不足。古贤之所以大声呼唤有德君子，盖在于君子寄托着中华道德理想又是可以切实效法的榜样。从今天移风易俗的道德建设而言，宣传"感动中国人物""最美人物"，发挥道德导向作用，是必要的。同时，还要借鉴古人道德教化的智慧，运用祖祖辈辈熟悉的话语，大力倡导做新时代的有德君子，激活人们身上沉睡已久的传统美德基因，使多数好人见贤思齐，不断走近君子境界，使社会上小人逐步减少，也从而压缩犯罪的空间，我以为这是一种行之有效的社会教化方式，是社会文明发展的内在需要。

现在，中国经济社会迅猛发展面临的最大挑战是道德滑坡，最大的难题是风气的改善。以利益为链条的潜规则成为流行的通则，甚至在文化教育领域也是明规则无力，潜规则有效，正常办事往往需找关系、送礼金，在招生、聘人、评职上发生一系列权钱交易的作弊贪腐案件，屡禁不止，浊风恶习几乎成为司空见惯、见怪不怪的社会性现象，这是最令人担忧的。然而我们无须悲观，败坏风气者毕竟是少数，反感和批评者仍然是多数；风气虽能改变人，人也能改变风气，正气犹在，归根到底还是邪不压正，因为正气代表多数人的利益和追求。改变风气，事在人为，关键在于要有一批先知先觉而意志坚定的君子，迎难而上，开风气之先，做革故鼎新的先行者。事实上道德良知存于人性，每当大的灾害发生，便会出现一方有难、八方支援的动人情景，私欲隐退，德性呈现，小人消匿，爱心君子比比皆是。在公益慈善和社会救助中，好善乐施者层出不穷。北京奥运会以来，志愿者队伍日渐壮大，有为青年纷纷加入，他们践行着一种超出功利的生活，使身心在奉献大众的道德境界里享受着真正的快乐，他们就是滋养新时代君子的群体，寄托着中华民族复兴的希望。社会各界要爱护他们、支持他们，把志愿者的事业做大，这是道德建设中一项重要的工作。

孔子儒家的君子论是丰富多彩的，涉及人格养成的方方面面，背后皆有历史人物和事迹作为支撑。若加以归纳，可以构成君子之道的庞大体系，含有层次、纲目的序列。为了现显君子的主要品质，孔子特意将君子与小人对举，用小人的缺德衬托君子的有德。其中最能表现二者差异的有两句话："君子喻于义，小人喻于利"；"君子和而不同，小人同而不和"[1]。"喻"，明晓也。君子从内心里懂得"义"（正义和公益）的重要，以之作

————————
　①《论语·子路》。

为立身行事的准则。小人则处处以"利"（个人私利）作为考量和行事动机，唯有"利"能入其耳、著其心、见其行动。君子小人之区别关键在义利之权衡上，不是口头表白，而是行为宣示。我们可以这样说：君子非义不为，小人唯利是图。在小人看来，君子的道德坚守是愚笨；在君子看来小人的逐利作为是鄙俗，二者几乎没有共同语言，所乐不同故也。由此而引出在处理"自己"与"他人"的关系上，君子能够推己及人、互相尊重，这就是和而不同；小人则要结党营私、唯我是从，必然同而不和。君子以文会友、以友辅仁，和乐与恒持是其常态；小人以利树宗、以派谋私，钩心斗角在所难免。我们可以把"义利之辨""和同之辨"作为对照君子小人的纲要，纲举则目张，君子之道便能完整显现了。

　　但是，君子与小人之别又是相对的和动态的，不应将其绝对化和凝固化。以义利之辨而言，君子并非不言利，小人求利也并非全然不对，这其间有个分寸的把握问题。孔子说："富与贵是人之所欲也，不以其道得之，不处也"[1]，人皆有求富贵、恶贫贱之心，这是人性使然，此乃君子与小人之所同，只是君子见利思义，得之以道；小人见利忘义，得之以非道。例如商人求利乃天经地义，守法诚信者即为君子，违法欺诈者即为小人，君子小人之分不在求利，而在是以义导利还是以利害义。又如维护正当个人权益（如知识产权）并非小人，其作用在于维护法制的尊严，有益于社会正常运行，在此，利即是义。再说，社会上并没有固定不变的君子群体和小人群体：君子如怠学不勤、意志不坚，就会下落为小人；小人如能见贤思齐、内省改过，便可上升为君子。君子的标准是确定的，但现实的人是复杂多变的，一人之身而善恶兼具，有的七分君子、三分小人，也有的七分小人、三分君子；或者彼时为君子、此时为小人，只能就事而论、因时而定。孔子认为仁德是君子第一品性，要求"君子无终食之间违仁"[2]，可知做君子不容易。他一方面视仁德甚高，"若圣与仁，则吾岂敢"[3]，不敢以仁人自许，更不轻易许其弟子为仁人君子；另一方面又强调只要博学笃志、

①《论语·里仁》。
②《论语·里仁》。
③《论语·述而》。

切问近思，人皆可以有仁德，故说："我欲仁斯仁至矣"①。他把做君子不做小人当作人生的目标，一是要有这种自觉愿望，二是要下学而上达，三是要坚持不懈。这个目标总是立在现实生活的前面，让你看得见却有距离，既亲切又理想。总之，学做君子是毕生的事，也是经过努力可以做到的事，还是自利利他的事，这是"为己"之学，既能实现成全自己人格的自爱，同时又能爱人，实现人生的价值的最大化，应该成为内在生命的需要，成为一种健康的生活方式。

孔子用君子与小人对举的方式建立了中华文化中道德自律的模式和道德监督的标准，经过后儒的努力，形成强大的民间舆论力量，不断给予道德人物和行为以有力的鼓励、赞美，给予非道德人物和行为以严厉的批评、谴责，这种舆论具有非政治性、非强制性，远远超出士林，弥漫于社区、乡里、家族、行业，成为一种有巨大惯性的观念和话语。君子小人之辨作为文化基因已经积淀在中华民族血脉里，是君子还是小人，无须自判，也不靠宣传，民众的口碑总有公论，这是十分可贵的传统。损坏这一传统，必然带来道德的混乱和社会的失序，使我们吃尽缺德生活的苦头。复苏和发扬这一传统，是道德建设必须推动的事业，又是艰难的事业。它不像制度设计、经济发展那样能够按期实施，它是无形的精神文化，与信仰的重建连在一起，没有捷径，不可操控，只能由以君子自许的有识之士努力加以推动，慢慢引起连锁反应，从量变到质变，由边缘到中心，逐渐形成主流意识。从长远看，这是一项合乎人心的文明事业，会得到社会各界越来越多的支持。

三

君子之德如何表述，并非易事。太简略不足以展示君子文化的丰富内涵，太繁复又会遮蔽君子文化的核心要素。同时，既要认真领略孔子儒学的本旨精义，又要结合现实加以诠释创新。因此，这是一项研究探索的工作。民国三年（1914）冬，梁启超曾在清华大学给学子做过《论君子》的

① 《论语·述而》。

演讲。他认为中国的君子类似于英国的 gentlman（即绅士），其国民教育以人格养成为宗旨。事实上这两者有同有异，同在皆注重人格尊严，异在英国绅士有贵族气质，中国君子虽平民可成。梁启超论君子之义，以《易传》乾象"天行健，君子以自强不息"、坤象"地势坤，君子以厚德载物"两句而概括之，乃是精粹之论。所谓自强不息，一是指"自励"，"坚忍强毅，虽遇颠沛流离，不屈不挠"；二是指"自胜"，"摈弃私欲尚果毅"，能够"见义勇为"。所谓厚德载物，"言君子接物，度量宽厚，犹大地之博，无所不载。君子责己甚厚，责人甚轻"，"然后得以膺重任"。他对清华学子的期望是：将来"为社会之表率，语默作止，皆为国民所仿效"，因此要"崇德修学，勉为真君子异日出膺大任"，"作中流之砥柱"。在梁启超演讲之后，清华大学将"自强不息""厚德载物"定为校训，沿用至今。梁氏演讲之前的 1889 年，因变法而被杀的谭嗣同、林旭、杨锐、杨深秀、刘光第、康广仁六人被称为"戊戌六君子"；梁氏演讲之后的 1936 年，因呼吁联合抗日而被囚禁半年多的邹韬奋、沈钧儒、李公朴、王造时、章乃器、沙千里、史良，被称为"爱国七君子"。他们岂止是君子，更是君子的榜样。国难当头方显君子本色。这些志士仁人能够杀身成仁、舍生取义，故受到国人敬仰，赞为君子，视为英杰，鼓舞了成千上万的中国人为中华民族的独立富强而奋斗，可见榜样的力量是无穷的。当代大学者张岱年先生将《易传》论君子之德的"自强不息""厚德载物"，提升为中华精神的两个主要侧面，而为社会普遍认同。

今天我们应当有新的君子论，以适应当代中国全面建设小康社会的需要。根据孔子儒家的论述，结合社会现实和个人生活体验，我把君子道德人格概括为"六有"：有仁义，立人之基；有涵养，美人之性；有操守，挺人之脊；有容量，扩人之胸；有坦诚，存人之真；有担当，尽人之责。我认为"六有"能够展现君子的主要品格，内涵相对完整，表述简洁明快，可作为一家之言参与君子文化的研讨。尝试为之。

一曰：有仁义，立人之基。

仁者爱人，义者行宜，乃是做人的基础；用流行的话语说，就是心地善良，行为端正。孔子说："君子学道则爱人"①，"君子成人之美，不成人之恶，小人反是"②，"君子义以为上"③。孟子说："君子以仁存心"④，"君子莫大乎与人为善"⑤，"仁，人之安宅也；义，人之正路也"⑥。君子品德的第一要义是要有爱心，即能关心人、尊重人、帮助人，心要保持温度，不能变冷，更不能变黑。人既是个体，又从小在群体（家庭、学校、社会）中长大，除了关爱自我，也必然关爱父母、亲友，再把爱心逐步扩大，推己及人，关爱社会大众，关爱天下万物，这应当是顺理成章的过程。因此，恻隐之心人皆有之，爱人者人恒爱之，并在这种互相关爱中感受幸福；反过来，害人者人恒害之，人在相互损害争斗中感受的是痛苦。人的社会经验能够使互爱成为人的生活需要。仁爱的必然要求是尊重生命、护养生命，不能容忍一切漠视生命、残害生命的行为。那么，为什么爱心会丢失呢？人性是善恶混杂的，善与恶会此消彼长：一是个人利益膨胀，遮蔽了善性；二是被社会利益集团所绑架，身不由己；三是被各种极端主义所洗脑，丧失了普爱之心。丢失了爱心，非但做不成君子，也做不成好人，甚至比小人更差，成为罪人。君子的爱心要比普通人多一些，能够成人之美、与人为善，就是多给人一些帮助，尤其在别人急需的时候，能够雪中送炭，不必锦上添花。消解嫉妒心，以助人为乐，以损人为耻，这是君子与小人的本质区别。由于种种原因，人与人之间发生对立和仇恨，仁德君子应当以爱的力量尽力去化解，绝不能去延续和加深冤仇。义是仁心在行为上的表现，即维护代表人类文明的社会正义和公共生活准则，行事端庄，合乎公法和道德，不走歪门邪道。一是不以利害义，二是不因私而损公，三是见义勇为、坚守正道。孟子认为，"羞恶之心，义之端也"⑦，君子应当"居仁由义"⑧，就是用仁爱安顿内心，用正义引导行为；这等于居住在广厦之中，行走在光明大道上，自己会感到有尊严而快乐。偏偏一些小人舍安居而就

共同体：人类命运 中国经验

---

①《论语·阳货》。
②《论语·颜渊》。
③《论语·阳货》。
④《孟子·离娄下》。
⑤《孟子·公孙丑上》。
⑥《孟子·离娄上》。
⑦《孟子·公孙丑上》。
⑧《孟子·离娄上》。

洞穴，弃正路而穿荆棘，自毁做人的根基，为大众所鄙夷，不仅损人而又害己，人格无以树立，前程黯淡，实不足取，却往往难以理喻，大都是由于贪欲太盛，缺少道德理性的自觉造成的。

二曰：有涵养，美人之性。

人有向善之心而无必善之理。人性中有动物性，不经过后天教育和修养不能自发成为文明人，不经过刻苦努力不能达到高尚的程度。中国一向重视道德教化和修身，形成一套涵养人性、修成君子的理论方法。首先，孔子确立君子人格三要素"仁、智、勇"，"君子道者三，我无能焉：仁者不忧，知者不惑，勇者不惧"①，三者以仁为体，智、勇为用，《中庸》称之为"三达德"，缺其一，人格不能独立，至今亦然。《中庸》还提出"好学近乎知（智），力行近乎仁，知耻近乎勇"，指明修习三达德的着力点，即求智在于好学，体仁在于力行，增勇在于知耻。其次，孔子论述修身的重要和修习君子的目的。《大学》强调"君子有诸己而后求诸人"，因此"自天子以至于庶人，壹是皆以修身为本"，其逻辑是"身修而后家齐，家齐而后国治，国治而后天下平"。有修养的君子，应当是"文质彬彬，然后君子"②，"君子义以为质，礼以行之，孙（逊）以出之，信以成之，君子哉"③。总之，君子应当知书达理、文明礼貌、儒雅方正，有温、良、恭、俭、让的风度。第三，《中庸》指出修身途径："君子尊德性而道问学"，磨炼品德与切磋学问同时并举。其中经典训练是必需的人生功课。中华经典（包括《四书五经》《老子》《庄子》、几部佛典、《史记》、唐诗宋词等）积淀着中华文化的基因，内有哲学、有道德、有历史、有文学，是涵养君子人格的人文学苑。当然，也要尽量兼读一些人类各种文明的经典名著。善于吸收前人的美德和智慧，是人生成长的坦途。儒家总结出许多道德修养方法，如："择善而固执"④，"躬自厚而薄责于人"⑤，"见贤思齐，见不贤而内自省"⑥，"君子有九思：视思明，听思聪，色思温，貌思恭，言思忠，

---

①《论语·宪问》。
②《论语·雍也》。
③《论语·卫灵公》。
④《中庸》。
⑤《论语·卫灵公》。
⑥《论语·里仁》。

事思敬，疑思问，忿思难，见得思义"①，"君子戒慎乎其所不睹，恐惧乎其所不闻"②，"过则勿惮改"③，"下学而上达"④，"博学以文，约之以礼"⑤，"存其心，养其性"⑥，"学之经莫速乎好其人"⑦，"涵养须用敬，进学在致知"⑧，"知行合一"，"从静处体会，在事上磨炼"⑨ 等。儒家用在涵养品性上的功夫甚深甚细，因为功夫是深是浅不仅决定一个人素养的高下，还直接影响他做事的质量，先要成己，才能成物，这叫"合内外之道"⑩。而且人性的自我完善，时刻不能放松，不进则退，懈怠放纵就会蜕化变质，这样的教训实在太多了。传统君子修身养性的功夫，在今天都是适用的，只是具体内容上应当有所调整和补充。但人们与"修养"之事久违了，似乎生存竞争激烈的今天，拼的是能力，没有时间去修养，所以才出现小人增多、犯罪率上升的势头，大家都在承受这种不良状态造成的恶果。爱因斯坦写有《每天的提醒》："我每天上百次地提醒自己，我的精神生活和物质生活都是依靠别人（包括活着的人和死去的人）的劳动，我必须以同样的分量来报偿我领受了的和至今还领受着的东西，我强烈地向往着俭朴的生活，并且常常为发觉自己占有了同胞过多劳动而难以忍受"⑪，这是一位君子式的大科学家的肺腑之言，他每时每刻都在自我提醒，不要忘记惜福和感恩，他的品格和修养自觉性比他的相对论更值得我们普通人学习。

三曰：有操守，挺人之脊。

人要有尊严，必须挺直腰板，正气凛然，既不盛气凌人，也不低三下四。《易传》提出"刚健中正"四字，就代表着中华民族不屈不挠、不骄不躁的性格。为此，一要坚守正道，矢志不移，故孔子说："三军可夺帅也，匹夫不可夺志也"⑫，《易传》说："天行健，君子以自强不息"，自强才能

---

① 《论语·季氏》。
② 《大学》。
③ 《论语·学而》。
④ 《论语·卫灵公》。
⑤ 《论语·颜渊》。
⑥ 《孟子·尽心上》。
⑦ 《荀子·劝学》。
⑧ 《二程集·河南程氏粹言·论学篇》。
⑨ 《王阳明全集·传习录上》。
⑩ 《中庸》。
⑪ 《爱因斯坦文集》第三卷《我的世界观》，北京：商务印书馆，2010 年版。
⑫ 《论语·子罕》。

先进，不息才能成功。二要谋道不谋食，忧道不忧贫，故人无欲则刚，视节操为大，无私利求人。三要经受威权、富贵、贫贱的考验，做到孟子说的"富贵不能淫，贫贱不能移，威武不能屈，此之谓大丈夫"①。为此要"善养吾浩然之气"，使其"至大至刚""配义与道"②，勇往直前而无懦怯之心。有操守并非事事刻板，而是在大是大非面前不能含糊，如曾子所云："临大节而不可夺也。"③ 志士仁人为了抗击邪恶势力，维护国家和民族的尊严，可以"杀身成仁"④"舍生取义"⑤。如河北易县有狼牙山五壮士跳崖殉国，抗日战争中这样的先烈千千万万，才赢来"千秋耻，终已雪。见仇寇，如烟灭。"⑥ 相反，五四新文化运动中颇有名气的作家周作人，却因贪图享受，留居日伪治下的北京，受聘担任伪职，卖国求荣，丧失民族气节，堕落成为不齿于中国人的汉奸，永远被钉在历史耻辱柱上。在今日，生活在功利主义泛滥、权钱交易流行、旧习颓风积重难返的现实之中，君子人格强健者，依然可以从容面对各种胁迫利诱而泰然自若；色厉内荏、意志薄弱者随时会被糖衣炮弹所击倒。一些有权有势的人，经不住小人的包围、亲友的怂恿，一步一步陷于贪腐的深渊，葬送了前程。拜金主义在小人面前是肆意妄为的魔鬼，而在真君子面前如同随风飘来的恶臭，掩鼻而挥之。孔子说："不义而富且贵，于我如浮云"⑦，这就是有操守者的坦然心怀。君子人格的坚强，不在离俗独行，而在入世犹清，如莲花"出淤泥而不染"，如莲藕虽有孔而内里不沾尘埃。《中庸》说："君子和而不流，强哉矫！中立而不倚，强哉矫！"君子生活在世俗之中却不随波逐流，更不同流合污，始终不变其节，这才是真正的坚强。当然，君子有喜怒哀乐，有欲望有畏惧，也会经常出差错，平时与众人无异，只是在关节点上有坚守，绝不越过正义这条线。如荀子所说："君子易知而难狎，易惧而难胁，畏患而不避义死，欲利而不为所非。交，亲而不比；言，辩而不辞。荡荡乎其有以殊

①《孟子·滕文公下》。

②《孟子·公孙丑上》。

③《论语·泰伯》。

④《论语·卫灵公》。

⑤《孟子·告子上》。

⑥ 冯友兰：《西南联大纪念碑》，载《三松堂自序》，《三松堂全集》第一卷，郑州：河南人民出版社，2000年版。

⑦《论语·述而》。

于世也。"①

四曰：有容量，扩人之胸。

君子与小人一个重要差别是君子心胸开阔、眼界远大，小人心胸狭窄、眼界短近。孔子说："君子和而不同，小人同而不和"②，孟子说："登东山而小鲁，登泰山而小天下"③，这是千古名言。人们都生活在同一个时空之中，但每个人所感受的世界，大小却相差悬殊；对每个人而言，心量、视野有多大，世界就有多大。君子的心总是包纳多样、尊重他者、思虑长远，小人的心总是器量狭小、只顾自己、贪图眼前。君子要有容量，主要是三条：一是从文明上说，要尊重多彩的文明，善于吸收人类一切文明成果；二是从观念上说，要尊重不同见解，包容不同爱好，平等兼和；三是从社群上说，要忠厚待人，扬人之美，解人之难。《易传》说："地势坤，君子之以厚德载物"，"天下一致而百虑，同归而殊途"，《中庸》说："万物并育而不相害，道并行而不相悖。"先秦经典早就展示出中华"和而不同"的深厚传统，所以中华民族才有多元一体格局，中华文化才有儒、道、佛三教合流以及四教、五教合流的多元通和模式，没有宗教战争和宗教裁判所。当代社会学家费孝通先生提出文化自觉十六字真言："各美其美，美人之美，美美与共，天下大同"④，它乃是中华"和"文明的当代创新，正在推动中西文化融合、实现民族文化复兴之梦，并成为世界文明交流互鉴的伟大智慧。从世界范围看，只有心胸宽阔的君子式政治家才能实行天下为公，引导人类走向和平。君子的容量来源于仁爱忠恕之道，忠道要求"己欲立而立人，己欲达而达人"⑤，恕道要求"己所不欲，勿施于人"⑥。孔子更看重恕道，认为"恕"乃是"一言而可以终身行之者"⑦。为什么？因为其精义在于"推己及人"，也就是将心比心。朱熹说："尽己之谓忠，推己之谓

①《荀子·不苟》。

②《论语·子路》。

③《孟子·尽心上》。

④ 费孝通：《费孝通九十新语》，重庆出版社，2005年版。

⑤《论语·雍也》。

⑥《论语·卫灵公》。

⑦《论语·卫灵公》。

恕"①，他引程子曰："以己及物，仁也；推己及物，恕也。"② 儒家认为，人类相爱之道是从自己开始的，只要懂得自己需要爱并能推及他者也同样需要爱，便会产生互爱。你尊重、帮助别人，别人也会尊重、帮助你，因此爱己与爱人是一回事。不仅损人利己会危害他人，就是强迫的单向的爱，即"己所欲，施于人"，也会使爱变成怨和恨，例如把自己的信仰、理念、爱好、意志强加于人，就违背他人也有自信、自尊、自由、自爱，照样损害他人，因此需要尊重、体谅的恕道。只有互尊互信的爱才符合忠恕之道，才是真爱。世界上的许多纷争与冲突，不仅仅缘于仇恨，也由于唯我独尊，以为真理都在自己手里，便强人从己，一意孤行。看来，"尊重他者"乃是人类迫切需要学习的一门虽久犹新的功课，君子应当带头。

君子有容量必须与有操守相制约，并非提倡做四面讨好、八面玲珑、无是无非的好好先生，那正是孔子孟子批评的"乡愿"，谓其为"德之贼"。中庸之道乃是行仁的最佳状态，表现为拒绝极端，坚守中和，以大局为重。君子的容量在日常生活里应展现为兼听与厚德：能虚心听取批评乃至尖锐的批评，真正做到有则改之，无则加勉；能坦然面对别人的不理解和误解，"人不知而不愠，不亦君子乎"③；能不计较个人的得失，多关心别人的困苦，"君子周急不继富"④。清代"扬州八怪"之首郑板桥所书"难得糊涂"的字幅广为流行，不识者以为是在宣扬明哲保身，而其真意是要人在涉及个人小家利益上糊涂一些，多替下层穷苦民众着想。例如他把家中前代家奴契券烧掉，不留痕迹；购置新墓地中有一无主孤坟，要家人保护好，与家坟一并祭祀；认为农夫以勤苦养天下之人，是天下第一等人，应多加体恤。这样一位"直摅血性为文章"的人在与舍弟书中指出："试看世间会打算的，何曾打算得别人一点，直是算尽自家耳"，所以要"去浇存厚"，忠厚待人，不要机关算尽，要把聪明才智多用来帮助有困难的人们⑤。

五曰：有坦诚，存人之真。

儿童天真纯朴，不会说谎作假。及至成人，有的人虽多识却不失赤子

---

①朱熹《论语集注》。
②朱熹《论语集注》。
③《论语·学而》。
④《论语·雍也》。
⑤《郑板桥集·家书》，上海：上海古籍出版社，1979年版。

之心而为君子，有的人则丧失童心、学会虚伪而为小人。李贽提出"童心说"，倡导有真心做真人，反对假人假事假言假文。儒家看到人性易被不良习俗所异化，因而十分重视君子自觉保持真性的修养功夫。存人之真性在"坦诚"二字。孔子说："君子坦荡荡，小人长戚戚"[①]，"人而无信，不知其可也"[②]。孟子说："诚者，天之道也；思诚者，人之道也"[③]，荀子说："君子养心，莫善于诚"[④]，《易·文言》说："修辞立其诚"，《礼记·乐记》说："著诚去伪"，疏云："诚，为诚信也。"坦诚是君子人格的灵魂，虚伪是道德的大敌，伪君子不如真小人。做君子要求：一要心胸坦荡、光明磊落，不遮遮掩掩、表里不一；二要真诚直率、开诚布公，有话照说，不逢场作戏；三要信实可靠、一诺千金，不有言无行、巧言令色；四要专精执着、百折不回，不三心二意、有始无终。要坦诚就必须励志而无私，才能直道而行，无须欺瞒。这样的君子有自信自尊，也会得到社会的尊重和信任，"为人不做亏心事，半夜敲门心不惊"，所以心安理得、心广体健。当然，坦诚不是鲁莽，它须有涵养相润，故君子言行合于礼度，讲究方式与分寸，有经有权，追求动机与效果的统一。坦诚君子是真人，却不是完人，优点缺点与性格特征都显露在外，与之交往不必揣度捉摸，不必防范戒备；君子观点鲜明，不说假话，有益于百家争鸣，共同探讨真理；君子办事务实认真，重诺可靠，受到信任；君子敬业固执，至诚不息，孜孜不倦，可致千里。小人则不然，没有真诚的信仰，以"有用"为真理，遇事先替自己打算，重个人轻规则，见利忘义，损害公德，患得患失，心里藏着一些不可告人的勾当，又要文过饰非、博取虚誉，只好假话连篇、见风使舵、两面三刀、包装自己、戴着面具生活，又生怕别人识破，必然焦虑不宁，如果犯有罪过更是提心吊胆，不得安生。孔子说："小人比而不周"[⑤]，小人交友往往是势利之交，"以利交易者，利尽则疏；以势交通者，势去则反"，"唯君子超然势利之外以求同志之勤"[⑥]。小人交友总想从中得利，故不免冷

---

① 《论语·述而》。
② 《论语·为政》。
③ 《孟子·离娄上》。
④ 《荀子·不苟》。
⑤ 《论语·为政》。
⑥ 《焚书 续焚书·论交难》，长沙：岳麓书社，1990年版。

热无常、貌合神离，所以小人不能享受真友情，得不到人们信任，必然孤独无助。"君子之交淡如水"①，并非淡于情义，而是淡于财势，并非淡于心通，而是淡于应酬，这种友情如水之清纯，如水之潺湲，可以终身受用。当代社会生活的市场化、竞争化使得人性中的德与智、德与欲之间失衡，人性受到扭曲，经济人、孤独人、两面人、野性人增多，道德人、和乐人、性情人、文明人减少。但从长远看应当是"齐一变至于鲁，鲁一变至于道"②，"君子之德风、小人之德草，草上之风必偃"③，我们应当有这个信心。

六曰：有担当，尽人之责。

君子立志远大，勇于承担重任，有强烈的社会责任心和历史使命感，不愿意碌碌无为，也不屑于在个人小圈子里打转，而要在社会事业中实现人生的价值。孔子说："修己以安人""修己以安百姓"④"博施于民而能济众"⑤。《大学》将士君子成长之路归序为修身、齐家、治国、平天下，正是体现了孔子宏大的人生理想。宋儒张载提出："为天地立心，为生民立命，为往圣继绝学，为万世开太平"的"横渠四句"⑥，扩大了士君子肩负的责任，不仅要有修己以安百姓的社会责任，还要有使天地万物正常发育流行的生态责任，还要有传承民族优秀思想的文化责任，还要有建设和谐世界的全球责任。今日我们生活在一个中华民族复兴的伟大时代，能够发挥自己的德才为实现中国梦而做贡献是很幸运的，应当挺身而出，担当起一份应有的职责。担当有大有小，都需要一种勇猛无畏、愈挫愈奋的精神，因为每个行业和岗位都会面临开拓创新、不进则退的挑战。曾子提示"任重而道远"，士君子必须具备"弘毅"的品格，才能"仁以为己任"，才能"死而后已"⑦。中国是五千年泱泱文明大国，经历了百余年的衰落与困苦，在救亡与启蒙双重奏中实现了独立并大步迈向和平崛起之途。同时面临着

①《庄子·山木》。
②《论语·雍也》。
③《论语·颜渊》。
④《论语·宪问》。
⑤《论语·雍也》。
⑥《张载集·张子语录》，北京：中华书局，1978年版。
⑦《论语·泰伯》。

其他国家未有的多重挑战的叠加：既要超越传统进入现代，又要超越现代开拓后现代；既要丢弃传统之陈腐、接受西方第一次启蒙运动"解放自我"的理性洗礼，又要创新传统之精华、参与全球性第二次启蒙运动"关心他者"的德性转型。在国内，改革进入深水区，任务艰巨；在国际，环境复杂多变，和平发展与重大危机并存。当此之时，各项事业均需有眼光远大、意志坚强、勇于担纲的士君子出来做开路先锋，带领大家一起前行。汤用彤先生家训："事不避难，义不逃责"，遇有难事勇于承担，追究责任决不推卸，这就是君子精神。我们常见一些小人，总是把困难推向别人，把方便留给自己；把功劳划归自己，把错误抛给别人。君子不仅要有"舍我其谁"的必胜信心和周密运筹的设计，还要能"有过自责"、知错必纠的大家气度和善于反思的智慧。冯友兰先生在抗日战争艰苦岁月里是西南联合大学领导群体的中坚人物，该校培育了大批爱国志士和杰出人才，如《西南联大纪念碑》所言："内树学术自由之规模，外来民主堡垒之称号"。在此期间，他带头上书教育部，抵制统一教材统一考试的规定，又代表25位教授写信给教育部，表示不领取特别办公费①，这很需要一种无私无畏的气概。他撰写的《西南联大纪念碑》文，充满正义情操、爱国热忱，总使读者心潮澎湃、豪气盈身。他于1948年从美国返回中国，目的是践行其"阐旧邦以辅新命"的历史责任。1949年以后他不断遭到批判，却并不气馁，坚持独立思考与写作，发表了《树立一个对立面》和"论抽象继承""思想的普遍性形式"等文章，为中华文化固守一块阵地。"文革"中他备受摧残，也一度迷路失言。改革开放以后，他敢于解剖自己，在《三松堂自序》中引用《易传》"修辞立其诚"的话，自责"不是立其诚，而是立其伪"，表现出高度自我省察的能力。他在85岁到95岁的人生最后十年写出200万字的论著，给后人留下一部完整的多卷本《中国哲学史新编》，乃是"不依傍别人"和世所公认的具有时代精神的巨著。冯友兰先生不是圣贤，而是有血有肉有成就也有过错但精魂恒在的士君子，他一生经历曲折，却始终保持着一位哲学家有坦诚有担当的人文情怀和毅勇品格。

　　① 冯宗璞：《漫记西南联大和冯友兰先生》，载《走近冯友兰》，北京：社会科学文献出版社，2013年版。

结　尾

现在社会的发展步伐呈加速度趋势，社会的复杂程度也呈倍增样态。实践证明，社会不缺少专业才智之士，最缺少德才兼备、仁勇双全的君子，没有他们，社会难以克服危机，文明不能和谐发展。我们要突破"君子不器"① 的局限，扩大君子发挥作用的范围，而曰："君子能器"。君子不限于栋梁之材，随着社会分工愈益细密，时代呼唤各行各业都有大批君子出来担当重任。我们需要士君子、乡君子、政君子、军君子、商君子、医君子、工君子、农君子、文君子、师君子、艺君子、匠君子、青君子等等，他们用君子之德发挥众智、众勇、众行的合力，推动社会各领域各阶层各行业树新风、创新业、建新功。梅香缘自苦寒，君子成于艰辛，凡是有困难有奋斗有生气的地方，就有君子。从本质上讲，做君子是合乎人性发育并受到社会欢迎的自然之道，做小人是扭曲人性发育并受到社会责备的退化之途。因此，做君子安心，做小人纠结；做君子快乐，做小人烦恼。提倡君子之德深得人心。全国和各地不断涌现出成千上万的道德模范，在助人为乐、见义勇为、诚实守信、敬业奉献、孝老爱亲等方面做出了令人感动的事迹，其善事义举又都是他们自觉的人生追求，足以证明君子人格扎根之深之广。山东省威海市近年大力推动精神文明建设，倡导以爱心、诚信和社会责任书写"君子之风，美德威海"的篇章，道德新风已在全市劲吹。现有25万个志愿者，一千多个志愿者团队，正在用重德守信、赤诚相助的行动服务着社会，使威海日益成为风光美丽、风气美善的"双美"城市，吸引着四面八方的目光。这给了我们信心：只要政府重视、精英先行、大众参与，君子之良风便会渐盛，小人之浊习便会渐衰，礼仪之邦必将会出现在我们面前。

2015 年 8 月

（原载于《宗教与民族（第十辑）》）

---

① 《论语·为政》。

传统家庭伦理的当代价值

一

由一夫一妻制婚姻关系形成、以男性血缘关系为纽带的传统家庭，已经存在数千年了。这样的家庭曾经在中国的宗法等级社会和农业文明中起过重大作用，可以说家庭是中国传统社会的基础。与此相适应，以家庭伦理为核心进而扩展形成的儒家伦理，成为中国传统社会伦理的主导，其影响是巨大的深远的。

从戊戌变法到辛亥革命再到五四运动，传统的帝制社会走向瓦解，家庭制度也在迅速崩溃之中。随着外国资本、商品和文化的大量涌入，随着中国商品经济的发展和社会革命运动的蓬勃开展，中国也在缓慢和曲折地迈向现代社会。在这样一个大的社会历史背景下，中国人不能不思考家庭变革的问题，不能不探索家庭伦理乃至社会伦理革新的问题。比较激进的中国人提出各种家庭革命的理论并推动家庭革命的社会运动。康有为在《大同书》里提出"去家界为天民"，即废除家庭的主张。辛亥革命前后，一批先进思想家提出家庭革命的理论，认为政治革命必须伴以家庭革命，以至视家庭革命为政治革命的前提。无政府主义者甚至宣扬"毁家""灭家"的主张。"五四"新文化运动以反帝反封建为目标，高举科学与民主两面旗帜，对旧传统、旧道德、旧文化进行了猛烈的冲击，在家庭和家庭伦理的问题上主张激烈的变革。他们批判传统家庭及其伦理主要有以下几点：第一，家长制独尊父权，压抑个性，妨碍青年人的自由发展；第二，男性统治女性，妇女处于依附和家庭奴隶的地位；第三，祖先崇拜和封建性家教不利于科学理性的传播，与世界文明相隔绝；第四，在家庭伦理方面主要是片面的愚孝和包办婚姻与贞节观念，造成人性的扭曲和许多人间悲剧。

这一时期的批判有其历史的合理性。传统社会是家族社会，国是放大了的家，国与家是一体的，这样一种社会制度显然是过时了。现代社会是公民社会，强调公民的平等权利和义务，废除以血缘为社会关系的主要纽带，把每个个人从狭小的家族体系中解放出来，放到更广阔的社会事业之中。因此，传统宗法等级社会的君权、父权、夫权、族权必须予以废除，传统伦理中的家庭至上观念，以孝为百行之首的观念，妇女以顺从、守节为荣的观念，以及其他许多束缚个性、违背平等自由的观念，必须加以改变，这是合于时代潮流的。

但是，家庭在现代社会是否因旧家庭制度的改革而必须废除呢？在现代化的过程中，家庭是走向消亡还是经过改造采取新的形态？相应的，传统儒学家庭伦理有没有合理的成分需要加以保留和发扬？还有，中国的家庭是否一定要走欧美社会的道路，采取西方的模式？这些问题必须从理论与实践相结合的角度做出回答。

二

人类自从摆脱了动物状态，由野蛮进入文明以后，便要求形成比较稳定的两性婚姻关系，组成家庭，从事物质的生产和人口的繁衍，同时给自己的忙碌生活寻找一处栖息地。由此可知，家庭是人类文明的产物。在后来的历史发展中，家庭的结构不断复杂化，家庭的功能不断多样化，许多本来应该由社会承担的职责，都转移到家庭上来，反而使家庭原始的本然的性质和作用受到了压抑，比如说由家庭扩展为家族，形成宗法等级礼制，使家庭异化成为社会，由人的生活基地变成人的桎梏；以情爱为基础的婚姻，变成父母包办的非情愿的婚姻，经常为政治权势和经济利益所左右；妇女由早期的家庭支柱和保护神，变成后来的男性的附庸和为男性生儿育女的工具。这一切随着社会的现代变革将逐步消除，然而家庭作为社会细胞和人生依凭的合理内核肯定会保存下来，继续发挥它不可替代的积极功能。那么家庭的合理内核和稳定不变的价值是什么呢？从家庭结构上说，以爱情为基础的两性结合及其子女，是家庭最深厚的结构，其他关系都是它所派生的，一切家庭都是围绕着这一个中心扩展和运转的。如《周易·序卦》所说："有男女然后有夫妇，有夫妇然后有父子"；《中庸》说："君子之道，造端乎夫妇"，可见夫妇关系是社会人生之始。从现代的眼光看，一切非爱情的两性结合都是不道德的；同时，一切非家庭结构的两性结合都是不健康的，因而不值得提倡。新的文明社会对于离婚将是宽容的，但不会怂恿婚外的性关系，其目的是促进家庭的稳定和幸福。社会学家从结构上将家庭分为：核心家庭，由一对夫妻及未婚子女组成；主干家庭，由一对夫妻与一个已婚子女组成，包括祖、孙同居的隔代家庭；联合家庭，由同一代中两对以上夫妻及子女组成；单身家庭，未婚、丧偶或离异而无子女者。历史学家提供的资料表明，联合家庭即中国人所说的大家庭从未在历史上占主导地位，而核心家庭和主干家庭（包括隔代家庭）从来都是占优势的家庭。明末清初的思想家顾炎武在《日知录》中曾指出，子女婚后与父母分家生活的（即核心家庭）十之六七，子女婚后仍和父母一起生活的（主干家庭）十之二四。这个原因不难理解。中国经济长期以来主要是小农经济，男耕女织适于自营自养，大家庭是维持不了的。传统的大家庭主要存在于富裕阶层，而一般民众通过不断分家仍以小家庭为主，不过人们都要尊祖敬宗，接受家族制度的制约。近现代以来，随着社会变革和现代化事业的推进，中国家庭的规模是在相对地缩小，最近几十年，核心家庭增多了，联合家庭趋于式微，但家庭的基本结构和规模并没有显著的变化。将来的家庭，由于附加职能的减少和"复归本位"趋势的增强，核心家庭的优势更加明显，主干家庭的比重进一步降低，但绝不会走向衰亡。

传统家庭与当代家庭相比，真正的变化不在结构和规模，而在家庭的关系和功能上。从家庭关系来说，由原来的宗法等级变为人格平等，包括父子与夫妻关系；由注重家族利益变为注重小家庭和个人利益；由紧密的互相依赖变为相对的松散；由注重身份名节变为注重亲情爱情。从功能上说，传统家庭过多承担的政治功能、经济功能和社会交往功能将大大减弱，国与家实行分离，家庭更多地退到日常生活领域。家庭所特有的生理生育功能、生活互助功能、情感慰藉功能、培养教育功能，都会保留下来，有的还会得到加强。上述四种功能是家庭本来应该具有的内在基本功能，它们不仅与现代化进程不相矛盾，而且还可以互补相通，没有家庭的社会是不可想象的。

有人曾经设想，用人工授精和试管婴儿代替父母育子，这事实上是不可能也不必要的。作为科学试验和解决特殊问题，人工生育有其价值，但要推而广之，则违背自然，将断绝骨肉之亲，其害莫大焉。也有人设想，用社会功能代替家庭功能，人的生、教、老、病、死，皆由社会组织包而办之。但是生活经验和科学实践告诉我们，人的一生，母乳、母爱、父爱、家教、亲养、亲情都是不可缺少和无法完全取代的，没有这一切，人不能健康成长，生活不能充实愉快。家务劳动的社会化和自动化是应该提倡的，社会越进步、公共事业就越发达，这也是必然的，但它永远不能代替家庭的特殊功能。现代社会由于竞争激烈和人际关系冷漠，人们在拼搏事业的同时，比传统社会更需要家庭亲人的安慰和鼓励，这种慰藉可以是夫妻间的，也可以是父母子女及兄弟姐妹间的。

家庭是社会的细胞，家庭生活关联社会生活，家庭和谐促进社会稳定，家庭教育影响社会教育。家庭是儿童成长的摇篮和第一课堂，是成年人的战斗后方和心理调节所，是老年人休养的栖息地，是社会矛盾的缓冲地带。在中国人的眼望，家庭是神圣的美好的，它把个人与社会连在一起，它具有永恒的生命力。

三

如果我们承认传统家庭只能改革而不能取消，那么我们就必须同时承认传统家庭伦理也只能改革而不能取消。传统家庭伦理中的单向服从的愚孝，男尊女卑的"三从"（在家从父，出嫁从大，夫死从子），都是所当去者。但以儒家为代表的极为深厚广远的家庭伦理传统，其中许多基本理念至今仍未过时。

譬如，孔子提出的仁道是家庭伦理永恒的基石。仁的内涵是丰富多样的，而其核心是"爱人"，在家庭范围之内即是亲情之爱。人类社会是一个文明群体，因而有相互关爱之情，而爱人则始自爱家庭之亲人，推而广之，便可爱他人爱社会。一个人爱家庭未必爱他人爱社会，但是一个人不爱家庭一定不会爱他人爱社会。爱是家庭的生命，没有了爱，家庭便失去了灵魂；没有爱又不得不维持一个家庭形式，这是最痛苦的事情。家庭之爱有两类，一类是没有血缘关系的两性之爱，一类是父母子女的血缘之爱，两者都是天底下最亲密的人际关系，生死相依，甘苦与共。家庭应该永远是一个充满着爱的使亲人感到温暖的地方。

孔子认为仁道之爱人应表现为两个方面：一是忠，己欲立而立人，己欲达而达人；一是恕，己所不欲，勿施于人。这两个方面用通俗的话表述，便是帮助人，尊重人。在家庭内部更要随时互助互敬。古代社会有宗法等级制，故忠恕之道不能不受封建礼教的限制，但在今天则应强调平等，把忠恕之道的民主性精华发扬起来，在家庭内部实行人格独立、彼此敬重，夫妻之间是如此，父母子女之间也是如此。只要互相体贴、理解，有事商量办，不强加于人，这样的家庭一定是个民主家庭。家庭是情爱加血缘的共同体，虽有性别、辈分差别，并无高低贵贱之分，在这里也必须讲自由平等。有的丈夫以爱妻为名，有的父母以爱子为名，让他们做许多不愿做的事情，却说"这是为了你好"，由于不行恕道，不能相互沟通和理解，主观的爱变成了一种偏执的强迫，令对方痛苦。可见爱是不能强制推行的，爱的实行只能是"感而遂通"，爱必须是相互的。

孔子说"君子和而不同"（《论语·子路》），有子说："礼之用，和为贵"（《论语·学而》）。"和"是仁道在处理人际关系上的重要原则，也是人际关系的理想状态。治理国家，要求"政通人和"；治理家庭，要求"家道和顺"。"和"是和谐、协调、温和、团结、互助。实行"和"的原则要注意两点：一是要注意和与同的差别，"和"是在承认多样性的前提下的互相配合，"同"是要求单方面的一致和一味地随声附和，和的原则具有民主精神，同的原则必然导致专制；二是要注意以礼节制和，也就是说"和"是有条件的，它要求合于礼义，不是一味地和气。在家庭内部更要强调和谐，营造出一个温馨的生活环境，使成员觉得宁静、快乐。家庭与社会不同，虽然难以避免各种矛盾，但家庭绝不是一个搞社会斗争的场所，也不需要每件事情都分清是非，争个水落石出，家庭需要更多的体谅、温存和安慰。人们已经生活得很累了，回到家里需要放松、放心、放开，自由自在一下。如果回到家里又开始了另一场搏斗，挖空心思去运用策略和手段，这个家便不像一个家，而是一个战场了。健康的人们不喜欢这样的家，早晚会离开这样的家。

再如，孔子强调并多方阐发的"孝"的理念，应继续成为处理父母与子女关系的基本道德范畴。孝是子女对父母的道德态度，其基本要求如孔子所说是"敬养"，即敬爱而又赡养。孝本出于天性，人之生命授之于父母，从婴儿至于成人，无不承受父母的抚育与关爱，有此恩德，子女报之以孝，应在情理之中，不孝则违背人性，乖离情理。

当然，孝不是片面的，古人提倡"父慈子孝"，慈与孝互相对待。而且孝也不是子女对父母唯命是从。孔子主张子女"事父母几谏，见志不从，又敬不违"（《论语·里仁》），子女对父母是可以提意见的，不过态度要委婉，在行动上不要生硬顶牛，在一般情况下这是合乎情理的。后来有人提倡愚孝，谓"天下无不是之父母"，这就把孝绝对化了，并不符合孔子原意。在慈与孝之中，为什么孔子和儒家特别强调孝道呢？这是因为父母慈爱子女是普遍现象，在中国尤其如此，往往有过之而无不及，无须大力阐扬，问题常出在慈爱的方法有不得当者。而孝顺父母则不然，虽说出于天性，却容易减弱和丧失，不培养不强调是不行的。

其实慈与孝都是世代相递的。父母慈爱子女，子女又慈爱其子女。子女孝顺父母，其子女又孝顺自己。孝顺者必得孝顺之儿孙，忤逆者必得不孝之儿孙，其原因并非冥冥之中有神灵赏罚，而是人们的身教所致。社会学家指出，中国和西方的家庭养育模式不同，西方是接力模式，中国是反馈模式。接力模式重视父母养育子女，到成人为止，老人的赡养靠社会和自身，不靠子女。反馈模式既重视父母养育子女，又重视子女对父母的敬养和回报。两种模式相比，以中国的反馈模式为优。接力模式造成老年人的孤独和凄凉，反馈模式使得老年人和青壮少年之间互补和相得，乃是一种相仁之道。随着世界范围内社会老龄化的发展，反馈模式更有其重要的现实意义与未来意义，相应的，孝道的重新提倡也会成为新的家庭伦理建设的重要任务。

在当今社会，孝敬老人是承接和发扬我们民族的优良传统，而在孝敬的方式方法上应有许多的变动，才能适应社会的发展。譬如从家庭的结构上不必维持三代以上同堂的大家庭，老年人和青年人可以各自独立生活，但应保持密切的联系，最好是"分而不离"，便于互相照顾；从赡养方式上不必也不可能总是亲身侍奉，有条件的可以雇用保姆帮忙，本人乐意也可以进好的敬老院，子女随时接回或探望；从敬老的责任上社会承担的比重应当加大，不应也不能全部加在子女身上，老年人的医疗、住行和文体活动等福利应得到社会各界的关注，形成保障制度，享有健全设施，使社会和子女一起共同落实"老有所养"的目标。少年儿童忙于学习考试，青壮年则拼搏于事业，不可能像古代社会那样时常守候在父母身边，但是他们必须想念父母，保持联系，定时看望，以各种方式给父母以精神安慰，为父母解决最切身的问题，例如帮助丧偶的父母找个称心的老伴，这也是新时代克尽孝道的内容之一。

四

现代家庭伦理建设必须抓家庭教育。不重视家庭教育，或者虽重视而不得其法，都不可能形成良好的家庭伦理。长期以来，人们只重视学校教育，而忽视家庭教育。国家教育部门、社会舆论，都把极大精力投向了学校教育，这无疑是应该的。但是许多人看不到，儿童的第一学校是家庭，儿童在这里接受做人和做事的最初教育，打下一生立身成才的基础。家庭教育的特点是亲切的随时随地的，启蒙重于知识，模拟重于传授，而父母是无法选择的首任教师。我们许多年轻的朋友，恋爱结婚，有当父母的思想准备，却没有当孩子老师的思想准备，或者认为只要当了父母，自然就会照顾好孩子，或者认为只要照顾好孩子的吃穿健康就行，教育是学校的事。其实不论他（她）们愿意与否，想到与否，从孩子生下来起，甚至孩子在胎里，就已经在兼做教师的工作，问题只是称职与否罢了。父母对子女，一个是养，一个是育，两者不可或缺，从这个标准看，当今孩子的父母有多少是合格的？这是一个严重的社会问题。现代教育，必须是家庭教育、学校教育、社会教育一起抓，特别要把滞后的家庭教育放在重要的位置上加以对待。在这方面，中国恰恰有丰富的文化资源可供开发。

（原载于《人民论坛》1998 年第 4 期）

儒家伦理与公民道德教育

一、教育的本质是传承文化，培养有理想有道德有知识有能力的全面发展人才，以便推动社会文明健康发展。教育的水平决定国民素质的水平，又决定这个社会整体发展的水平。世界未来的发展，取决于教育方向的端正和教育事业的发达；世界未来的竞争，取决于高素质人才的竞争。教育是培养人的，而人是决定一切的，有什么样的人就会有什么样的社会。教育最能体现文化的本质，一般文化是自然的人化，而教育则是人的优化，只有优化的人，才能实现良性的人化自然，所以教育处在一切文化事业最优先的地位。

二、近现代教育，是工业文明的有机组成部分。由于科学理性过度膨胀，人文主义受到冷落，教育越来越被市场法则所左右，于是从古典的德才兼备型的教育，从生命成长的教育，蜕变成职业型教育，即主要是培养人的知识技能，以便适应市场的需要，德育退居极次要的地位，教育被平面化片面化。这是人类社会普遍出现道德滑坡和危机的重要原因。中国也不例外。

三、中国政府早在20世纪50年代，就确定了培养学生德智体全面发展的教育方针。但是这个方针并没很好贯彻执行。"文革"及其以前是重德轻才，而且德育被过度政治化。改革开放以来，教育方面纠正了以阶级斗争为纲的错误和重德轻智的偏向，又提出德、智、体、美、劳全面发展的教育方向，指导思想是正确的。

但是由于体制改革尚未完成，由于受整个世界范围市场大潮的冲击和职业教育模型的影响，我国的教育，在实际上仍未脱出职业教育的轨道，具体表现为应试教育，甚至有变本加厉的趋势。在升学考试中，德育成绩成为可有可无的因素，大家都在拼分数，分数决定命运。不仅学校德育受到冲击，而且智育也受到扭曲，偏重书本和形式化，走向烦琐支离。就业竞争是背后的总指挥棒，考试升学是前台的指挥棒，学校教育被它们控制，于是培养出许多高智能低德性的人，加重了社会道德危机。

四、应试教育向素质教育的转变，是一场伟大的教育改革运动，也是一场中华民族的复兴运动，它关系到青少年的健康成长，关系到中国的未来发展和命运，因此不可等闲视之。

素质教育包含三个方面：第一，德、智、体并重，把德育落到实处；第二，科学与人文并重，自然科学知识与社会科学知识相结合；第三，书本知识与实践能力并重。三个方面解决得好的便是高素质人才。有鉴于目前存在的问题，素质教育要着重抓好德育教育、人文科学教育和实践能力的训练，真正使学生得到全面发展。

五、儒学是中国传统文化的基础，儒家伦理是公民道德教育的基础，这是由儒学的性质所决定的。儒学在传统文化诸多学派之中，不是一个普通的学派，甚至不只是一个最显要的学派，而是所有其他学派都不能不向它靠拢，并以它为根本的基础性思想文化体系，其原因是多方面的。

第一，从儒学的产生和发展来看，它是综合继承了三代礼乐文化的主脉，特别是周代尚德文化的传统，因此它是中国古代文化的主体代表者，所谓"集大成"。孔子把古代文化传统加以提升，使之理论化，形成以"仁"为核心的仁礼之学，确定了中华民族文化发展的精神方向，主导了中国文化两千多年，就是由于它的根基深厚，与民族文化生命血肉相连。我把中华精神概括为"生生不息，刚毅诚信，博厚悠远，仁爱通和"。由于中华精神的力量，中华民族才能长存不亡，衰而复兴，在多灾多难中始终奋进不止。而儒家文化和伦理在涵养中华精神、锤炼民族性格、培育仁人志士的过程中起了重要的可以说是决定性的作用。

第二，儒学固然是农业文明和家族社会的产物，因此有它的局限性。但是它所面对和阐述的问题，在很多方面却是一般社会人生所必然遇到的普遍性的重大问题，即属于社会公共生活规则，所谓"常道"。社会有了它才是一个文明社会，人有了它才是一个文明人。最明显的例子莫过于"三纲"和"五常"的区别。"三纲"说（君为臣纲、父为子纲、夫为妻纲）

表现了宗法等级制度的特点，它曾经是合理的，但中国由家族社会进入公民社会，实行社会主义制度以后，它便属于陈旧的封建性糟粕，应予清除。"五常"即仁、义、礼、智、信，也有解释上的时代局限性，但就其一般意义而言，它们确是人生常道，可以重新解释，可以加以补充，但一个也不能丢弃。仁即是人类的爱心，表现为忠恕之道，关心人帮助人，体谅人尊重人。义即是事业和行为的正当性，代表整体利益和长远利益，因此要见利思义、见义勇为。礼即是社会行为规范，表现为文明礼貌，旧礼当然要清理，但新礼必须加以重构，以保证社会的有序生活。智即是才智学识，儒家侧重于知仁知义，现代人则重视知识技能。信即是诚实能践言，朋友有信，敬事而信，民无信不立，无论人际来往、社会事业，还是政治管理及商业活动，没有起码的信任是不能正常进行的。

第三，儒家伦理的涵盖面十分广大，它包括了个人成德、家庭道德、职业道德、社会公德。从个人成德而言，孔子提出"仁、智、勇"三达德作为健康人格的三要素。仁是德性，智是才学，勇是魄力；健康人格要以仁为统领，以智为发用，以勇为推动，无其一则造成人格重大缺陷，至今犹然。家庭道德则有"父慈子孝""家道和顺""互敬互爱"等原则，在清除其封建家长制和重男轻女的陈腐内容之后，上述家庭道德仍然可以成为现代家庭道德的基础，有利于纠正现代社会婚姻多变、老少冷漠、家庭紧张的弊端，为现代人找到一个温暖的家。在职业道德特别是经济伦理方面，儒家提出"敬业乐群"和"诚实可信"的原则，要求人们忠于职守，诚以待客，用产品质量和服务的良好信誉取信于顾客，从而提高市场的竞争力；在政治道德上则倡导公正廉洁、以身作则，反对贪赃枉法、小人当道。在社会公德方面贯彻着忠恕之道的精神，以同情和平等的态度处理人际关系。上述五常可视为社会公德的基础。现在人们在原有"五常"与"八德"（孝、悌、忠、信、礼、义、廉、耻）的基础上又提出"新八德"，即：忠、孝、诚、信、礼、义、廉、耻，它们可以成为社会公德的普遍性规范。

第四，儒学提出了人类道德的基本原则即忠恕之道，一方面是"己欲立而立人，己欲达而达人"，这是忠道，即互相帮助的原则；另一方面是"己所不欲，勿施于人"，这是恕道，即互相尊重的原则。人生活在群体社会里，彼此既利害相关又矛盾冲突，道德是调节人际关系的软性手段，只有实行互相尊重、互相帮助，人类社会才能正常存在并健康发展。在实际生活里，兼相爱则交相利，兼相害则交相损；从短期看，可能损人而利己，从长远看损人到头来必然害己，真正爱己者必定爱人，所以自利利他、自爱爱他是统一的。一切道德均离不开忠恕之道。所以佛教道教的道德信条，以及其他宗教的道德信条，都不能不以忠恕之道的精神为基础。它必将是"地球村"形成的国际条件下全球伦理的思想基础。

第五，儒学提出并正确解决了道德的基本问题，即义利关系问题。古今中外，道德的讨论都是围绕着义利关系进行的。义利问题其实质就是个人利益和集体利益、眼前利益和长远利益、物质利益和正义原则之间的关系问题，它必然是道德的核心问题。一切不道德的行为都是见利忘义的。儒家的原则是"见利思义""取之有道"。首先，儒家讲利，一是个人利益，二是社会群体利益，故孔子说"富与贵是人之所欲"，孟子讲"仁政"，以富民为要。其次，儒家主张以义导利、取之有道，即要用合法的和正当的手段来取得个人利益，不能损人利己。对于君子则有重义轻利的要求。后儒中有"超功利"的倾向和否定个人私利的提法，但不符合孔子孟子的原意。在今天发展市场经济的新形势下，义利关系的紧张加剧了，重利轻义甚至见利忘义的现象增多了，假冒伪劣泛滥便是突出的实证，它损害了社会道德风气，同时也损害了市场经济的健康发展。所以今天需要重新肯定儒家"见利思义""取之有道"的原则并加以推广。

第六，儒学提倡"和而不同"的精神和"感而遂通天下"的心怀，承认文化的多样性，对于异质的文化和不同的信仰有极大的包容性，主张在差别中经过"感通"形成和谐和互补，反对斗争哲学和文化专制主义。因此儒学避免了狭隘和封闭，不断接纳佛教、道家道教和其他文化，使得"万物并育而不相害，道并行而不相悖"，形成中国传统文化和东方道德的丰富性和多层次体系。中国和东方人可以在儒家道德的基础上信仰其他的宗教或哲学。近代以来，许多受儒家道德熏陶的知识精英，有的进而信仰了共产主义，有的进而信仰了自由主义，也有的进而信仰了基督教，这是儒学兼容性的表现。

由此可知，儒家伦理是中华民族道德的根基，世代积累，具有强烈的民间性和民族性，已经成为民众习俗的一部分，只是许多人日用而不知罢了。即使到了今天，虽然社会道德在内容上有了许多新的成分，道德观念有了很大的改变，但是做人的起码标准，社会道德的基本要求，并没有太大的变化，还是儒家提出来的仁爱忠恕之道、通和共处之道、修德尚礼之道，它们是文明的标志，离开了这些道德原则便会退到野蛮。所以公民道德教育不能不主要从儒家伦理所包含的传统美德中吸取思想营养。新加坡公民道德教育是如此，韩国的公民道德教育亦是如此。有了这样的社会道德基础，然后才谈得上现代最新道德观念的创新和发展，才谈得上道德更高层次的追求。社会道德的演进不能革命只能改良的道理正在这里。道德是渐进积累起来的，基础越深厚，提升和开创就越容易成功；断裂传统的创新，往往流于时髦和偏激，绝难持久。20世纪中国社会革命高涨时期文化激进主义的一个重大错误，便是在攻击儒学陈腐内容的同时，不加分析地激烈否定儒学阐释的社会基础性道德，致使中国社会道德根基发生动摇，在一定程度上破坏了社会精神生活的重要调控机能，增加了在社会改革进程中保持社会基本生活秩序稳定的难度，而基本道德稳定正是社会改革所必需的条件。经过"文革"的教训，现在中国社会上下都认识到不能把传统和现代化对立起来，不能把发扬优良传统与学习外国先进文明对立起来，开始重视对自己民族优秀美德的继承和推广，这是很可喜的。但是几十年反传统所形成的民族虚无主义观念仍然有一定影响，把儒学不加分析地视为封建思想文化的观点仍然存在。特别在教育领域，如何对待儒家伦理这笔丰厚的文化遗产，仍然有不同的看法，因此公民道德教育不能不带有很大的盲目性，存在着形式主义的毛病，找不到一条切实有效的道路。所以认真探讨这个问题是非常必要的，它有着重大的理论价值和现实意义。

李岚清副总理说："取其精华，去其糟粕，继承和弘扬中华民族优良文化道德传统，是德育教育的重要内容。"（《中国思想文化典籍导引》题词，该书主编张岱年，副主编牟钟鉴，中央党校出版社，1994年出版）。社会主义道德不是凭空建立的，必须在传统美德的基础上，加以提高补充，才能使社会主义道德坚固完满。例如强调为人民服务，加强人权、平等、自由、竞争意识，补充生态道德的内容等。但是如果没有传统美德的基础，更新更高的道德教育便会成为无源之水，无根之木，很难收到良好效果。一个人如果连起码的做人标准都达不到，何谈去做英雄呢？英雄模范的宣传是必要的，但是如果没有坚实的公民道德教育基础，这种宣传只能是"阵风现象"，刮一阵就过去了。所以必须真正从思想上认识到，传统美德是德育的基础，抓住了以儒家优秀伦理为主的传统美德教育，才算是抓住了德育的根本，找到了正确的入手处。

六、山东招远市在中小学里推行中华传统美德试验已有多年。方向是正确的，试验是成功的，经验是丰富的。他们的经验证明，中华传统美德的丰富性、民族性、民间性和普遍性契合中国人的道德心理和生活习惯，又能适应社会主义现代化的要求，深受广大群众和青少年的欢迎，得到教育管理部门、社会人士、家长乡里的积极配合，在学生身上收效甚快，不仅使青少年能够健康成长，而且由孩子影响到家长，又由家长影响到社会，对当地道德风尚的改善起了积极的推动作用。中华传统美德不仅内容精彩深厚，而且细腻具体，对家庭道德、职业道德、社会公德都有明确可行的规范，便于青少年去理解和实践，知道在什么场合应该如何去做才是对的。招远的经验证明，传统美德与时代精神完全可以结合起来，民族精神与全球意识完全可以结合起来。他们已经找到了摆脱应试教育的突破口。

七、开发以儒家伦理为主的传统道德资源，激活处于休眠状态的资源，推动公民道德教育与社会道德建设，必须解决好以下几个问题。

第一，对青少年要进行文化典籍的基本训练，这是实施道德教育加强国民素质的基础工程之一。文化经典包含着这个民族传统文化的基因，其思想已经广泛渗透到民族心理结构之中，其智慧已经影响到社会生活各领域，其词语已经成为民族的共同文化语言。经典中有哲学，有历史，有道德，有文学，在民族文化的世代传承中具有不可替代的权威作用。人们在青少年时代接受系统的文化经典训练，领受古代文化中真、善、美的熏陶，懂得做人的道理，将来无论做什么工作，终生都会受用不尽。民国以来废止旧式教育，提倡新式国民教育，无疑是一大进步。但同时排除经典训练，降低了新一代知识分子的基本文化素质，则是一种失误。早在40年代，进步的教育家文学家朱自清先生在《经典常谈》序中就指出："在中等以上的教育里，经典训练是一个必要的项目"，"经典训练的价值不在实用，而在文化"。叶圣陶先生在重印《经典常谈》序中，又进一步指出："经典训练不限于学校教育的范围而推广到整个社会，是很有必要的。"朱、叶二位现代教育家提倡经典教育无意于复古，而是为了国民文化素质的提高。但可惜的是，他们的声音并没得到应有的重视，直到今天，我们的大中小学的教学课程里，仍然没有系统的文化经典科目，这是十分令人遗憾的。许多人仍然没有认识到，文化经典的训练是优化国民素质和改善社会道德风气的重要措施，对于培养兼具东方西方文化素养以适应新时代新型知识分子具有重要意义。可喜的是，无论在大陆还是在台湾，已经有一批学者在认真从事经典训练的试验，并且取得良好成果。大陆的实验有圣陶学校等。台湾的社会现代化程度是很高的，王财贵教授推动儿童读经却卓有成效，受到社会欢迎，因为社会人士和家长认识到当代教育重知识技能而忽视人文素养和品格陶冶，而通过经典训练可以加以弥补，使儿童在学习中变化气质，提升人格品质，为健康成长打好基础，眼前的功效则是语言文字能力的提高。王财贵教授认为这是"固本培元"的大事，是现今教育改革的新尝试和新希望，从长远看是一场深刻的文化运动。据说参加读经活动的儿童已近二百万人。我还了解到，台湾中学普遍设立"中国文化"课，其基本教材都是由著名的大学教授参与编写的，可见其重视的程度。

为了推动这项文化工程，首先要得到教育管理部门的理解和支持。其次要编写经典的普及注本和读本。还要对教师进行培训，使他们具备讲授经典的素质。

第二，要加强礼仪建设。中国是礼仪之邦，向来看重人们社会行为的文明化，强调化民成俗。《曲礼》说："道德仁义，非礼不成；教训正俗，非礼不备。"中国传统的礼仪丰富多彩，它优化着人性和人际关系，使社会生活高雅有序，文化气息浓厚。礼仪文化维持了文明的连续性，并对东亚各国产生了广泛影响。但是它毕竟是历史的文化，有许多内容已经陈旧而且烦琐，我们必须加以改革，批判地继承。可是20世纪中期以来，我们全力破旧，却没有很好立新，致使社会许多方面无礼可循，形成无序状态，这对于道德教育和建设是很不利的。我们应当在有分析有选择的基础上，吸收传统礼仪的可行部分，补充当代和外国礼仪的可用内容，建设具有中国特色又表现时代风貌的新礼体系，包括家庭生活、社会交往、职业行为、丧葬嫁娶、吉庆节日，都有仪规可遵。礼仪兼有道德和法律的作用，又不像道德那样软性，也不像法律那样硬性，主要靠风俗习惯来规约人们的行为。对于青少年来说，在告诉他们做人的道理的同时，也要告诉他们在各种场合下应当怎么做，从实践中去体会道德的精神。

第三，道德建设必须与法制建设形成良性互动。道德是社会软性整合力量，但它是法律的基础。法律则要保护好人，惩治坏人，推动道德的改善。两者离则两伤，合则两利。导之以政，齐之以刑，民未必免于犯罪却一定无耻；导之以德，齐之以礼，民既免于刑戮，又能知耻达礼。同时法制如不健全，坏人自在，好人吃亏，那么道德建设便会遇到很大困难。

第四，道德建设必须与反腐倡廉同步进行。社会管理阶层人数虽少而有导向作用，改变社会风气必须领导带头。"君子之德风，小人之德草，草上之风必偃"，"其身正不令而行，其身不正虽令不从"。腐败不治，道德宣传不仅不起作用，而且变得虚伪，引起民众对道德本身的怀疑，社会风气的改良便不可能。所以必须加大力度，进行反腐倡廉，建立真正强而有力的民主监督体制。可见道德建设与政治体制的民主改革是联系在一起的。

（原载于《国际儒学研究（第十一辑）》）